新时代温州人与温州经济社会研究丛书

浙江省哲学社会科学重点研究基地
温州人经济研究中心

VUCA时代企业工作环境对员工创新行为的影响机制研究

刘 冉 ◎ 著

VUCA SHIDAI QIYE GONGZUO HUANJING
DUI YUANGONG CHUANGXIN XINGWEI DE YINGXIANG JIZHI YANJIU

经济日报出版社
北京

图书在版编目（CIP）数据

VUCA时代企业工作环境对员工创新行为的影响机制研究 / 刘冉著. -- 北京：经济日报出版社，2025. 4.
ISBN 978-7-5196-1567-3

Ⅰ．F273.1

中国国家版本馆CIP数据核字第2025KL4048号

VUCA 时代企业工作环境对员工创新行为的影响机制研究

VUCA SHIDAI QIYE GONGZUO HUANJING DUI YUANGONG CHUANGXIN XINGWEI DE YINGXIANG JIZHI YANJIU

刘　冉　著

出版发行：经济日报出版社

地　　址：北京市西城区白纸坊东街2号院6号楼
邮　　编：100054
经　　销：全国各地新华书店
印　　刷：三河市国英印务有限公司
开　　本：710mm×1000mm　1/16
印　　张：15.75
字　　数：230千字
版　　次：2025年4月第1版
印　　次：2025年4月第1次
定　　价：58.00元

本社网址：www.edpbook.com.cn　微信公众号：经济日报出版社
请选用正版图书，采购、销售盗版图书属违法行为
版权专有，盗版必究。本社法律顾问：北京天驰君泰律师事务所，张杰律师
举报信箱：zhangjie@tiantailaw.com　举报电话：（010）63567684
本书如有印装质量问题，由我社事业发展中心负责调换，联系电话：（010）63538621

前　言

随着"数字经济"与信息科技的深入发展，企业普遍面临"VUCA"时代产品服务迭代周期缩短、市场需求变化增快等不确定性挑战，需依靠优化工作环境激发知识型员工的进一步创新，来确保持续的竞争优势。然而，随着知识型员工不断注重职业价值追求和工作体验，越来越多的企业意识到，仅仅靠优化工作环境而忽略对工作环境影响员工行为机制的把握，无法可持续地激发员工创新。如何通过科学全面地优化工作环境和关注工作环境产出机制来有效激发员工创新，成为企业获取可持续竞争优势的关键，是企业不可回避的重要管理实践问题。

现有文献关于工作环境对员工创新的影响机制仍存在以下四方面科学问题，值得进一步深入探究。其一，主流文献中工作环境量表为西方版本，忽视了工时制度、给予业务授权等新情境下的要素，不能全面准确地测量中国情境下的工作环境。其二，现有文献主要从判断认知导向的视角进行探究，情感导向的研究相对不足，更鲜有认知和情感导向并存的双元机制的系统性研究。其三，已有机制研究多为"净效应"分析，缺乏基于内外部多种因素相互作用的整体式"组态效应"分析，无法揭示现实组织中要素间的复杂作用。其四，现有文献中相对缺乏工作环境对员工创新的想法产生、推广及落地等不同阶段的影响机制与边界条件的系统性探讨。

基于以上实证探索和理论研究的不足，本书基于"中国情境下的量表修订→双元机制净效应分析→双元机制组态效应分析→双元机制边界条件分析"的思路，综合运用了定性定量研究方法，探究工作环境对员工创新双元影响机制，主要研究内容与结论如下：

第一，本书结合半结构化访谈，遵循内涵界定、指标确定，再到共线性检验、外部效度检验及交叉样本验证等流程，修订了中国情境下的客观工作环境和组织社会环境量表。研究结果显示，客观工作环境量表在原来的空间布局、视野等传统的物理空间视角上加入了工时这一客观工作环境测量指标，由原来的空间视角扩展到空间加时间的时空立体视角；在组织社会环境中增加了业务授权等中国情境下的要素，为后续更深入的实证研究提供了更可靠的测量工具。

第二，本书以刺激—有机体—反应理论为基础，结合情感事件理论和应对理论相关内容，构建了工作环境影响员工创新的"问题导向应对"和"情感导向应对"双元作用机制"净效应"模型。本章基于随机抽样得到来自技术、产品、运营等不同职能类别的 674 名有代表性的企业员工样本，通过结构方程模型和 Bootstrap 法发现了相应的中介效应与链式中介效应：当员工感知到工作环境支持时，一方面会通过问题导向应对机制，即降低隐性缺勤来提升其创新行为；另一方面会通过情感导向应对机制，即经由有利于想法碰撞的工作任务冲突事件而引发的两类情感反应，而促进其创新行为。

第三，本书在双元机制"净效应"模型基础上，加入个体特质因素，运用模糊集定性比较分析的方法探究了个体特质、应对机制因素、工作环境、工作事件等内外部条件间的相互作用对员工创新的双元影响机制的"组态效应"。结果显示：在必要条件分析环节，发现个体特质因素是员工创新的必要条件；在组态分析环节，呈现出同时包含问题导向和情感导向双元因素的 6 条有利于员工创新的条件组态，包括"埋头行动"型、"乐天开朗"型、"精英实干"型、"命好但随意"型、"独立行动"型、"命好且努力"型，进一步丰富了双元机制的理论解释层次。

第四，本书基于"组态效应"分析中"个体特质因素是员工创新的必要条件"的发现，从员工创新的想法产生、推广及落地的不同阶段，再次检验双元路径及着重探究个体特质方面的边界条件。本章通过随机抽样得到来自技术、产品、运营等不同职能类别的 599 名有代表性的企业员工样本，使用层级回归对数据进行分析，结果显示：（1）问题导向机制方面，男子气概负向调节隐性缺勤对想法落地的作用；（2）内向式情感导向机制方面，宜人性正向调节单方面良好祈愿对想法落地的作用；（3）外向式情感导向机制方面，暗黑人格三联征的自恋特质正向调节情感发泄对想法产生的作用，三联征的精神病态特质正向调节情感发泄对想法推广的作用。文章还借助 PROCESS 宏插件检验了个体特质对工作环境到不同阶段员工创新间中介和链式中介关系的调节效应。

  本书的创新点主要体现在四个方面：第一，本书修订了中国情境下工作环境量表，为后续相关实证研究提供了更可靠的测量工具。第二，本书突破了相对单一的机制研究，从问题导向和情感导向，协同探究了工作环境影响员工创新的双元"净效应"机制。第三，在"净效应"基础上，本书剖析了个体特质、应对机制因素、工作环境、工作事件等多种因素相互作用的双元机制的"组态效应"，进一步丰富了双元机制的理论解释层次。第四，本书从员工创新的想法产生、推广及落地的不同阶段出发，再次检验了双元机制路径及着重厘清了个体特质方面的调节作用，进一步提升了研究问题的细粒度，这在界定该机制的边界条件上具有一定创新价值。研究结论为企业优化员工创新提供明确的着力点，给出了清晰的管理实践路径，具有一定的实践参考价值。

刘 舟

目 录

第1章 绪论 ·· 1
  1.1 研究背景与问题提出 ·· 1
  1.2 研究意义 ·· 7
  1.3 研究内容与结构安排 ·· 8
  1.4 研究方法与技术路线图 ·· 9
  1.5 主要创新点 ··· 12

第2章 理论基础与文献综述 ·· 16
  2.1 刺激—有机体—反应理论 ······································ 16
  2.2 情感事件理论 ··· 21
  2.3 员工创新行为 ··· 30
  2.4 工作环境及其对员工创新的影响 ································ 40
  2.5 其他相关变量研究进展 ·· 46
  2.6 研究述评 ··· 54

第3章 中国情境下工作环境量表的修订 ···························· 58
  3.1 引言 ··· 58
  3.2 问题的提出 ··· 59
  3.3 研究设计 ··· 61
  3.4 数据分析结果 ··· 65
  3.5 本章小结 ··· 75

第4章 工作环境影响员工创新的双元作用机制的净效应分析 …… 77
4.1 引言 …… 77
4.2 问题的提出 …… 79
4.3 研究设计 …… 90
4.4 数据分析结果 …… 94
4.5 本章小结 …… 102

第5章 工作环境影响员工创新的双元作用机制的组态效应分析 …… 103
5.1 引言 …… 103
5.2 问题的提出 …… 104
5.3 研究设计 …… 105
5.4 数据分析结果 …… 110
5.5 本章小结 …… 116

第6章 工作环境影响员工创新的双元作用机制的边界条件分析 …… 118
6.1 引言 …… 118
6.2 问题的提出 …… 120
6.3 研究设计 …… 129
6.4 数据分析结果 …… 133
6.5 本章小结 …… 156

第7章 研究结论、启示与展望 …… 159
7.1 研究结论 …… 159
7.2 理论贡献 …… 162
7.3 实践启示 …… 165
7.4 研究局限与展望 …… 170

参考文献	173
附录1：补充案例	208
附录2：调查问卷一	219
附录3：调查问卷二	228
后记	239

第1章 绪　　论

1.1 研究背景与问题提出

1.1.1 现实背景

"数字经济"进程不断推进，企业普遍面临"VUCA①"时代背景下愈发复杂的竞争环境与挑战，需依靠全面优化工作环境激发更多知识型员工的创新，来获得持续的竞争优势[1-3]。随着在线教育、远程办公、在线医疗、生鲜电商、数字内容等新数字消费的迅猛发展，广大用户对优质的IT技术和服务的需求大幅增加，对其敏捷性等创新业务能力也有了更高的要求。为此，相关IT企业尤其需要通过不断提升创新水平，开发和提供高质量的软件和服务，以适应不断变化的市场环境[4,5]。愈发复杂的内外部竞争环境，导致受雇劳动力的"隐性996"等超时工作现象屡见不鲜[6]，优化工作环境对于改善员工的身心健康和工作行为具有重要意义[7]。然而，随着知识型员工不断注重职业价值追求和工作体验，越来越多的企业意识到，仅仅优化工作环境但忽略对工作环境影响员工创新作用机制的把握，无法可持续地激发员工创新[8]。企业能否全方位地优化工作环境并有效改进员工的工作体验成为影响其可持续创新的关键。如何通过科学"投桃

---

① VUCA：Volatility 易变性、Uncertainty 不确定性、Complexity 复杂性及 Ambiguity 模糊性。

VUCA 时代企业工作环境对员工创新行为的影响机制研究

（企业全面认识和优化工作环境）"和"施肥（企业把握工作环境影响员工行为的作用机制）"带来相应的"报李（员工提升创新行为）"效应，是企业获取可持续竞争优势不可回避的重要管理实践问题。

从外部拉力看，通过全面优化工作环境，助力员工创新，是企业应对数字经济发展对创新型人才需求的重要途径。早在 2020 年，中国数字经济规模已达到 39.2 万亿元，GDP 占比达 38.6%，位居世界第二，但较排在第一的美国仍存在较大差距。其中，数字创新竞争力则是最大短板之一，根本原因在于创新型人才供给的不足[9]，而数字经济创新人才培养，主要源自传统学校教育和产学研结合的教育模式[10]。因此在短期内无法快速通过外部培养方式增加供给的情况下，充分挖掘存量，通过全面优化企业工作环境，对于促进员工创新、满足数字经济新阶段的人才需求具有重要的现实必要性。

从内部推力看，通过全面优化工作环境，助力员工创新，是企业在"VUCA"时代构建持续竞争优势的必然要求。2020 年伊始突如其来的新冠疫情给许多企业带来了严峻的考验[3,11]，对企业构建持续竞争力的要求大幅提高，而员工创新是企业创新的基础和关键[12]，因此企业对员工创新的需求也变得更大。与此同时，"VUCA"背景下企业因追求敏捷性和柔性变革，使得能为员工提供的资源保障变得稀缺，这种变化对于注重自我职业价值追求和工作体验的年轻化知识型员工的影响更为突出[13]。由于良好的工作环境能为员工提供必要的外部资源和内部心理资源的支持，是员工行为和组织绩效的重要前因[14,15]，因而企业亟须应对"VUCA"背景下因工作环境配套不足而给员工带来的负面影响，亟须通过全面优化工作环境，并注重改善员工工作体验，助力员工创新，以构建可持续的竞争优势[13,16]。

当代多数企业工作环境建设中，物理办公条件等客观工作环境和人力资源管理等组织社会环境是两个主要成本来源，直接影响员工创新[17]。"VUCA"背景下，一方面企业对员工创新提高了要求，另一方面随着企业敏捷性和柔性变革不断增强，员工会面临更多变的工作节奏（如"隐性996"）[18]及相关资源保障的缺失[13]，这成为当前企业亟须破解的现实问题。越来越多的企业意识到,尤其面对注重自我职业价值追求和工作体验的知识型员工,仅通过优化一些传统常见的工作环境要素,并不能可持续地激发他们的创新。除了工作环境建设的不到位,还在于员工不希望被当作"工作机器",他们希望理性激励之外的情感体验也被受到重视。2021年5月,全球知名IT调研与咨询服务公司高德纳(Gartner)发布了一份名为《重造员工价值主张:人性化关怀》的白皮书[19],文中指出:传统认为一家公司想成为优于同行的雇主,就要提供从员工培训到桌上足球等一系列福利的观点已过时,员工已开始关注物质福利之外的条件,他们更加倾向于接受情感激励,希望被当作独立的人对待,而不仅仅是"工作机器"。因此,员工创新的瓶颈除了与工作环境建设的不到位有关,还在于员工不希望被当作"工作机器",他们希望理性激励之外的工作体验也被受到重视。

由于企业没有全面洞察且切实提供员工所需的环境要素,同时在日常管理过程中也缺乏对员工工作体验的关注,尤其是情感类体验,这些问题往往给企业带来工作环境建设投入与员工创新产出不成正比的窘境。如何全面认识和优化工作环境,并关注其对员工创新的影响机制,是企业在"数字经济"新阶段和"VUCA"时代,获取持续竞争力而不可回避的重大现实管理问题。

1.1.2 理论背景

在工商管理学科中,组织行为学方向的研究呈现不断聚焦和细化的特点,而本研究则从"工作环境"这一整体性概念出发探究其对员工行为的影响机制,主要基于以下两点原因:(1)从宏观层面看,人力资源管理实践方向的研究显示,主要有三方面因素促使相关研究更关注整体性概念,侧重探讨集奖励机制、工作设计、办公空间等要素于一体的整体性工作环境设计对员工行为或组织绩效的影响[20-24]。①人力资源管理实践要素本身综合性属性使然——人力资源管理实践要素本身的叠加性(Additive)、互动性(Interactive)和协同性(Synergistic)等综合性属性特征[25,26],使得相关研究侧重从整体视角探究工作环境设计的相关影响；②内部员工对不同人力资源管理实践要素的感知差异使然——员工对不同人力资源管理实践要素的感知存在差异，企业只有通过优化员工对总体人力资源管理实践的看法，才能更好地促进员工的工作绩效[27]；③外部动态竞争环境要求使然——企业在创新发展过程中会面临动态复杂的竞争环境，须适时调整多种人力资源实践要素配置，才能更好地适应不断变化的内外部需求[28]。（2）从微观层面看，作为人力资源管理实践要素的重要组成部分[29]，客观工作环境和组织社会环境的优化可通过改善员工在认知、情感及身体等方面的体验以更好地激发员工的创新行为[7,30]。但同时鉴于 Dul 等[29]仅在理论层面提出，员工会因为办公空间、工作设计等客观层面和组织社会层面人力资源管理实践要素的优化，增加了积极情感和同事间的交流，而有助于其提升创新行为。然而，由于相对缺乏实证研究证据，本研究将从实证角度着重探究工作环境对员工创新的影响机制。

现有文献关于工作环境及其对员工创新的影响机制仍存在以下四方面科学问题，值得进一步深入探究。其一，主流文献中工作环境量表为西方版本，其并不完全能测量中国情境下的工作环境。其二，工作环境对员工创新的影响机制研究中，一方面缺乏对客观工作环境的实证研究，另一方面则主要集中在判断认知导向的视角，情感体验导向的机制研究相对不足，更鲜有认知导向和情感导向并存的双元机制的系统性研究。其三，已有机制研究多为"净效应"分析，前因变量被假定是独立起作用的，而组织现象发生是内外部因素相互组合的结果，因而有待对机制研究展开整体式的"组态效应"分析。其四，员工创新的内涵本质较为多样，涉及想法的产生、推广及落地等不同阶段，不同特质的人在不同创新阶段表现各异。然而，现有文献对于工作环境对多阶段员工创新的双元机制、个体特质方面的边界条件的深入研究亦相对不足。具体归纳为以下四个方面：

（1）现有文献中经典的工作环境量表是在西方情境下提出的，不能全面准确地测量中国情境下的工作环境。尤其对于客观工作环境，其内涵和测量指标多聚焦于空间布局、办公设备等传统的客观物理空间因素[29]，忽

第1章 绪　　论

视了客观工时制度环境因素；对于组织社会环境，除了给予员工精神鼓励和互信，也缺乏如业务授权等新情境下的要素。这些并不能全面准确地测量中国情境下的工作环境。

（2）除缺乏对客观工作环境的实证研究外，工作环境对员工创新影响机制的相关研究主要集中在判断认知导向的视角，对情感体验导向机制的探究不足，更鲜有认知和情感导向并存的双元机制的系统性研究。一方面，工作环境类前因主要集中在常见的同事关系、领导风格等组织社会环境，客观工作环境类前因的实证研究相对不足，而客观工作环境已成为多数企业仅次于人力资源投入的重要支出，对员工产出具有重要意义[17]，更鲜有协同考量两类前因环境的系统性研究。另一方面，现有工作环境对员工创新的影响机制研究中，以认知类为主，情感类相对不足，更鲜有同时考虑二者的系统性机制研究。现有机制更多体现在认知角度，如自我效能感[31]等，仅有少量如愤怒[32]等情感类机制研究。情感作为一种基本的心理过程，是人们心理结构的重要组成部分，是影响人们行为决策的重要因素[33]，不同情感反应会带来产出的差异[34,35]。情感研究，被称为组织行为学领域的一场"情感风暴（Affective Revolution）"[36,37]，近二十年其在国外得到蓬勃发展，但国内相关研究仍比较滞后[35]，尤其对我国"数字经济"新阶段和"VUCA"背景下的情感研究更为不足。同时，无论态度认知方面或情感方面的中介因素，现有研究多是从单一方面出发，相对缺乏同时考虑二者的系统性研究，这为本研究系统探究工作环境对员工创新的认知和情感兼具的双元机制提供了切入点，本研究将借鉴情感事件理论、应对理论等相关内容，构建"问题导向"和"情感导向"并存的双元作用机制模型。

（3）现有工作环境对员工创新的影响实证研究中，多是基于线性回归的"净效应"分析，鲜有基于内外部多种因素相互作用的整体式"组态效应"分析。现有工作环境对员工创新的实证研究，多是"净效应（Net Effect)[38,39]"分析，然而随着"数字经济"进程的推进和"VUCA"时代的到来，企业面临的内外部问题越来越错综复杂，传统的少数前因变量已经难以对特定结果做出全面合理的解释[38,40,41],而旨在解决多变量间的复杂问题的组态研究则以一种全局观的视角很好地解决了该问题[42,43]。本研究将运用模糊集定性比较分析的方法,协同考虑内外部因素的相互作用,进一步探究双元作用机制的复杂组态效应。

(4) 以往研究鲜有探究客观工作环境和组织社会环境对员工创新不同阶段的影响机制与边界条件。有学者认为对员工创新行为分阶段处理时,能获得更具细粒度(Fine-Grained)的研究发现[44]。亦有研究也指出不同类型个体在三阶段创新行为中的表现也是存在差别的,可见,除了不同阶段的划分,确定不同人格类型的边界条件亦尤为重要[45]。因此,为了进一步提升研究问题的细粒度,本研究拟对员工创新做三个阶段的划分,以期获得更细微的研究发现:一是对双元机制路径做进一步验证;二是探究工作环境影响不同阶段员工创新的个体特质方面的边界条件。综上所述,现有文献为本研究奠定了基础,但也存在上述几点有待深化的地方,故为本研究提供了新的切入视角。

1.1.3 问题提出

基于上述现实背景和理论背景,本研究的目的即探究新背景下工作环境的内涵与测量,探究其影响员工创新的认知面和情感面的双元内在机理和存在的边界条件,具体包括以下四个子研究。

子研究1,修订中国情境下的客观工作环境和组织社会环境量表。随着"数字经济"的推进,企业面临着产品服务迭代周期缩短、市场需求不确定性增强等更多挑战,主流西方版本的工作环境量表并不能完全准确地测量中国情境下的工作环境,本研究将着重修订中国情境下的工作环境量表。

子研究2,探究工作环境影响员工创新的双元作用机制的"净效应"模型。本研究以刺激—有机体—反应理论为理论基础,结合情感事件理论、应对理论等内容,拟探究客观工作环境与组织社会环境通过员工"问题导向应对"和"情感导向应对"来影响员工创新的双元作用机制。

子研究3，探究工作环境影响员工创新的双元作用机制的"组态效应"模型。为揭示现实组织中要素间的复杂作用，在双元机制"净效应"模型基础上，本研究加入个体特质因素，通过模糊集定性比较分析的方法剖析个体特质、两类机制因素、工作环境等内外部条件间的相互作用对员工创新的双元影响机制的"组态效应"。

子研究4，探究工作环境影响多阶段员工创新的双元机制及其在人格特质方面的边界条件。本研究基于"净效应"中个体特质是员工创新的必要条件的发现以及出于回答员工创新想法提出后能否得以推广和落地这一实践问题，从员工创新的想法产生、推广及落地的不同阶段，再次检验双元路径及着重探究男子气概等个体特质方面的边界条件。

1.2 研究意义

理论方面，本研究丰富了工作环境及其对员工创新的影响机制研究。首先，本研究修订了中国情境下的工作环境量表，为后续的实证研究提供了科学的测量工具。本研究对中国情境下的客观工作环境和组织社会环境量表展开了修订，有利于增进学界对中国情境下的工作环境的理解，能为后续的科学测量及更深入的实证研究提供基础；其次，本研究探究了工作环境影响员工创新的"问题导向"和"情感导向"协同并进的双元机制"净效应"，有助于突破现有文献中工作环境影响员工创新的单一机制的探讨，是对相关机制研究的扩充与深化；再次，在"净效应"分析基础上，加入个体特质因素，协同探究了内外部因素对员工创新的双元机制的"组态效应"，是对理论机制解释层次的深化；最后，本研究通过进一步探究工作环境对员工创新的想法产生、推广及落地的不同阶段的双元作用机制及其不同人格特质方面的调节效应，有助于扩充对学界边界条件的理解。

实践方面，本研究亦能为当前"数字经济"新阶段和"VUCA"时代的人力资源管理实践提供一定的启示参考。首先，本研究通过对中国情境下的工作环境量表的修订，能为企业从人力资源管理实践角度，科学全面地认识新时期工作环境，主动创设和规避相关要素提供关键参考。其次，本研究通过探究工作环境对员工创新的双元影响机制，有助于企业在持续推进工作环境建设的同时，全过程、全方位着重辨识和优化员工在工作业务和组织社交关系中的认知和情感双方面的工作体验，为更好地提升员工创新作铺垫。再次，本研究通过协同探究员工个体特质、应对机制要素及工作环境等内外部条件间的相互作用对员工创新的双元影响机制的"组态效应"，有助于企业破解现实组织中要素间的复杂作用机制，适时调整不同条件组合，精准施力，助力员工创新。最后，本研究从员工创新的想法产生、推广及落地的不同阶段出发，再次检验了双元路径及着重探究了个体特质方面的调节效应，有助于企业结合不同工作岗位员工的人格特质，因人而异、因时制宜地在不同创新阶段给予更全面且更精确的服务管理，以更好地帮助员工提升创新产出。

1.3 研究内容与结构安排

本研究围绕前文 1.1 中的现实问题和理论研究的不足，综合运用了文献分析法、半结构化访谈、问卷调查法、模糊集定性比较分析、统计分析法等定性定量相结合的方法，系统探究了以下四个科学问题：（1）修订中国情境下的客观工作环境、组织社会环境量表；（2）探究工作环境通过"问题导向应对机制"和"情感导向应对机制"影响员工创新的双元作用机制"净效应"模型；（3）探究工作环境影响员工创新的双元机制"组态效应"，揭示现实组织中要素间的复杂作用；（4）从员工创新的想法产生、推广及落地的不同阶段出发，再次检验了双元路径及着重探究个体特质方面的调节效应。本研究围绕上述问题展开系统探究，共包含七章，主要内容与结构安排如下：

第 1 章：绪论。主要交代本研究的选题背景、研究问题、研究意义、研究内容及研究方法。

第2章：理论基础与文献综述。系统梳理了为本研究搭建工作环境影响员工创新的双元机制模型提供框架指导的刺激—有机体—反应理论、情感事件理论的相关进展，以及员工创新、工作环境等核心变量的概念内涵与测量方法、相关实证研究，最后进行了文献述评和总结，厘清了现有研究中的不足，为本研究确定切入点。

第3至第6章：这部分内容是本研究的核心研究内容，主要包括以下四方面：（1）中国情境下工作环境量表的修订；（2）工作环境影响员工创新双元机制的净效应分析；（3）工作环境影响员工创新双元机制的组态效应分析；（4）工作环境影响员工创新双元机制的边界条件分析。

第7章：研究结论、启示与展望。总结研究结论，探讨本研究的理论意义与实践启示，指出研究局限性，同时对后续研究进行展望。

1.4 研究方法与技术路线图

1.4.1 主要研究方法

本研究综合运用文献研究法、半结构化访谈法、问卷调查法、模糊集定性比较分析、统计分析法等定量定性相结合的方法展开研究。

（1）文献研究法

文献研究法主要指通过对文献资料的搜集整理、素材综合和内容分析，形成对事实的科学认识的方法。本研究在研究背景和研究问题的引导下，通过对本研究核心变量相关文献和资料的检索、归纳和总结，为后文研究思路的确定和研究模型的构建奠定基础。

文献调查分析是科学研究的起点，本研究主要以中国知网等中文数据库和 Web of Science 等外文数据库作为资料来源，围绕核心的客观工作环境、组织社会环境、隐性缺勤（Presenteeism）、应对（Coping）策略、员工创新行为及相关变量，对相关概念、理论基础和实证研究成果及其不足进行了界定、阐述和述评，这些内容主要呈现在第2章。本研究通过对相关文献进行系统的梳理和总结，为后文修订工作环境量表和构建工作环境对员工创新行为的影响机制模型及其相关的研究设计与具体模块的开展奠定了基础。

（2）半结构化访谈法

半结构化访谈法是指根据一个粗线条式的访谈提纲或思路进行的深度访谈。相较于结构化访谈，半结构化访谈法在资料获取上同样具有优势，其主要特点是访谈者可以随时根据访谈中的实际情况灵活地调整访谈内容，以便于获取更丰富的访谈信息。本研究通过半结构访谈方法获取当前"VUCA"时代我国不同组织的工作环境现状和特点，具体来说，访谈的主要目的是了解组织真实情境下不同职能部门的员工对于自己所处的客观工作环境、组织社会环境的认知和评价，获得描述相关环境的具体行为事例。这些一手访谈资料，为后续客观工作环境和组织社会环境量表的修订提供基础。

本研究具体采用线上和线下相结合的半结构化访谈。线上访谈对象主要是一些IT类线上社区的成员。线下访谈，主要是利用课题组基金项目的调研机会，展开对北京、浙江等地的IT企业员工的访谈。该部分工作通过对企业真实工作环境相关信息的收集，为后续量表的修订奠定了基础。该方法的应用主要体现在论文的第3章。

（3）问卷调查法

问卷调查法是调查者根据调研问题和设计，运用特定的问卷形式向研究对象了解情况的一种调查方法。问卷调查具有标准化程度高、灵活、经济等优点，研究者利用收集到的有效样本数据，进行了相应的理论假设检验，用以考察变量间的关系推论是否可以得到样本数据的支持。在管理学量化研究中被广泛使用。

本研究在量表修订（第3章）和实证研究（第4、5、6章）等环节进行了多轮问卷调查，调研的变量包括人口学变量、客观工作环境、组织社会环境、任务冲突、单方面良好祈愿（Wishful Thinking）、情感发泄（Emotional Venting）、隐性缺勤、员工创新行为以及员工创新行为的想法产生、想法推广及想法落地三个阶段的子量表等。问卷调查的对象主要来自IT互联网等对员工创新要求较高的行业，涉及技术研发、产品、运营、设计等不同职能岗位的从业人员。

（4）模糊集定性比较分析

社会现象发生的原因条件是相互组合依赖的，而非独立存在的，因此对于现象的原因解释也需采取整体的、组合的方式进行[46]。但传统的回归分析采用的是边际分析技术，为"净效应[38]"分析，自变量被假设是独立起作用的，探究的是目标变量对被解释变量的单独影响，忽略了组织中要素之间的复杂作用[38]。实际上被解释变量是若干个前因变量协同作用的结果[47-49]。以集合论和布尔运算为基础的模糊集定性比较分析（Fuzzy Set Qualitative Comparative Analysis，fsQCA）能够用以探究前因条件间的复杂作用如何引致被解释变量的发生[39,50,51]。

本研究将运用基于组态思想的模糊集定性比较分析的方法，探究个体特质因素、两类工作环境、工作事件、问题导向和情感导向应对机制等内外部因素对于员工创新行为的双元作用机制的复杂"组态效应（Configurational Effect）"，并借助 fsQCA 3.0 软件对数据进行校准处理、必要条件分析及组态效应分析。该方法的应用主要体现在本研究的第 5 章。

（5）统计分析法

统计分析法是运用统计学原理，对大量数据进行信度检验、效度检验、相关性分析以及研究假设检验等分析的统计方法。

本研究采用偏最小二乘法的结构方程模型（PLS-SEM）来检验模型路径；采用 Bootstrap 法分析中介效应和链式中介效应；采用模糊集定性比较分析进行组态效应分析；采用层级回归法分析调节效应；采用 SPSS 的 PROCESS 宏插件分析被调节的中介和被调节链式中介效应等。上述方法第 3、4、5、6 章均有涉及，主要使用 Smart-PLS 3.0、fsQCA 3.0、SPSS 23.0、PROCESS V3.5 宏插件等统计软件进行分析。

1.4.2 技术路线图

基于上文的研究思路，本研究遵从"工作环境量表修订（What）→工作环境影响员工创新的双元机制的净效应分析（How）→加入个体特质变量后的工作环境影响员工创新的双元机制的组态效应分析（How）→工作环境影响不同阶段员工创新的双元机制的边界条件（Who/When）"的递进原则展开系统分析。技术路线图如图1.1所示。

1.5 主要创新点

本研究的主要创新点涉及以下四个方面：

第一，本研究修订了客观工作环境和组织社会环境量表，增加和调整了中国情境下的相关测量指标，为后续研究提供了更可靠的测量工具。现有文献中经典的工作环境量表是在西方情境下提出的，不能全面准确地测量中国情境下的工作环境。尤其对于客观工作环境，其测量指标多聚焦于空间布局、视野、办公设备等传统的客观物理空间因素[29]，忽视了客观工时制度环境因素；对于组织社会环境，其也相对缺乏如实际业务授权等中国情境下的要素。这些与"VUCA"时代的现实难以完全契合，并不能全面准确地测量中国情境下的工作环境。本研究结合半结构化访谈和问卷调研，修订了中国情境下的工作环境量表，将客观工作环境量表由原来的物理空间视角扩展到空间加时间的立体视角；同时，也在组织社会环境中增加了业务授权等中国情境下的要素，为后续更深入的实证研究提供了更可靠的测量工具。

第二，本研究同时从"问题导向应对"和"情感导向应对"两种机制探究了工作环境影响员工创新的双元作用机制，是对现有文献中单一机制的拓展和深化。现有工作环境影响员工创新的相关机制研究中，多以自我效能感[31]等问题认知类机制为主，情感类机制相对不足[32]，更缺乏认知和

第1章 绪　论

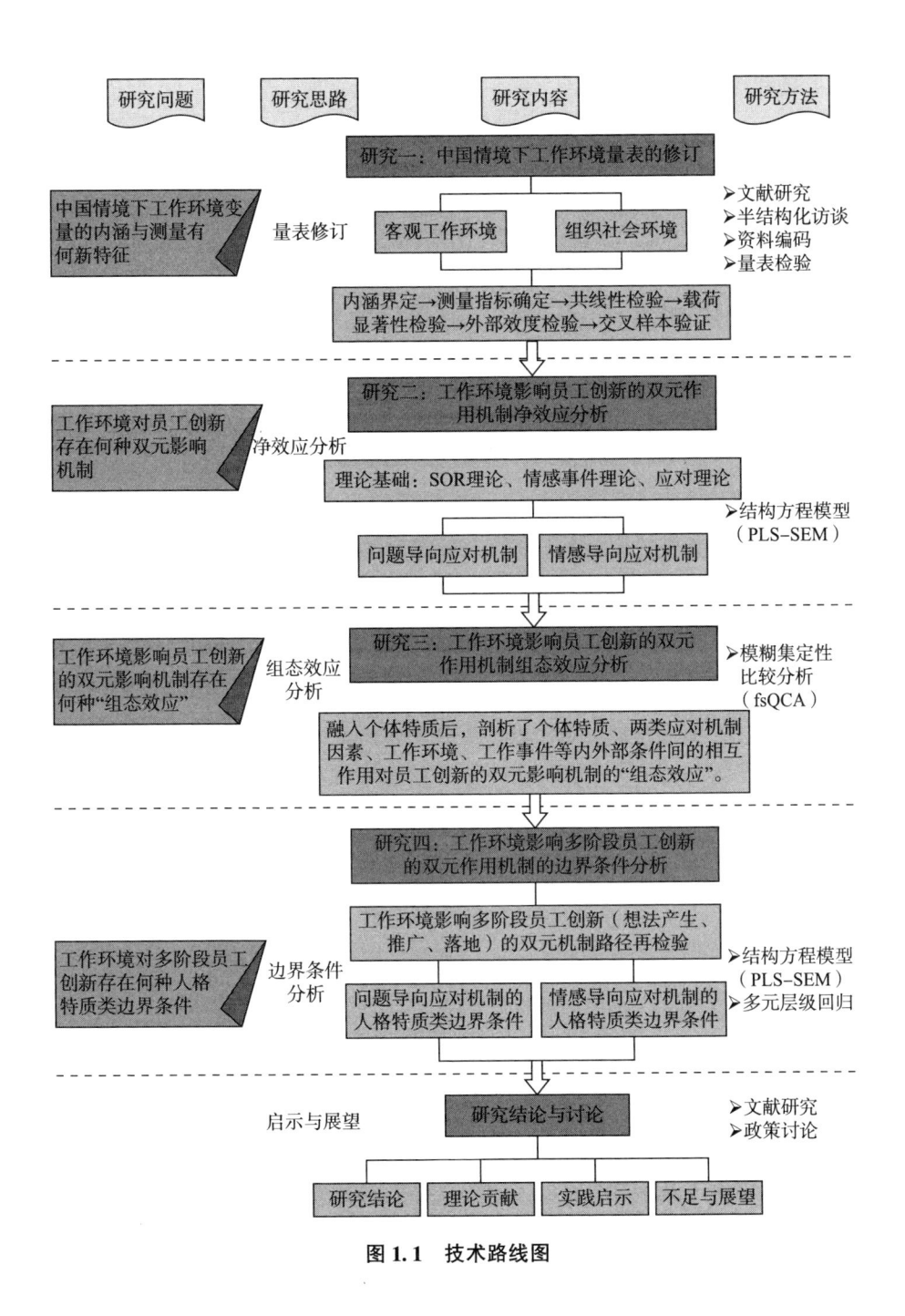

```
研究问题              研究思路              研究内容                                      研究方法

                                    研究一：中国情境下工作环境量表的修订
中国情境下工作环境变                                                                  ➢ 文献研究
量的内涵与测量有          量表修订    ┌──────────────┬──────────────┐              ➢ 半结构化访谈
何新特征                              │ 客观工作环境 │ 组织社会环境 │              ➢ 资料编码
                                    └──────────────┴──────────────┘              ➢ 量表检验
                                    内涵界定→测量指标确定→共线性检验→载荷
                                    显著性检验→外部效度检验→交叉样本验证

                                    研究二：工作环境影响员工创新的双元作
工作环境对员工创新                  用机制净效应分析
存在何种双元影响          净效应分析
机制                                理论基础：SOR理论、情感事件理论、应对理论
                                                                                    ➢ 结构方程模型
                                    ┌──────────────┬──────────────┐                 （PLS-SEM）
                                    │ 问题导向应对机制 │ 情感导向应对机制 │
                                    └──────────────┴──────────────┘

工作环境影响员工创新                研究三：工作环境影响员工创新的双元
的双元影响机制存在        组态效应    作用机制组态效应分析                           ➢ 模糊集定性
何种"组态效应"            分析                                                        比较分析
                                    融入个体特质后，剖析了个体特质、两类应对机制    （fsQCA）
                                    因素、工作环境、工作事件等内外部条件间的相互
                                    作用对员工创新的双元影响机制的"组态效应"。

                                    研究四：工作环境影响多阶员工创新
                                    的双元作用机制的边界条件分析

                                    工作环境影响多阶段员工创新（想法产生、
工作环境对多阶段员工                推广、落地）的双元机制路径再检验              ➢ 结构方程模型
创新存在何种人格          边界条件                                                   （PLS-SEM）
特质类边界条件            分析        ┌──────────────┬──────────────┐              ➢ 多元层级回归
                                    │ 问题导向应对机制的 │ 情感导向应对机制的 │
                                    │ 人格特质类边界条件 │ 人格特质类边界条件 │
                                    └──────────────┴──────────────┘

             启示与展望             研究结论与讨论                                  ➢ 文献研究
                                                                                    ➢ 政策讨论
                                    ┌────┬────┬────┬────┐
                                    │研究结论│理论贡献│实践启示│不足与展望│
                                    └────┴────┴────┴────┘
```

图 1.1　技术路线图

情感导向并存的双元机制的系统性研究。本研究对工作环境影响员工创新的问题和情感导向并存的双元机制的探究，是对现有单一机制研究的系统拓展和深化。

同时，在双元作用机制的情感机制子模块中，本研究亦有两点创新。一是借鉴了信息管理领域的内外双向的情感导向应对反应[52]，对情感机制进行了内外双向的系统划分，是对情感事件理论中单一类情感反应机制的丰富；二是探究出任务冲突事件影响员工创新的情感类产出机制，是对已有文献中任务冲突的归因类和学习类产出机制[53]的突破和丰富。

第三，本研究在"净效应"基础上探究出工作环境影响员工创新的双元机制的"组态效应"，深化了理论机制的解释层次。已有的员工创新"净效应"机制研究中，缺乏基于内外部多种因素相互作用的整体式"组态效应"分析，无法揭示现实组织中要素间的复杂作用。传统的回归分析是"净效应"[38]155"分析，即控制了其他相关变量，探究目标变量对因变量的独自的影响。但实际上因变量是若干个前因变量协同作用的结果[47-49]。本研究通过运用模糊集定性比较分析的方法，在双元机制"净效应"分析的基础上，进一步加入个体特质因素，协同剖析了个体特质、应对机制因素、工作环境、工作事件等内外部条件间的相互作用对员工创新的双元影响机制的"组态效应"，通过发现多条同时包含问题导向和情感导向双元因素的条件组态，深化了理论机制的解释层次。

第四，本研究从员工创新的想法产生、推广及落地的不同阶段出发，再次检验了双元机制路径，着重厘清了个体特质方面的调节作用，进一步提升了研究问题的细粒度，这在界定该机制的边界条件上具有一定创新价值。学者们认为对员工创新做分阶段处理时，能获得更具细粒度（Fine-Grained）的研究发现[44]，即前因只对特定阶段的创新产生作用，同时，亦有研究指出不同类型个体在不同阶段中的表现也存在差别，可见，除了不同阶段的划分，确定不同人格类型的边界条件亦尤为重要[45]。然而，以往研究鲜有系统探究工作环境对不同阶段员工创新的影响机制及其边界条件，本研究从员工创新的想法产生、推广和落地的不同阶段进行实证研究，再次检验了双元机制路径，探究了个体特质方面的调节作用，进一步提升了研究问题的细粒度，丰富了工作环境影响不同阶段员工创新的边界条件研究，具有一定的创新价值。

第 2 章 理论基础与文献综述

本章梳理了研究涉及的相关理论、主要变量的概念和研究现状及研究述评。首先,本章对研究所涉及的理论基础进行梳理,着重介绍了相关理论的基本内容及相关应用情况。其次,本章对主要变量的概念、测量方法、影响因素及机制等内容进行了梳理,主要变量包括员工创新行为、工作环境、隐性缺勤、单方面良好祈愿及情感发泄。最后,本章对现有文献进行了系统化述评,并提出可能的研究切入点。本章通过对理论基础和主要变量进行综述,为后续的实证研究提供必要的基础。

2.1 刺激—有机体—反应理论

2.1.1 刺激—有机体—反应理论的基本内容

刺激—有机体—反应(Stimulus-Organism-Response,SOR)理论是 Mehrabian 和 Russell[54]基于刺激—反应理论而提出的,该理论相较于刺激—反应理论,更重视对有机体心理活动状况或过程的关注与分析,认为行为反应不是传统外部刺激的直接结果,而是有机体对刺激进行加工的过程[55],阐明了外部环境刺激与个体行为之间的作用机理[56]。

基于刺激—反应理论,刺激—有机体—反应理论在原有基础上,加入了中间的个体内在机制因素,该理论模型认为环境中的一些客观物理方面和社会方面的线索刺激(S)能激发个体内部的如知觉、感觉和思维活动等情感或认知方面的特定状态或反应(O),从而引发个体的某些行为反应(R)[57,58]。刺激是指外化于个体但又能激发个体某些情感和认知状态的外部情境因素,有机体则指的是个体因为外部环境刺激而产生的自我情感和认知的反应或体验,而反应则指个体面对环境刺激和产生特定情感与认知体验后的行为反应[59,60]。

2.1.2 刺激—有机体—反应理论的相关应用

刺激—有机体—反应理论最初为环境心理学理论,后来被广泛应用于市场营销[61-63]、旅游管理[64-66]、信息系统与信息管理[67-69]、组织行为学[70-73]等领域,用以探究不同环境刺激是如何通过引发个体内在的特定情感或认知状态的变化,进而影响个体的相关行为反应。

市场营销领域,不少学者基于刺激—有机体—反应理论,探究了不同的营销环境对消费者的消费行为或意愿的影响机制,涉及线下和线上两类营销环境。前线员工是组织竞争优势的关键来源,对客户与企业互动的质量有重大影响,Ferdous等[63]以刺激—有机体—反应理论为视角,基于一家大型保险公司的293名全职销售人员样本,构建了影响机制模型,以检验内部沟通这一环境刺激,是否会引发员工情感方面的组织认同和认知方面的工作满意度,进而影响前线员工的顾客导向的行为反应。研究结果显示,组织认同和工作满意度同时中介了内部沟通环境和顾客导向的行为之间的关系,感知沟通形式化会削弱经由工作满意度中介的内部沟通环境和顾客导向行为之间的关系(被调节的中介)。也有学者探究进店试衣行为(Showrooming)的影响机制,他们根据刺激—有机体—反应理论建立了研究模型,并基于346份有效问卷调研发现,消费者会因为商品品类问题、销售人员协助不力和线下店铺付款排队等情况而不选择试衣行为。然而,有意来店试衣的顾客主要是受其感知到试衣价值所驱动的,过去的试衣经验和试衣自我效能感也对刺激试衣行为起作用,而产品卷入度和感知产品类型也会起到调节的作用[61]。还有研究同样基于SOR框架,探究了线上网络商店的氛围环境线索对消费者情感和认知状态的影响,进而引发消费者网络购物的接近/回避（Approach/Avoidance）行为，同时网店环境对消费者情感和认知反应的作用关系受到产品卷入度（Involvement）和氛围响应性（Atmospheric Responsiveness）的调节[62]。

在旅游管理领域，学者从不同旅游服务场景出发来探究环境对用户行为的影响机制，多数集中在线上旅游服务环境，同时也有涉及线下服务实体环境的。如 Hew 等[65]以马来西亚国内游客为研究对象，基于 SOR 框架构建了移动社交旅游购物环境影响用户购买意愿的多中介并行的机制模型，他们发现购物环境刺激（即感知流动性、社会临场感、系统和服务质量）会通过影响游客的内在有机体变化（即感知有用性和感知享受）直接或间接地影响游客的购买意愿。Wu 等[64]以中国使用"携程网""去哪儿""飞猪"及"美团"等旅行服务 App 的游客为样本，基于刺激—有机体—反应理论，并结合媒介丰富性理论（Media Richness Theory），构建了一个评估旅游 App 的氛围线索对游客情绪体验和行为反应的链式中介的影响模型，研究发现 App 的交互性（Interactivity）和生动性（Vividness）的氛围特征会经由心流体验、感知有用性、感知享受影响游客的态度，进而对游客的 App 重复使用意愿产生作用。亦有学者探究了线下实体服务环境对游客消费意愿的影响机制。顾客体验和员工行为对旅游企业的成功至关重要，Chang[66]基于我国台湾省温泉度假村的顾客、管理人员和员工的数据，同样基于 SOR 模型视角，探究了服务场景特征对游客消费意愿的影响机制以及公司层面服务因素和员工行为的跨层调节作用。

信息系统和信息管理亦是另一广泛应用刺激—有机体—反应理论的学科领域。网络冲动购物除了营销领域的学者会关注外，也是信息系统领域的重要内容之一，Chan 等[74]对网络冲动购物的相关研究进行了系统的文献回顾，并使用 SOR 框架建立了概念模型，对网络冲动购物的影响因素和作用机制进行了系统的整理和归类。除了综述类，还有不少学者做了更深入的实证研究，如有学者基于刺激—有机体—反应理论视角，探讨消费者心理感知在网络平台的技术环境刺激和品牌环境刺激与投标者忠诚之间的中介作用，他们基于来自中国淘宝网的 449 名竞标样本进行了检验分析，研究表明，感知投标有用性和趣味性完全中介了平台技术环境刺激与投标人忠诚度，部分中介品牌环境刺激和投标人忠诚度[69]。类似的，还有 Xu 等[68]基于 SOR 框架，研究了网站推荐代理的界面设计（展示透明度）特征如何通过影响用户的情感和认知，进而影响感知决策质量（Perceived Decision Quality）和感知决策努力（Perceived Decision Effort）的，他们发现，产品展示透明度（Trade-off Transparency）显著影响情感方面的感知享受和认知方面的感知产品诊断性，感知享受同时导致感知决策质量更好，感知决策努力更低，感知产品诊断性在不影响感知决策努力的前提下，提高感知决策质量。除了电商情境，还有学者探究了社交媒体技术特征环境对用户知识共享的作用机制，如 Zhang 等[67]基于 SOR 框架，并结合关系理论，探讨了在中国"关系"系统情境下，移动社交媒体的不同功能作为环境刺激因素如何通过影响新产品开发团队（NPD）成员的内在状态进而对其显性和隐性知识共享产生影响。他们邀请了 200 名研究生开展了模拟 NPD 的协作和沟通实验，随机将他们分成 13 个平行的团队，要求他们使用 Slack（一款具有通信和协作功能的移动办公应用程序），有趣的是，结果显示社交媒体沟通功能对员工的影响大于协作功能对员工的影响。具体来说，一方面，员工在社交媒体上的交流越多，他们的感觉就越好，他们分享知识的次数就越少；另一方面，协作功能对员工的心理因素有显著的负向影响，过于密切的合作和接触反而会使员工之间产生矛盾，不利于知识共享。

近年来亦有越来越多的组织行为学领域的相关学者，运用刺激—有机体—反应理论探究组织氛围、领导风格等工作环境特征对员工工作行为或意愿等结果变量的影响机制。如 Tang 等[58]借鉴刺激—有机体—反应理论，探究了组织环境刺激和员工内部心理状态对员工节能意愿的影响，他们基于 249 份中国上班族样本，分析发现，组织描述性规范、组织节能氛围等环境刺激因素会对员工自我感知到的节能责任感和社会压力产生显著的正向影响，进而对员工节能意愿有显著的正向影响。Wu 等[73]基于刺激—有机体—反应理论，探讨了在环保大背景下，企业的环境社会责任这一组织环境刺激如何以及在何种情况下影响员工的创新行为，他们以中国高耗能行业的 398 名员工为样本，结果表明，员工感知的企业环境社会责任对其组织认同有正向影响，组织认同又会正向影响员工的创新行为，组织认同在感知的企业环境社会责任与创新行为之间起着重要的中介作用，同时组织信任水平越高，感知环境社会责任对组织认同的影响越强，社会责任通过组织认同对员工创新行为的间接影响也越强（被调节的中介）。相关文献除了探讨组织氛围方面的环境及其对员工的影响，还有一些学者从领导风格角度探究了共享型领导（Shared Leadership）这一工作环境特征对员工创新行为的影响机制，如 Liu 等[71]同样基于 SOR 框架，以中国京津冀地区的 89 个科研团队为研究对象，在 4 个月的时间跨度中选取了两个时间点收集配对问卷，运用多层次结构方程模型分析了多重中介效应，研究结果显示，共享型领导这一环境刺激因素对团队成员的创新行为有显著正向影响，且员工的创造性自我效能感和成就动机在上述关系中存在显著的并行中介和链式中介效应。

2.1.3　刺激—有机体—反应理论小结

第一，刺激—有机体—反应理论能为本研究构建工作环境通过影响员工的应对机制进而影响员工创新的研究模型提供理论基础。近年来越来越多的组织行为与人力资源管理领域的学者们也基于该理论，探究了如共享型领导风格[71]、组织节能氛围[58]等不同方面的组织环境对员工情感和认知体验以及由此产生的一些行为的影响机制。这能为本研究使用该理论构建客观工作环境和组织社会环境通过影响员工问题认知导向和情感导向两类应对机制进而影响员工创新的研究模型提供理论基础。

第二，现有应用该理论的文献中，理论模型的搭建，除了使用该理论作为主要理论基础外，还适当结合了其他相关理论，这为本研究模型的确定提供了思路。如 Wu 等[64]基于刺激—有机体—反应理论，并结合媒介丰富性（Media Richness Theory）理论，构建了某旅游服务 App 互动性和生动性两个技术类环境线索对游客情绪体验和态度进而对行为反应的一个链式中介影响模型。再如 Zhang 等[67]以该理论为基础,并结合关系理论(Guanxi Theory),探讨了在中国情境下,移动社交媒体的不同功能环境如何通过影响新产品开发团队成员的内在状态进而对其知识共享行为产生影响。这些都为本研究的理论模型的搭建提供了思路,即在模型构建过程中,以刺激—有机体—反应理论为主要理论基础,同时适当结合其他相关理论,通过理论融合,实现对研究问题的深度剖析。

2.2 情感事件理论

2.2.1 情感事件理论的基本内容

情感事件理论(Affective Events Theory)虽然主要用以描述组织成员在工作中遭遇情感事件时产生的情感反应的前因及其所引致的认知态度和行为的变化,但其理论来源于工作态度之工作满意度的相关研究,即工作满意度的三种理论取向:认知判断导向(Cognitive Judgment Approach),社会影响导向(Social Infuences Approach)和特质导向(Dispositional Approach)[75]。

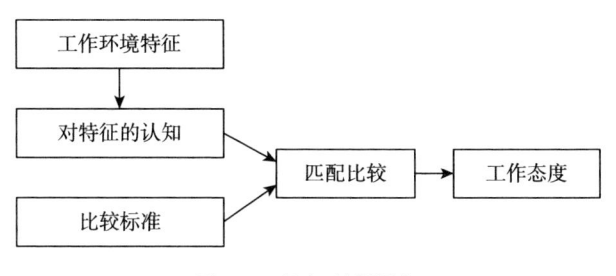

第一,认知判断导向(图 2.1)。认知判断导向在工作满意度的相关研究中占据主流。该导向的理论认为:员工会基于某种标准,对当前一系列工作环境特征展开认知评价和比较,并在此基础上形成工作满意度[76]。

图 2.1 认知判断导向

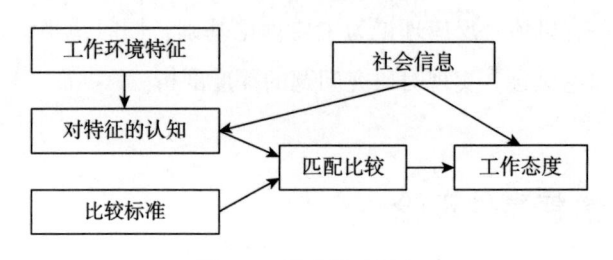

第二，社会影响导向（图 2.2）。社会影响导向在保留认知判断导向的基础上，增加了社会信息处理因素[77]。该导向的理论认为：社会信息以两种方式产生影响：一是直接影响工作满意度[78]，二是通过影响员工对环境特征的认知[79]或某种标准[80]间接影响工作满意度。

```
工作环境特征 ──→ 对特征的认知 ──┐
                              ├──→ 匹配比较 ──→ 工作态度
社会信息 ──────────────────────┤
比较标准 ─────────────────────┘
```

图 2.2　社会影响导向

第三，特质导向。前面两类理论导向都注重工作环境的作用，而忽视了人们特质方面的影响。该导向的理论认为：工作满意度与工作特征无关，主要决定于人们的特质倾向。情感特质会影响人们的情绪状态，而情绪状态又会影响包括工作满意度在内的工作态度[81]。

情感事件理论在研究工作满意度的基础上引出了工作事件的重要意义，该理论由 Weiss 和 Cropanzano[76]提出，旨在探究个体在工作中的情感反应的构成、前因及后果。该理论认为特定的工作环境会引起特定工作事件的发生，而这些事件又会引发个体的情感反应，情感反应又进一步直接或间接经由影响个体的认知态度进而影响行为。个体特质也会对情感反应本身或事件与情感反应间的关系产生影响。同时，该理论并不否定工作环境本身也能直接引发认知态度的转变进而引发特定的行为。图 2.3 描述了情感事件理论的宏观结构[76]，该理论核心内容主要包括以下两个方面。

第一，该理论区分了两类不同性质的行为：一类是情感驱动行为（Affect-Driven Behaviors），如下班前被领导批评，产生不愉快的情感反应，因为心情不好而导致第二天的迟到；另一类则是由态度认知引发的行为，称为判断驱动行为（Judgment-Driven Behaviors），一般产生于对工作的整体性的认知判断之后，而非一时的情感驱动，如员工离职行为[82]。

第二，该理论区分了工作环境与工作事件的差别，区别在于持续时间、发生频率及可预测性不同。二者可以相互转换，当某项工作事件发生的频率变高且可预测时，工作事件便成了工作环境[83]。该理论侧重关注工作中发生的工作事件，但要说明的是该理论并非忽视传统工作环境的重要作用，而只是认为这些环境因素会通过事件来不同程度地影响情感体验及后面相关的判断认知与行为[76]。

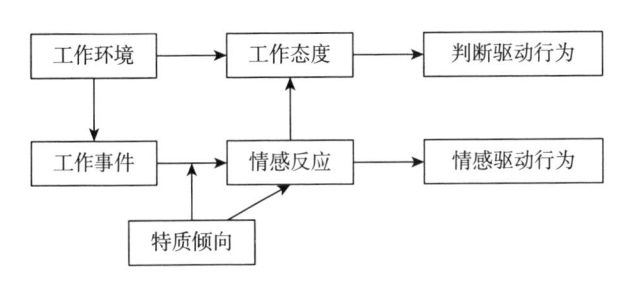

图 2.3 情感事件理论框架内容

2.2.2 情感事件理论的相关应用

为进一步确定本研究的理论框架及明确事件的测量方法，本研究将按照事件性质围绕负面类事件、正面类事件及不区分性质的事件，围绕模型相关机制、有无融合其他理论以及事件的测量等三方面进行归纳梳理。

第一，相关文献中的负面事件，主要包括压力事件、技术和非技术障碍、契约违背、负面职场八卦、霸凌行为、人际不公平对待等事件。其中的模型机制有仅仅涉及情感类因素的，亦有同时包括情感和认知双方面因素的；少量研究在搭建模型时适当结合了其他理论，通过理论融合，实现了对研究问题的深度剖析；相关事件的测量除了经验抽样法，亦有以横截面单一时点的方法展开的。

Rodell 和 Judge[84]以美国多地多个类型组织（含医疗保健、销售零售、制造业）的 100 名全职雇员为研究样本，基于情感性事件理论与交易性压力模型（Transactional Stress Model），建立并检验了挑战型和阻碍型压力事件对员工的公民行为、反生产力行为的作用关系模型。研究发现不同类型的压力源会促使员工产生关怀、愤怒、焦虑的情绪，进而影响员工的公民行为和反生产力行为。其中对于挑战型和阻碍型压力事件的测量，研究者均用了8个条目的量表，采用经验抽样法，要求参与者连续10个工作日每天完成关于压力事件、情绪以及公民行为和反生产力行为的问卷调查。

障碍或挫折也是团队经历的一种常见类型的事件，如遇到技术上的障碍（如设备故障）或非技术上的障碍（如供应必要资源的障碍），Pirola-Merlo等[85]以四个大型（农业、信息技术、国防、材料和资源）的澳大利亚研发机构的54个研发团队的313名成员为样本，基于情感事件理论，研究了在研发团队中，障碍型事件（Obstacles）负向影响团队氛围。对于障碍性事件的测量，团队项目领导会得到一份额外的问卷，领导会被要求回忆并写下每个月与团队实现目标相关的重大事件（障碍、里程碑、突破等），并使用五点量表说明所面临的障碍的程度：0（无障碍）、1（最小障碍）、2（中等障碍）、3（显著障碍）和4（非常显著障碍）。

根据情感事件理论，一个消极的工作事件经历可以引发负面情感反应，进而影响工作态度和行为，Zhao等[86]通过对心理契约违背（Breach）对工作结果影响的相关研究的元分析，基于情感性事件理论，建立了一个包含违背、情感（不信任等）、态度（工作满意度等）、个体效能（实际离职、组织公民行为和角色内绩效）的因果模型。研究发现，情感中介违背事件对态度和个体效能的影响。对于契约违背事件的测量，不涉及任何具体的内容项目，而是直接评估受试者对组织履行或未能履行其义务或承诺的总体看法，如，Robinson和Morrison[87]设计的"我的雇主在招聘期间做出的几乎所有承诺都得到了兑现（反向评分）"。Babalola等[88]认为在某种程度上，员工感知到消极的工作场所八卦代表了一种不愉快的工作事件，将会给员工带来消极的情绪体验，文章收集了尼日利亚商业之都拉各斯的10家酒店的员工—顾客数据，基于情感事件理论研究了酒店员工在工作场所感知到的负面八卦（Negative Workplace Gossip）为什么以及何时影响其客户服务绩效。研究发现，员工的消极情绪中介了感知到的负面工作八卦和客户服务绩效之间的负向关系；经由消极情绪中介的感知负面工作八卦对客户服务绩效的间接关系被员工正念（Mindfulness）特质负向调节，当正念较高时，这种关系变弱；经由消极情绪中介的感知负面工作八卦对客户服务绩效的间接关系被员工宽恕（Forgiveness）特质负向调节，当宽恕较高时，这种关系变弱。文章用了3个条目的李克特量表测量的消极的工作场所八卦事件，例如"在工作中，其他人（如同事/上司）对我做出了不实的议论（Allegation）"等条目。Glasø等[89]认为工作中面临的霸凌行为是一种负面事件，他们以情感事件理论为框架，探讨霸凌行为与工作满意度、离职意愿之间的作用机制和边界条件。结果表明，消极情感和积极情感均中介了工作霸凌与工作满意度、工作霸凌与离职倾向之间的关系。此外，焦虑特质调节了经历霸凌与消极情感之间的关系，与焦虑水平低的人相比，焦虑水平高的人会报告更多的消极情绪和较少的积极情绪。对于霸凌事件的测量，文章使用的是Einarsen和Raknes[90]的负面行为事件量表（Negative Acts Questionnaires，NAQ），共12个项目，涉及直接行为（如言语辱骂和攻击性言论）和间接行为（如社会孤立和诽谤）等条目。对于每一项，受访者都被问及他们在过去6个月里接触这种行为的频率（从不、偶尔、每月、每周、每天）。

Judge等[91]认为人与人之间经历的不公平对待（Unfair Treatment）是引发负面情绪的重要事件，他们对分布在美国东南部的信息技术、管理和教育等多个领域企业的64名全职员工开展了为期3周的每日调研，收集了他们的情绪、工作满意度、人际公平以及工作偏差行为等数据，发现员工的敌对情绪对人际公平、工作满意度及工作场所异常行为等变量有显著影响。他们运用间歇性经验抽样法，使用了Colquitt[92]的包含4个条目五点李克特量表来测量人际间的不公平对待事件，如"他/她对你有礼貌吗？"Rupp和Spencer[93]也认为当人们觉得自己受到不公平对待的情况是一类典型的情感事件时，他们以情感性事件理论为基础，整合了组织公平理论和情绪劳动领域的研究，探析了顾客不公平互动（Customer Interactional Injustice）对服务人员情绪劳动的影响。研究结果显示，受到不公平待遇的参与者比受到公平待遇的参与者表现出更高水平的情绪劳动，且愤怒在上述作用关系中起到了部分中介的作用。对于事件测量，文章采用实验操作的方式进行，一半的参与者接到公平型沟通的客户电话，另一半则接到不公平型沟通的客户电话。Spencer 和 Rupp[94]运用公平理论和情感事件理论进一步扩展研究了当个体自身及同事遭遇到不公平互动事件时，对个体情绪劳动的认知面和情感面的双元影响机制，他们基于来自美国中西部一所大型大学的 206 名大学生样本的实验研究发现，当个体本人和同事受到不公平互动时，会正向影响个体的情绪劳动，且该影响是由离散的情绪（愤怒）和与公平相关的反事实思维（Counterfactual Thinking）所中介的，对于不公平互动事件同样采取事前对相关参与人员培训而进行实验操控的。

第二，相关文献中的正面类事件，主要包括工作目标达成、工作—家庭增益、变革型领导行为等事件。其中的模型机制多数仅涉及情感类因素；少量研究在搭建模型时也结合了其他理论；相关事件的测量主要以横截面单一时点的方法展开。

以往对于目标达成与否与个人情感体验（如幸福感）的研究，多集中在个体间（Between-persons）的层面进行的，鲜有个体自身（Within-person）层面的分析，Gabriel 等[95]以护士群体为样本，采用个体内层面与个体之间层面相结合的方法，研究了护士日常护理任务完成满意度的自我评价与情绪变化之间的作用关系及边界条件。他们认为每天对任务完成情况的自我评估是一种影响员工情绪的情感事件。他们发现，日常任务完成满意度与上班前到上班后的消极情绪变化呈负相关；关于任务完成满意度对日常情绪变化的影响，研究者还区分了不同类型的护理任务的不同影响效果，直接型护理任务大于间接型护理任务；此外，护士-医师同事关系（Nurse-physician Collegial Relations）作为调节因素，在间接型护理任务完成满意度与轮班结束的积极情绪和消极情绪变化之间的关系上得到了支持，但在直接型护理任务完成满意度与上述结果变量间的关系上没有得到支持。心理弹性（Psychological Resilience）作为调节变量，仅支持间接护理任务完成满意度与轮班后积极情绪之间的关系。最后，对于事件的测量，护士被要求找出他们在上一次轮班中没有满意完成的任务，运用改编自Aiken等[96]的量表，评估间接护理和直接护理活动，通过平均化处理，研究者创建了两个复合数，然后对这些数值进行反向评分，分数越高表示任务完成满意度越高。

Carlson等[97]基于情感事件理论，研究工作家庭增益（Work-family Enrichment）事件与工作绩效之间的作用机制，并提出积极情绪和工作满意度起中介作用的四步模型。研究使用了两个样本，研究1包括240名全职员工，研究2包括189个匹配的下属-主管数据，研究在两个方向（从工作到家庭和从家庭到工作）上对这个模型进行了检验。研究发现，工作对家庭的增益与积极情绪呈显著正相关；积极情绪与工作满意度呈显著正相关；工作满意度与工作绩效呈显著正相关；家庭工作增益与工作绩效之间的关系部分由工作满意度中介，完全由积极情绪中介。对于事件的测量，研究者使用了Carlson等[98]的9个条目的量表，如"我对工作的参与帮助我获得知识，这帮助我成为更好的家庭成员"。

Lanaj等[99]基于情感事件理论和自我决定理论，以55名MBA的学生为样本，他们在组织中都担任各种领导职能，研究发现变革型领导行为表现为一种工作事件能够增加他人的积极情绪，降低消极情绪。外向性和神经质两类人格调节了这些影响，外向者受益较少，而神经质者在情感变化方面受益更多。文章采用了Podsakoff等[100]的4个条目来衡量反映变革型领导的行为，如"向工作组成员传达了一个理想的目标或愿景"等。

第三，相关文献中的不严格区分性质的事件，包括非工作时间接收电子信息沟通事件、冲突事件以及个人组织交换、任务完成及组织不确定性事件等。其中的模型机制多数仅涉及情感类因素；相关事件的测量少量采用经验抽样法，多数仍以横截面单一时点的方法展开。

根据情感事件理论和Lazarus[101]的情绪评价理论，在非工作时间接收电子信息沟通（Electronic Communication）的事件代表了当前环境的一个突变，Butts等[102]的这项非常有趣的研究探索了电子通信所引发的员工不同情绪进而影响到工作—非工作的冲突。文章利用作者的个人和专业网络，邀请了来自不同行业的参与者，包括技术、金融、制造、政府和医疗保健等领域。对于在非工作时间接收电子沟通的这一情景事件，文章用了两个子量表测量，分别为电子沟通的情感基调和所需时间，并且使用经验抽样法来评估人与人之间电子通信元素的日常变化，同时控制人与人之间可能存在的混淆和偏差。

组织中也常常发生各种各样的冲突，从而引起员工情绪和行为的变化。Todorova等[103]认为，组织成员在工作场所中的任务冲突会对员工的情绪产生影响，进而影响员工的工作满意度。他们基于美国一家为老年人提供服务的医疗机构的232名员工的数据，研究发现，轻度任务冲突表达（Mild Task Conflict Expression）频率正向影响信息获取，而强烈任务冲突表达（Intense Task Conflict Expression）频率越高，信息获取越困难；随着信息获取的增加，积极情绪的体验也随之增加，信息获取中介了轻度任务冲突表达对积极主动情绪的正向影响，信息获取中介了强烈任务冲突表达对积极主动情绪的负面影响。随着任务冲突所产生的积极主动情绪的增加，工作满意度也随之增加。对于冲突的测量，分成两个子量表，即轻度任务冲突表达和强烈任务冲突表达。

Bledow等[104]在自我调节理论和情感事件理论的基础上，建立了工作投入的情感转换模型（Affective Shift Model of Work Engagement），认为工作投入是在积极情感和消极情感的动态相互作用中产生的。作者采用经验抽样法收集的数据，研究发现，上午的消极事件与下午的工作投入之间的关系被积极情绪调节，即积极情绪高时关系为正向，积极情绪低时关系为负向；积极事件与工作投入之间的关系也受到积极情感的调节，积极情感较低的人二者作用关系更强。对于事件测量，研究者是基于Basch和Fisher[105]的事件—情感矩阵（Affective Events - Emotions Matrix）以及Kanner等[106]的日常烦恼和振奋事件（Daily Hassles and Uplifts）研究而确定的，其中积极事件包括上司的表扬、寻求帮助、参与计划和决策过程；消极事件包括犯错、在时间压力下工作、与同事或上司发生冲突。在填写调查问卷之前，参与者对3个小时内发生的积极工作事件和消极工作事件进行评分。如果参与者指出事件已经发生，他们的评分为1分，如果事件没有发生，评分为0分。为了解释在标准事件列表中没有提到的情感事件，参与者被要求在两个开放式问题中写下他们经历过的其他事件，这些事件可以是积极的，也可以是消极的。因此，最后的两个复合度量表示参与者在每个测量间隔内报告的积极或消极事件的数量。

Li 等[107]基于情感事件理论，以北京分别来自信息技术、出版、咨询和设计行业的8家公司的56个工作组的230个个体数据为样本，融合了跨层分析方法，探究了员工组织承诺的情感性前因。文章考察了决定组织承诺的关键情感事件，包括个人组织交换、任务完成和组织不确定性，认为这些事件会使员工产生某些情感反应，如内疚、决心和混乱的情绪，进而影响组织承诺。研究发现，工作场所内疚感和决心的体验频率与组织承诺呈正相关，频繁体验的混乱的情绪与组织承诺呈负相关，且频繁体验的混乱情绪与组织承诺之间的负相关关系会随着群体关系冲突的增加而增强。此处要说明的是，文章并没有将事件类变量纳入研究假设，只是指出这些事件是内疚、决心和混乱情绪的诱因且认为未来有必要进一步对事件展开探索。

2.2.3 情感事件理论小结

第一，上述应用了该理论的相关文献为本研究中员工创新行为的双元驱动机制奠定了初步基础。以上相关研究中，有些工作环境直接对态度认知产生影响，进而影响后面的行为；有些则仅仅通过事件及引发的情感反应而影响个体行为；还有些会同时通过引发认知导向和情感导向的反应而影响个体行为。这说明行为是由认知和情感两条机制起作用的，即判断驱动和情感驱动。这为本研究同时进行情感导向和问题导向的双元机制的探索提供了初步的理论和实证基础。

第二，上述相关文献为本研究中的工作事件（任务冲突）的引入做了铺垫。特定的工作环境特征能诱发特定的工作事件，进而引发相应的情感体验以及后续的行为反应。这为本研究模型搭建过程中事件因素的引入提供了有力的理论指导。

第三，上述相关研究为本研究理论视角的结合选择提供了思路。上述不少研究的理论基础部分，除借鉴情感事件理论，还结合考虑了其他理论。例如，Spencer 和 Rupp[94]使用情感事件理论的同时还结合了公平理论研究为何个人的情绪劳动会受到客户对同事的不公正对待的影响；再如 Lanaj 等[99]结合了情感事件理论与自我决定理论研究变革型领导对领导者本人的益处的作用机制等。这为本研究在理论的选取与融合上提供了思路参考。

第四，上述相关研究为本研究中的事件测量方法的确定提供了背书。以往相关研究主要采用问卷量表的方法，具体施测上，除了经验抽样法[84]，还有直接通过给列举的事件打分的方法，如 Bledow 等[104]和 Pirola-Merlo 等[85]的研究，或直接以事件变量本身的问卷用横截面单一时点的方法展开测量，如 Babalola 等[88]、Carlson 等[97]的研究。

2.3　员工创新行为

2.3.1　员工创新行为的定义

关于员工创新行为的定义，不同的学者给出了不同的解释，可以主要归纳为两类视角，即特质视角和过程视角。

第一类，主要从个人特质视角来理解员工创新行为，代表性研究如 Kirton（1976）[108]认为，人们的认知决定其行为，创新主体基于新的认知结构，更倾向于挑战旧有的规则、从多角度来发现和解决问题。还有学者认为创新行为是一种愿意做改变的意愿[109]。

第二类，注重从过程视角来看待员工创新行为。这里需要说明的是：在以往相关主体的学术研究中，学者们常常将创造力（Creativity）和创新（Innovation）的概念交换使用[110]。最近学者们对两者概念出现了一些共识，认为创造力可以看作创新的前期阶段，创造力指的是提出或产生新颖且有用的想法，创新则是产生、推广和落地采用这些新颖且有用的想法的综合，创新是一个多阶段的过程[1]。由于创造力也是创新的重要部分，因此在本研究的综述中，涉及创造力的相关文献也纳入其中。对于过程视角的员工创新行为，比较有代表性的定义，如 Kleysen、Street、卢小君和张国梁的五阶段说[111,112]；Scott 和 Bruce 的三阶段说[1]；Amabile、顾远东、彭纪生及赵斌等的两阶段说[113-115]。

从现有文献看，以过程视角来定义组织个体的创新行为已成为主流，尤以 Scott 和 Bruce[1] 的定义为典型，他们认为员工创新行为应包括创新想法的提出，并推广这些想法以获得资源支撑，最后通过产品化将想法落地执行的整个过程。因而，本研究沿用 Scott 和 Bruce[1] 三阶段的定义，即员工创新行为有三个标准或阶段，即新颖想法的产生、寻求支持与推广和落地实施三个过程[1]。综上，两类定义划分如表 2.1 所示。

表 2.1 员工创新行为定义

代表学者	内容	定义归类
Hurt 等（1977）	员工创新行为是一种愿意改变的意愿。	特质说
Kirton（1976）	行为主体打破常规，强调从多种角度来看待和解决问题。	
Scott 和 Bruce（1994）	员工创新行为的出发点在于找出问题，并针对问题提创造性的想法或提出解决方案并寻求支持和落脚点，从而推进想法的"产品化"。包括三个阶段，确认问题、产生创新构想或解决方案；寻找创新构想或解决方案的支持点；利用某种标准或模式将创新构想或解决方案产品化。	过程说
Kleysen 和 Street（2001）；卢小君和张国梁（2007）	员工创新行为包括五个阶段，机会探索、产生想法、调查评估、寻求支持拥护以及落地应用。	
Amabile（1996）；顾远东和彭纪生（2010）；赵斌等（2019）	员工创新行为指的是员工在工作过程中，产生创新构想或问题解决方案，并努力将之付诸实践的行为，包括产生和执行创新构想两个阶段的各种行为表现。	

注：作者根据现有相关文献整理

2.3.2 员工创新行为的测量

第一，客观测量法。创新行为的评估可以通过两个阶段来进行，一方面是创新的投入量,另一方面是创新所带来的成果,如通过一项研发的资源投入和其获得的专利数量或市场业绩来评估组织成员的创新性行为,但是这种测量方法通常可行性较低,因为测量个体层面的创新行为,难以获得准确的数据[116]。

第二,量表调查法。量表调查法可以通过多种形式来对员工的创新行为进行衡量。很多学者针对员工创新行为构建了相关测量量表,主要有Scott和Bruce[1]、Kleysen和Street[111]、Janssen[117]等的版本,他们开发的量表有单阶段、三阶段、五阶段,这些量表在各自的研究中有很可靠的信度和效度,但之后国内学者张国梁和卢小君[118]基于不同情境对该变量的结效度进行了相关的验证,发现原来的五阶段的结果并不理想。

目前,学术界针对员工创新行为的组成阶段及测量方法尚未达成统一的共识,通过对相关文献的回顾,本研究总结出了测量员工创新行为主要的两类方法,鉴于可行性和可操作性,一般采用量表调查法,且较为通用的是Scott和Bruce[1]和Janssen[117]的量表。

2.3.3 员工创新行为的影响因素

员工创新行为的影响因素主要涉及个体特征、领导风格、组织氛围、工作任务特征等方面[116,119],具体梳理如下。

(1)个体特征方面

个体特征主要通过人格特点、处理问题方式、情感情绪、心理资本、创新自我效能等因素影响员工的创新行为。

国内学者张振刚等[120]通过问卷调查法检验了员工的主动性人格对创新行为的影响机制,研究发现员工的主动性人格对其创新行为具有显著正向影响,且心理安全感和知识分享能力会负向调节它们之间的作用关系,即当这两个调节变量处于较低值时,主动性人格对其创新行为的作用更强。王忠等[121]以IT企业知识型员工为研究对象,研究发现了玩趣人格(Playfulness)对其创新行为有显著正向影响,且工作沉浸在其中起到中介作用。王艳平和赵文丽[31]研究了大五人格特质对员工创造力的影响机制,研究指出，外倾性、宜人性、责任感、开放性对员工创造力有正向影响，神经质对员工创造力有负向影响；创新自我效能感在外倾性、开放性、神经质和员工创造力之间起中介作用，创新氛围正向调节创新自我效能感和员工创造力之间的作用。仇泸毅等[122]以科研和技术服务、高新技术等多个行业的企业员工为样本，研究了一种可干预的人格特质即自我分化人格对员工创新的作用，发现其对员工创新有正向作用，同时还发现了其中的中介机制，即自我分化人格通过影响心理距离而间接影响员工的创新行为。

Amabile[123]提出的创造力成分模型包括三个组成模块：一是与领域相关的专业知识或技能；二是内在工作动机；三是与创造力相关的技能，如训练有素的工作风格、敢于冒险的性格特征等。Scott和Bruce[1]也探讨了不同的问题解决方式对员工创新行为的影响，较之于直觉式（Intuitive）解决问题的方式，系统化（Systematic）解决问题的途径对创新行为的作用是负向的。还有一些研究表明，员工创新行为也容易受到情感因素的影响，尤其是积极情感，主要是因为积极的情感能够通过提升思维活跃度和行事的主动性以促进员工创新行为[124]。同时也有研究表明，在一定条件下，消极情绪也可以促进创造力，如George和Zhou[125]以一个负责设计和制造直升机的技术型组织中的多个部门的员工（如工程专家、机械工程师和调度员）为研究对象，发现感知认可（Perceived Recognition）和对创造性表现奖励（Rewards for Creative Performance）较高时，消极情绪会正向影响个体的创造性表现。

有一些研究还探究了个体心理授权、心理资本等因素对创新行为的影响，刘耀中[126]以珠江三角洲和环渤海湾地区的企业员工为研究对象，研究发现心理授权会正向影响员工创新行为。韩翼和杨百寅[2]在研究领导风格与员工创新行为时发现，员工心理资本在其中也起到中介作用。顾远东和彭纪生[114]基于社会认知理论，以南京市的若干高新技术企业员工及部分MBA学员为对象，在研究组织氛围对员工创新行为的影响机制时，发现创新自我效能感在二者关系中存在中介效应，这是中国情境下的开拓性研究。

(2) 领导风格方面

领导风格、领导与员工的关系状况对于员工创新行为具有重要的影响。其中领导风格主要涉及真实型领导、变革型领导、教练型领导、授权型领导等风格。

许爽等[127]以多家技术密集型企业的年轻新员工及其主管为研究对象，探究了真实型领导风格对员工创新行为的作用机制，他们基于员工与主管的配对数据，研究发现了真实型领导有助于提升员工的创新行为，组织公平和工作投入在其中起到中介作用，且良好的师徒关系正向调节上述中介作用。韩翼和杨百寅[2]以分布于河北和北京的6家电力企业员工为研究对象，通过领导—员工的配对数据，实证发现了真实型领导与员工创新行为存在显著正相关，且以心理资本为中介。秦伟平等（2016）研究发现团队层面的真实型领导能激发员工创造力，且领导成员交换在团队真实型领导和员工创造力之间的关系中起到中介作用[128]。

Gumusluoglu 和 Ilsev[129]以43家土耳其小型软件开发公司的研发人员和经理为研究对象，从个体和组织层面研究了变革型领导对个体层面的员工创造力和组织层面的创新绩效的影响机制，研究表明，在个体层面，变革型领导会正向影响员工创造力，且心理授权起到中介作用；在组织层面，变革型领导也会正向影响组织创新绩效。Gong等[130]以台湾保险公司代理人为研究对象，研究了员工学习导向和变革型领导与员工创造力的作用机制，研究发现二者均正向影响员工创造力，且均受员工创造力自我效能感的中介作用的影响。国内学者冯彩玲[131]对变革型领导做了细分，研究发现组织一致性变革型领导对员工创新行为存在显著正向影响，而个体差异性变革型领导对员工创新行为存在显著负向影响。此外，汤超颖等[132]通过对78个科研团队的样本进行实证分析，发现变革型领导会正向影响团队创造力，且以团队支持文化、灵活变革文化和市场绩效文化为中介。

领导风格的研究中除了真实型领导、变革型领导，朱永跃等[133]等基于苏浙粤制造企业员工样本，还研究了教练型领导对员工创造力的影响机制，发现其会正向影响员工创造力，同时员工内在动机在二者之间起到部分中介的作用；研究还发现了员工变革开放性特征对教练型领导与员工创造力的主效应具有正向调节作用，以及还存在被中介的调节，即上述调节效应通过内在动机间接传递。

魏华飞[134]则选取了我国中部地区20余个非营利组织，探讨了授权型领导对知识型员工创新行为的影响机制，研究发现前者正向影响后者，且存在基于信任和情感两方面的中介机制，魏华飞等[135]继续发现了组织支持感能正向调节授权型领导对两类信任的作用关系。魏峰等[136]基于某大型企业团队主管和成员的数据，运用HLM跨层研究的方法对员工创新绩效的机制进行研究，发现存在被中介的调节效应，员工心理授权在交易型领导和授权氛围对员工创新绩效的交互作用中起到中介作用，在低授权氛围中，交易型领导对员工创新绩效产生破坏作用，而在高授权氛围中，该破坏作用不成立，且该交互作用部分以员工心理授权为中介。

除了领导风格对员工的创新行为有影响之外，领导与成员之间的关系也会对成员的创新行为产生作用。不少研究发现研发团队领导成员交换（LMX）对于员工创新行为具有促进作用，有作为主因的，有作为中介变量的，拥有高质量的领导成员交换，领导与员工间信任度较高，而且员工会从领导那里获得与任务相关资源和人际支持，这些员工会因为在令人鼓舞的氛围下工作而觉得有义务通过创造性的工作来回报领导的支持和帮助[137,138]。

（3）组织氛围方面

组织中的个体需要通过与其他成员或部门、团队合作来完成工作任务，组织氛围在员工创新活动中也具有重要影响，会直接或间接地影响到员工的工作状态，进而影响员工的创新行为。

Shin等[139]发现当团队成员的创造力自我效能水平和变革型领导水平越高时，团队认知多样性对于员工创造力的作用越强。杨付和张丽华[140]

以国内13家大型企业的工作团队为对象，探讨了团队层面的团队沟通和工作不安全氛围对团队成员创新行为的影响机制，他们发现这二者对团队成员创新行为存在倒U形的影响，且受创造力自我效能感的负向调节，即创造力自我效能感越高的时候，二者对团队成员创新行为的倒U形影响越小。Magni等[141]认为团队创新氛围，即团队成员在特定环境下对促进新想法产生到实行的一系列实践、程序和行为的共同看法[142]，也会使得成员通过建设性的知识交流促进新想法的产生和实施。也有少量研究从团队情绪方面探究团队创新绩效的前因，刘小禹和刘军[35]基于15个不同组织中领导与员工的配对数据，探究团队情绪氛围、情绪劳动对团队创新绩效的影响机制，研究发现团队情绪氛围与情绪劳动的交互作用以团队效能感为中介影响团队创新绩效。

员工创新行为亦离不开组织的支持，组织支持感是指员工对组织如何看待自身贡献并是否关心自身利益的总体感知和信念，包括员工对组织是否重视自身贡献的感受和是否关注自身福利的感受。顾远东等[143]基于社会认同理论探究组织身份认同、组织创新支持感与员工创新行为，发现组织创新支持感正向影响员工创新行为。陈倩倩等[144]以分布在山西、江苏、山东、广东的5家涉及电子通信、银行、地产、工程设计等行业的企业为研究对象，探究组织支持感对员工创新行为的影响机制，研究发现学习和绩效两种目标导向在组织支持感与组织员工创新行为间起到中介作用。

还有不少研究探讨了组织创新氛围对员工创新行为的作用机制，如Shanker等[145]以马来西亚上市公司经理人为研究样本，也发现了组织创新氛围会正向影响创新工作行为。国内学者阎亮和张治河[146]研究发现组织创新氛围对员工创新行为具有正向影响，组织支持感与组织承诺在上述二者关系间起到中介作用。同时，组织结构、组织文化等多方面因素也会对员工创新行为产生影响[147]。杨晶照等[148]发现组织结构与员工创新相关，组织结构越复杂、越正规、集权化程度越高，对员工创新行为的影响就越弱。杜鹏程等[149]发现个体感知到的差错反感文化会负向影响员工创新行为。

(4) 工作任务特征方面

工作任务特征也是员工创新行为的重要前因。当工作在复杂的和被需求的（如高挑战性、自主性和复杂性）情况下，个体相对更有可能把他们的注意力和精力集中在工作上，使他们更有可能思考不同问题的解决办法，这会产生创造性的结果[119]。Chae 等[150]以韩国信息和通信技术行业的特别工作组和研发团队为研究对象，研究任务复杂性和个体创造力的关系，他们发现，任务复杂度与员工的创新力存在直接的作用关系，且团队成员间的知识交换和分享在其中起中介作用。

综上所述，现有文献对于员工创新行为影响因素做了丰富的研究，汇总整理见表2.2，主要有两个特点：第一，大多从个体特征和组织社会环境两个角度探究其主要前因。个体作为创新行为的主体，其专业技能、人格特质等是影响创新行为的重要因素[121,123]；员工所处的环境亦是导致其创新差异的重要影响因素，学者们关注的重点为各类组织社会环境，如各类领导风格[135,151]、组织氛围等[143]。第二，研究中也存在不同的中介机制，主要涉及判断认知类和情感类，判断认知类如自我效能[31]、工作满意度[152]、领导成员交换[138]、心理资本[2]、心理授权[129]，少量情感类研究如积极情感、消极情感等[124,153]。现有文献对于员工创新的前因机制做了广泛的研究，但仍存在值得深化的地方：第一，对于环境方面的前因，无论领导层面，还是组织层面因素，以往这些研究主要集中在组织社会环境，鲜有涉及同样对员工创新具有重要作用的客观工作环境，更缺少协同探究客观工作环境与组织社会环境双前因的系统性研究。第二，现有研究中也存在不同的中介机制，以判断认知类为主，情感类机制相对不足，更缺乏同时考虑认知和情感双机制的系统性研究。

表 2.2　员工创新行为影响因素

作者（年份）		影响因素
仇泸毅等（2022）[122]	个体特质方面	自我分化人格（自变量） 心理距离（中介变量）
张振刚等（2014）[120]		主动性人格（自变量） 心理安全感与知识分享能力（调节变量）
王忠等（2017）[121]		玩趣人格（自变量） 工作沉浸（中介变量）
王艳平和赵文丽（2018）[31]		大五人格特质（自变量） 创新自我效能（中介变量）
Scott 和 Bruce（1994）[1]		不同的问题解决方式（自变量）
George 和 Zhou（2002）[125]		消极情绪（自变量） 感知认可、对创造性表现奖励（调节变量）
刘耀中（2008）[126]		心理授权（自变量）
Yuan 和 Woodmana（2010）[154]	领导风格方面	与主管的关系质量（自变量） 预期形象风险、预期形象收益、预期的积极绩效结果（中介变量）
韩翼和杨百寅（2011）[2]		真实型领导（自变量） 心理资本（中介变量）
顾远东和彭纪生（2010）[114]		组织氛围（自变量） 创新自我效能感（中介变量）
魏华飞（2018 和 2020）[134,135]		授权型领导（自变量） 基于情感的信任、基于认知的信任（中介变量） 领导成员交换关系组织支持感（调节变量）
Gumusluoglu 和 Ilsev（2009）[129]		变革型领导（自变量） 心理授权（中介变量）
Gong 等（2009）[130]		员工学习导向、变革型领导（自变量） 创造力自我效能感（中介变量）
冯彩玲（2017）[131]		组织一致性变革型领导、个体差异性变革型领导（自变量）
汤超颖等（2011）		变革型领导（自变量） 团队支持文化、灵活变革文化和市场绩效文化（中介变量）

续表

作者（年份）		影响因素
魏峰等（2009）[136]	领导风格方面	交易型领导（自变量） 授权氛围（调节变量） 员工心理授权（中介变量）
Gu等（2015）[138]		道德型领导（自变量） 领导成员交换、对领导的认同感（中介变量）
秦伟平等（2016）[128]		真实型领导（自变量） 领导成员交换（中介变量）
许爽等（2022）[127]		真实型领导（自变量） 组织公平、工作投入（中介变量） 师徒关系（调节变量）
朱永跃等（2020）[133]		教练型领导（自变量） 员工内在动机（中介变量） 员工变革开放性（调节变量）
Shin等（2012）[139]	组织氛围方面	团队认知多样性（自变量） 创造力效能、变革型领导（调节变量）
Chen等（2019）[155]		认知多元性、感知对创新的支持（自变量） 团队任务反思、关系冲突（中介变量）
杨付和张丽华（2012）[140]		团队沟通、工作不安全氛围（自变量）
刘小禹和刘军（2012）[35]		团队情绪氛围、情绪劳动（自变量） 团队效能感（中介变量）
顾远东等（2016）[143]		组织创新支持感（自变量） 组织、领导与职业认同（中介变量）
Shanker等（2017）[145]		组织创新氛围（自变量）
阎亮和张治河（2017）[146]		组织创新氛围（自变量） 组织支持感与组织承诺（中介变量）
杨晶照等（2012）[148]		组织结构复杂度、集权化程度（自变量）
杜鹏程等（2015）[149]		组织差错反感文化（自变量） 创新自我效能和工作嵌入感（中介变量）
陈倩倩等（2018）[144]		组织支持感（自变量） 学习目标和绩效目标导向（中介变量） 权力动机（调节变量）
Yuan和Woodmana（2010）[154]		感知组织创新支持（自变量） 预期形象风险、预期形象收益、预期的积极绩效结果（中介变量）

续表

作者（年份）		影响因素
Shalley 和 Gilson（2004）[119]	工作任务方面	工作复杂性、被需求的程度（自变量）
Chae 等（2015）[150]		任务多样性（自变量） 成员间的知识交换和分享（中介变量）
朱苏丽和龙立荣（2010）[124]		工作要求（学习要求、负荷要求、超负荷要求）（自变量） 积极情感（中介变量）

注：作者根据现有相关文献整理

2.4 工作环境及其对员工创新的影响

2.4.1 工作环境的定义

组织行为学的研究呈现不断聚焦和细化的特点，但人力资源管理实践相关研究则呈现出侧重整体性"大概念"的特征。例如，探究整体性客观工作环境或组织社会环境设计对员工行为的影响[29]，而不具体探讨某类环境要素对员工行为的影响。本研究中员工创新的前因选择主要基于人力资源管理实践的视角，即从"工作环境"这一整体性"大概念"出发，探究其对员工创新的影响。

工作环境的定义主要有两类，一类不明确区分环境要素的正负面属性，其中既包括正面也包括负面的环境要素；另一类则偏向从工作支持的正面角度定义工作环境。对于第一类定义，工作环境即员工感知到的一个组织的社会氛围（Social Climate），同时也包括一些客观物理环境元素[29,113,156]，其中客观工作环境指硬件设施、材料、信息等客观方面的工作资源，而组织社会环境通常指来自组织、领导和团队同事及工作任务本身特点的环境因素，如偏正面的同事的鼓励支持和工作任务的自由度或自主性，同时也包括一些涉及负面影响的负荷压力因素，因而此类定义，尤其对于组织社会环境,并没有明确限定环境要素的正面或负面的唯一属性[113]。但在另一类定义中,学者们仅从正面的工作支持角度定义了两类工作环境,认为客观工作环境或组织社会环境是员工感知到的组织工作场所中支持创造力等工作产出的各项客观或社会因素的总和,前者主要涉及设备、办公视野等客观支持性资源,后者涉及领导支持、团队合作等要素[29]。这两类定义涵盖的环境要素基本相似,但第一类更侧重于组织社会环境,第二类则更系统地区分了客观工作环境和主观组织社会环境两类不同的工作环境,且较之于第一类,第二类定义更明确地从正面属性定义了工作环境,得分越高表示员工感知到更多工作环境要素的支持,与问卷测量的逻辑一致,故本研究采用第二类定义。

2.4.2 工作环境的测量

工作环境测量相关研究显示,主流文献主要集中在组织社会环境(Social-organizational Work Environment),而对于客观工作环境(Objective Work Environment)的研究相对不足。Newman[157]也曾开发过工作环境感知量表,主要涉及上层管理风格、任务特征、绩效奖金、同事关系、工作动力、设备和人员安排、员工的能力、参与决策、工作空间、压力、工作职责11项具体构成内容。Weiss和Cropanzano[76]在介绍情感事件理论时认为工作环境表现为一组具体或抽象的特征(工作特征、工资水平、晋升机会等)。Amabile和Conti[158]在研究裁员期间工作环境的变化对员工创造力的影响时也提到工作环境的构成,包括六项正向因素和两项负向因素,六项正向因素包括:组织鼓励、充分的资源、自由的工作氛围、挑战性工作、领导鼓励、小组支持;两项负向因素包括:组织障碍(阻碍员工发挥创造力的组织文化)、工作压力。Tsai等[159]在研究旅游和酒店企业工作环境对创造性绩效的影响时,认为工作环境包括程序公正、动机、知识共享和晋升等四个维度。亦有少量研究涉及对组织物理环境的测量,Dul等[29]采用形成性指标的方式测量了组织社会环境和客观物理环境,其中组织社会环境涉及工作挑战性、团队协作水平、领导支持度、组织奖励机制等因素，而客观物理环境主要涉及设备、办公视野、空间布局等物理空间因素。

在此需要说明的是，Weiss 和 Cropanzano（1996）[76]在情感事件理论中指出了工作环境和工作事件是可以相互转变的，二者主要区别在于它们的持续时间、发生频率及可预测性不同。当某项事件发生的频率变高且可预测时，就成了工作环境特征。Weiss 和 Cropanzano[76]31 引用的 *The World Book Dictionary* 对事件的基本定义，即"发生的事情，特别是重要的事情（a happening, especially an important happening）"，同时借鉴了 *The Random House Dictionary* 的定义："在特定时间特定地点发生的事情（something that occurs in a certain place during a particular period of time）"，这两个定义都暗含了变化的内容，环境及个体经历的变化。常见的工作事件如组织冲突（任务冲突），亦有少量与创新产出相关的研究，如 Jehn 和 Mannix[160]、陈振娇和赵定涛[161]、陈振娇等[162]以及 Chen 和 Zhao[163]等探究了冲突与团队产出的关系。

2.4.3　工作环境对员工创新行为的影响

工作环境被认为对员工的动机、满意度和任务绩效有非常重要的影响[157]，组织可以通过完善多方面的工作环境提升员工的创造性绩效[158,159]。现有文献主要从客观工作环境和组织社会环境两方面展开研究。

对于客观工作环境对员工创新的影响研究，现有文献以定性居多，定量实证研究相对不足。如 McCoy[17]从视觉效果和空间大小等空间属性、灵感激发线索等角度阐述了物理工作环境对创造力的影响。Jaskyte 等[164]在研究非盈利组织的工作环境与其员工创造力的关系时，基于概念挖掘（Concept Mapping）的方法，探究了物理工作环境的变化对于员工创造力的影响机制。Byron 和 Laurence[165]基于来自零售营销、医疗软件等不同公司员工样本的质性访谈数据，研究了工作空间个性化（Workspace Personalization）对于员工工作绩效的影响，他们发现很多员工会用照片、纪念品和其他具有象征意义的物件来个性化装饰他们的工作空间，这是一种自我象征性的符号表征（Symbolic Representations of Self），会使得员工更能将注意力集中在自己的目标和价值观上，并在工作和非工作之间建立一个理想的边界或融合（Boundary or Integration），这两者都有助于员工的自我调节，进而促进工作绩效的提升。Hoff 和 Öberg[166]基于对办公室数字艺术家的质性访谈，探讨了物理工作环境对于员工创造力的影响机制，他们发现，物理工作环境可以为员工提供三种类型的支持：功能性（如充足的照明和工具）、社会心理性（如助力沟通的同时兼顾隐私需求）和启发性（比如有利于开展头脑风暴和激发想象力的室内设计）。Thoring 等[167]基于来自城市规划、建筑、室内设计、工业设计、美术等领域的 9 位专家的访谈，以扎根理论的方法，提出了物理空间环境影响创造力的十个命题，概述了空间特征与创造性工作产出间的关系。此外，也有少量定量研究，Knight 和 Baer[168]基于 54 个参与创造性任务的小组进行的实验研究，发现了非久坐的物理工作空间（Non-Sedentary Workspace）增加了团队心理层面的唤醒（Group Arousal），同时减少了团队行为层面的想法属地占领（Idea Territoriality），这两者都通过促进更好的信息加工（Elaboration）进而提升了绩效表现。Wu 等[169]探究了创客空间的物理环境特征对创客的发散性（Divergent）和收敛性（Convergent）两类创造力的影响机制，他们基于对 15 个创客空间的调查和实验研究，发现圆形（Round）物理工作环境比角形（Angular）物理工作环境更有可能激发员工的发散性创造力，而角形物理工作环境比圆形物理工作环境更有可能激发员工的收敛性创造力，其原因在于，圆形空间更可能激活员工的靠近（Approach）动机，而角形则更有可能激活回避（Avoidance）动机，进而对两类创造力产生作用。Cheung 和 Zhang[170]以 Duffy 的办公室设计模型为基础，探讨了强自主式与高互动性两类办公设计对于提升员工创造力的有效性，他们从互动的理论视角提出员工的创造力水平由办公环境（自主性设计和交互式办公设计）与个体因素（内在动机和多样性意识形态）的交互作用决定，也即个体因素会对办公环境与员工创造力的关系起到正向的调节作用。Chi 等[171]采用日记调研法（Daily Diary），基于 70 名创意工作者连续 10 个工作日的数据展开分析，研究结果表明，日常积极或消极情绪对后续创造力的变化既有滞后作用，也有积极作用，促进非正式互动（Facilitates Informal Interactions）的物理环境加强了这些积极的滞后效应。而工作区域的可调节性（Work Area's Adjustability）减弱了日常积极情绪对创造力的积极滞后效应。亦有研究从组织社会环境和物理环境两方面展开，他们基于27家中小企业274名知识型员工的数据，探究了创造性人格对于创造性绩效的影响，并得出了组织社会环境和物理工作环境对于上述影响的正向调节作用[29]。

对于组织社会环境的研究，上一节员工创新行为的影响因素里做了系统的梳理，它涉及领导风格、组织氛围等方面的因素，下文主要是针对明确提及"工作环境"的相关文献的梳理。Amabile和Pratt[37]对1988年发表在Research in Organizational Behavior上的组织创造力成分模型进行了修正和完善，这一更新除了关注影响创造力的个人层面的心理过程，更强调了组织工作环境对这些过程的影响。

Emiralioğlu和Sönmez[172]采用便利抽样法，收集了伊斯坦布尔四家医院的618名护士样本，探究了工作环境对护士创新行为的影响，研究发现包括护士的医院事务参与、医院充足的人员配备和资源支持等因素在内的工作环境特征与护士的创新行为和产出显著正相关。Yang[173]基于269名中国酒店员工的样本，探究了工作场所的乐趣对员工创造力的作用，研究显示工作场所乐趣对员工创造力具有显著正向影响，并通过心理安全的中介作用产生间接影响。Awang等[174]探究了组织学习和工作环境对员工创新性工作行为的作用关系，他们采用分层抽样法对位于马来西亚半岛东海岸经济区微型和小型制造企业的员工进行抽样调查，研究发现组织学习和工作环境对创新性工作行为具有显著的正向影响。亦有学者考察了一家大型高科技公司在大规模裁员之前、期间和之后的工作环境的变化情况，他们发现在裁员期间，员工创造力和支持创造力的工作环境在多数方面都显著下降，但之后略有增加，同时工作环境的变化在组织裁员对员工创造力间的影响中起到中介作用[158]。Tsai等[159]基于旅游和酒店企业320名员工样本探究了组织支持对创造性绩效的影响机制,他们发现,包含程序公正、动机、知识共享和晋升等四个维度内容的工作环境对组织支持与创造性绩效间的关系起到了中介作用。Lukersmith 和 Burgess-Limerick[175]基于361名执业卫生专业人员样本,探究了工作环境与创造力之间的关系,研究发现工作设计(如团队合作、任务轮换、工作自主权等)和领导能力(如给予员工业务指导、创造性目标的设定、对创造性想法的认可和激励)被认为是激发创造力的最重要因素。Choi 等[176]基于加拿大多个行业的企业员工样本,旨在探究可能会抑制员工创造力的工作环境特征,他们发现厌恶型领导和不支持型组织氛围显著负向影响员工的创造力。Schepers 和 van den Berg[177]基于一个政府机构的154名雇员的问卷调查,发现员工创造力与从政文化认知、员工参与和知识共享有关,其中知识共享又受到合作团队感知(Cooperative-team Perceptions)和程序公正的影响,且知识共享在合作团队感知和程序公正与创造力之间起中介作用。国内学者梁阜等[151]基于多个行业的科技企业的样本,在研究组织内差异化变革型领导对员工创新行为的影响时,发现团队一致性与个体差异性这两种形式的变革型领导都对员工创新行为存在显著正向影响,同时,他们也发现了外部环境的调节作用,即环境动态性与环境竞争性的交互项在个体差异性变革型领导与员工创新行为间以领导—成员交换为中介的间接关系中具有正向调节作用。还有研究者基于定性分析的方法,采用内外部环境的分析维度进行研究,如 Horng 和 Lee[178]通过深度访谈和内容分析的方法采访了13位国际知名的创意烹饪艺术家,发现其创造力水平与其所处环境的质量有着密切的关系,主要涉及组织内外部环境,其中内部环境中包括充分的组织资源支持、开明的领导以及同事间的互动等;外部环境也发挥了重要作用,如开明的家庭氛围和家庭情感支持、良好的学校教育及其他开放的学习环境、开放多元的社会文化。

综上所述,工作环境主要包括客观工作环境和组织社会环境,其中客观工作环境主要涉及办公空间视觉效果、空间装饰与设计及空气温度湿度等物理空间要素[179,180],组织社会环境涉及领导风格[151]、团队文化、员工参与和程序正义等要素[181]。对于工作环境及其对员工创新的作用机制研究中仍存在值得深化的地方：第一，主流文献中工作环境量表为西方版本，忽视了工时制度、给予业务授权等"VUCA"时代背景下的要素，不能全面准确地测量中国情境下的工作环境。第二，工作环境对员工创新的影响机制研究中，客观工作环境相关的实证研究相对不足，且鲜有同时系统考虑客观工作环境与组织社会环境对员工创新的影响机制的；现有工作环境影响员工创新的研究中则鲜有涉及情感类机制的探讨。现有这些研究都为本研究奠定了基础，同时为本研究的开展明确了切入点。

2.5 其他相关变量研究进展

2.5.1 应对策略

（1）应对的定义

应对理论（Coping Theory）由 Lazarus 及其同事们提出[182]，用以解释人们如何应对那些会消耗或超出（Taxing or Exceeding）个体资源的相关情境[183]。应对是面向过程的和具有情境性的，这意味着它关注的是一个人在特定的情境下的思考或行为[184]。应对包括认知评估和应对两个过程[184]，在认知评估过程中，人们会评估相关情境是否会影响到他们的福祉，如果是，是如何影响的；人们还会评估在相关情境中可能面临的风险要素以及可以通过做什么来预防和减少伤害或提高利益，这些认知评估构成应对的基础。而第二个过程，应对，是指人们为了掌控、减少或容忍[182]一些可能会耗费其个体资源的内外部需求而进行的对其自身认知和行为的相应努力或调整[183]。尽管认知评估和应对过程存在差别，但D'Arcy 等学者已验证，鉴于二者内容倾向通常一致，这两个过程一般不做区分处理[185]。为此，本研究主要聚焦应对过程本身，探讨员工的工作环

第2章 理论基础与文献综述

境状况所引发的应对反应或策略。

应对通常又有两个功能或内容分类[182]，一是通过做一些事情来改善带来不好的情绪体验的相关问题，二是管理调节不好的情绪体验，二者分别对应问题导向应对（Problem-focused Coping）和情感导向应对（Emotion-focused Coping）。对于二者的定义，问题导向应对指的是一种以功能为导向的方法，用于直接识别和处理情境问题；而情感导向应对是指人们为了安抚、控制或消除由耗费个体资源的情境引起的情绪体验而采取的应对方法[52]。前者注重通过思考问题和采取行动以改善状况，后者则通过避免思考与健康相关的不愉快想法或者通过释放负面情绪，以提升情感体验[186]。问题导向应对反映出个体的目标是做一些具体的事情来处理导致其资源被破坏的状况，相反，情感导向应对并不会实质改变问题情境本身，而是改变个体对情境的感知[187,188]。同时亦有学者对情感导向应对做了内向式（Inward）和外向式（Outward）的划分，内向式情感导向应对指的是个体借助于注意力的调动和认知的改变来达到情绪的稳定的应对方式，通常是内隐的，不易被他人观察到的；相比之下，外向式情感导向应对是指个体对情绪反应的直接调节，通常是外显的、能被他人观察到的[52]。本研究将在刺激—有机体—应对理论基础上，借鉴应对理论中问题导向应对和情感导向应对的双元应对策略以及内外双向的情感导向应对测量，对情感事件理论中的判断驱动和情感驱动的双元行为机制进行整合，构建工作环境影响员工创新行为的"问题导向应对"和"情感导向应对"机制并存的双元作用机制模型。

（2）应对的测量

问题导向应对和情感导向应对的测量略有差别。其中问题导向应对的常见测量方式涉及两类，一类是对子量表进行区分，另一类是针对具体研究议题的综合型测量；而情感导向应对则多数都是对子变量进行区分。

问题导向应对的测量，主要是分成多个子量表，典型的如分为积极应对、计划、抑制竞争活动、克制应对、寻求工具性社会支持等五个子量表，每个子量表包含四个测量指标[189]，其中"积极应对"子变量中的代表性条目如:"我采取直接行动来解决这个问题";"计划"子变量中的代表性条目如:"我努力思考该采取什么步骤";"抑制竞争活动"子变量中的代表性条目如:"为了集中精力,我把其他活动放在一边";"克制应对"子变量中的代表性条目如:"我确保不因行动过早而使事情变得更糟";"寻求工具性社会支持"子变量中的代表性条目如:"我询问那些有类似经历的人他们做了什么"。还有一些研究只选取其中特定的几项子变量,如Baker和Berenbaum[190]在探究不同个体差异边界条件下,问题导向应对和情感导向应对谁更有效时,对于其中问题导向应对的测量就只选取了积极应对、计划及寻求工具性社会支持这三项子量表。还有一类问题导向应对的测量则不对子变量进行区分,如Liang等[52]和Xin等[191]在研究人们面对IT安全威胁情境的相关应对反应时,则根据研究议题内容直接使用问题导向应对意愿或问题导向应对行为整体型量表,其中"问题导向应对意愿"的代表性条目如:"我计划立即采取防卫行动来应对威胁";"问题导向应对行为"的代表性条目如:"我安装或更新了杀毒软件"。

情感导向应对的测量,多数研究都对子量表进行区分,典型的如涉及寻求情感性社会支持、积极地重新解释、接受、否认、求助于宗教等五个子变量,每个子量表包含四个测量指标[189],其中"寻求情感性社会支持"子变量中的代表性条目如:"我试图从朋友或亲戚那里得到情感上的支持";"积极地重新解释"子变量中的代表性条目如:"我试着从不同的角度看待它,让它看起来更积极";"接受"子变量中的代表性条目如:"我学着接受它";"否认"子变量中的代表性条目如:"我拒绝相信这事真的发生了";"求助于宗教"子变量中的代表性条目如:"试图从我的宗教中找到安慰"。还有研究则分为寻求情感支持、情感发泄、否认、心理疏远及单方面良好祈愿等五个方面,不同研究根据其具体内容在子变量的构成和测量上也存在差别[52]。

(3)应对的相关研究

不同学科针对应对策略做了不同的研究,以下主要从前因和结果两方面展开梳理。对于应对的前因,压力与应对模型假设个体的应对反应受到可利用的个体及社会资源的影响[183]。Siu 等[192]基于香港451名小学生样本，探究了社会支持对学生幸福感和行为表现的影响机制，发现社会支持和心理资本会正向影响问题导向应对策略，问题导向应对策略又正向影响学生的幸福感和行为表现。Vassillière 等[193]以美国中年发展全国调查（National Survey of Midlife Development in the United States）的3693名（160名黑人和3533名非西班牙裔白人）受访者为研究对象，调查了种族、感知歧视和情感导向应对之间的作用关系，研究发现，与白人相比，黑人意味着面临更多的感知歧视，他们感知到的歧视又会正向影响情感导向应对方式。在信息管理领域，一些学者也使用应对视角来探究如由负载、复杂性和模糊性等内容构成的信息安全相关的压力[185]和网络攻击[194]、移动软件威胁[191]等网络信息安全情境以及信息安全政策[195]带来的个体的应对反应。

整体来说，应对的前因不论是正面的社会支持，还是涉及歧视、信息安全等状况的压力情境，都可归结为可利用的个体及社会资源状况[183,192]。在前因的确定上，除了传统的负面压力情境，正面的情境同样也会引发特定的应对反应，这为本研究应对机制的确定提供了基础。

对于应对的结果变量，不同学者也做了各种研究。压力问题除了作为前因，亦是应对的结果。Hertel 等[196]基于生命周期控制理论，将应对过程作为压力体验中年龄相关差异的机制解释，他们通过对634名16~65岁的工人的两波纵向研究（滞后8个月），发现与年轻员工相比，年长员工更倾向于采用积极的问题导向应对策略，积极的问题导向应对有助于降低工作中的压力，进一步地，积极的问题导向应对中介了年龄差异与压力的关系，但没有发现情绪导向的应对方式的中介作用。教育心理学诸多研究表明，问题导向应对与学生更高的幸福感[197]、更好的学业表现[198]、教师工作重塑[199]有关。Chen[197]考察了239名中国大学生的心理韧性、应对方式与主观幸福感的关系，发现了个体的心理韧性（Resilience）和应对方式对主观幸福感有显著的预测作用，情感导向应对方式在心理韧性与主观幸福感的关系中起到中介作用。关于应对方式对学生幸福感的影响研究，亦有学者发现问题导向应对能缓冲学生压力与幸福感之间的关系，且高问题导向应对能力的学生幸福感显著高于低问题导向应对能力的学生[200]。此外，Meneghel 等[198]基于西班牙大学生样本，发现那些使用问题导向应对策略的学生表现出更高的学术韧性，而使用情绪导向应对策略的学生表现出较低的学术韧性。除了韧性，工作重塑也是不同应对策略重要的结果变量，Ciuhan 等[199]以罗马尼亚年龄在 21~63 岁之间的 360 名教师为样本研究了新冠疫情期间教师线上授课期间感知到的压力与工作重塑的关系，发现了问题导向应对方式在压力与工作塑造关系中的调节作用，也即加强了感知压力和工作塑造之间的关系。

从现有应对结果的研究看，第一，问题导向应对多与个体正向的心理或行为相关，同时，尽管多数文献表明情感导向应对是无效的甚至具有负面效应，但也有文献认为情感导向应对是一种积极的处理特定问题的方式[201]，所以现有研究能够支持两类应对反应与员工积极行为或产出的正向联系。第二，应对除了作为直接的前因变量，还充当调节变量的角色来影响结果变量，但鲜有文献探讨应对产生作用的边界条件，而进行性别等个体差异变量对于两类应对方式影响结果变量有效性的调节作用分析亦具有重要意义[190]，这也为后文中探究工作环境影响员工创新的两类应对机制的边界条件提供了切入点。

2.5.2 隐性缺勤

（1）隐性缺勤的定义

目前，隐形缺勤还没有一个统一的、被普遍接受的定义[202]。从字面角度理解，隐性缺勤是指个体虽未发生实际的缺勤行为，但仍出现了如同真实缺勤而带来的后果的行为，类似网络流行语"摸鱼"。文献中对于隐性缺勤概念的界定，主要呈现为两类流派。第一类观点将隐性缺勤界定为当个体感觉身体状况不佳的情况下仍选择继续参加工作的行为[203,204]。第二类观点则主要是以北美医学卫生领域学者为代表，他们着重从隐性缺勤的负面影响角度给出定义，认为隐性缺勤是指因为上班时存在健康问题而导致生产力损失（Loss of Productivity）[202,205,206]的状况。也因此越来越多的学者从健康问题导致的生产力损失、低工作能力或绩效这一角度来界定隐性缺勤的概念[207]。随着研究的深入，一些学者发现除了健康因素，其他如工作时间上网闲聊等事件或状况也会对工作效率带来负面影响[208]，由此隐性缺勤被定义为因健康问题或其他情况员工没能充分发挥其工作能力而导致的工作效率或生产力下降的状况[209]。

（2）隐性缺勤的测量

根据定义流派的不同，隐性缺勤的测量主要分为两大类：一是对带病参加工作视角的定义，常见的测量条目如：1个测量条目的"在过去的12个月里，你有没有遇到过身体不舒服但还是在上班的情况？"选项则按"是"和"否"二分类进行[210]，也有文献是询问被试者在过往12个月里出现身体不适但依旧坚持上班的次数，选项则按"0次"到"大于5次"的5点量表进行[211]；还有研究则采用了2个测量条目，如："过往6个月里，尽管你觉得不舒服，你还是强迫自己去上班""过往6个月里，虽然你有身体上的症状，如头痛或背痛，你仍然强迫自己去上班"[212]。二是对应于工作能力、生产力或工作效率视角的定义，常见的测量有简易版斯坦福隐性缺勤量表（Stanford Presenteeism Scale，SPS-6）[213]和工作限制量表（Work Limitations Questionnaire，WLQ）[214]以及感知工作能力量表（Perceived Ability to Work Scale，PAWS）[215]。其中，SPS-6包含6个测量条目，用以测量健康损害如何影响员工完成工作和避免分心的能力，代表性条目如"因为我的健康问题，我的工作压力更难处理"[213]；WLQ反映了员工在过往两周里，执行身体需求、时间管理、心理和人际关系需求及工作输出需求等四类工作任务时受到限制的时间百分比[214]；PAWS要求参与者在0—10分的范围内对自己感知到的整体工作能力打分，代表性测量条目如"在满足工作的心理需求方面，您会给您现在的工作能力打多少分"[214]，最后为确保反映出隐性缺勤的程度，相关研究会将原来的PAWS分数从10中减去[216]，以上各测量量表在相关研究中均显示出良好的信效度。

(3) 隐性缺勤相关研究

隐性缺勤的相关研究主要涉及其影响因素和结果变量两个方面。隐性缺勤的影响因素主要包括个体因素及情境因素[206]。其中，个体类前因包括健康状况、工作态度、性格特质、年龄等。例如，有学者以一家葡萄牙医院的296名护士为样本，探究了个体身体健康状况（腰痛、头痛、压力等）与隐性缺勤的作用关系，他们发现个体健康状况与隐性缺勤显著负相关，即健康状况越不好，越容易出现隐性缺勤[217]。还有一些学者基于随机调查的丹麦19岁至64岁间的12935名核心劳动力样本，发现除了身体健康状况外，工作态度（如对于请病假持有保守的态度）、对家庭生活的不满及年龄均会正向影响个体的隐性缺勤情况[218]。此外，还有学者探究了诸如责任心、神经质、健康内控型人格、自我效能感等个体特质因素对于隐性缺勤的影响[203,219]。

情境类前因主要包括组织政策、工作特点、同事关系、组织文化等，其中包含病假工资、对于工作的把控、可能面对的被辞退风险等组织政策都被认为会正向影响隐性缺勤[203]。Miraglia和Johns[220]的一项元分析的结果显示，包含高角色需求与时间需求、工作负荷、人员配备不足等在内的工作特点也均正向影响隐性缺勤。Yang等[221]发现同事支持会显著降低隐性缺勤。还有一些学者从组织文化角度对此进行了相关研究[222]，比如在高竞争文化导向的组织[223]以及护理、小学教育等助人导向的组织中[203]的员工都更容易产生隐性缺勤；还有学者发现在基于儒家的勤奋、坚持和忍耐等传统华人文化氛围下的组织中，隐性缺勤率会高于西方文化下的组织[224]。

隐性缺勤的结果变量包括个人和组织两方面。个人方面，主要包括身体健康、心理健康以及工作能力[225]。有学者基于瑞典共2181份随机样本的队列数据，发现了隐性缺勤会显著负向影响员工的身体健康状况、心理幸福感和工作能力[226]。而组织方面的结果则体现在隐性缺勤会给企业带来直接的经济成本的增加，甚至比起因病缺勤或残疾造成的损失要大得多[205]。

从现有隐性缺勤的前因及结果变量的相关研究看：前因变量多聚焦在同事关系、组织氛围等组织社会环境上，鲜有研究对客观工作环境类前因展开探究；结果变量相关研究也能够初步支持隐性缺勤与员工积极行为或产出间的负向联系。

2.5.3 单方面良好祈愿与情感发泄

（1）单方面良好祈愿与情感发泄的定义

单方面良好祈愿和情感发泄均属于情感导向应对，其中单方面良好祈愿属于内向式情感导向应对，是个体借助于注意力的调动和认知的改变来达到情绪稳定的应对方式，通常是内隐的，不易被他人观察到的；情感发泄则属于外向式情感导向应对，是个体对情绪反应的直接以宣泄的方式进行的调节，通常是外显的，能被他人观察到的[52]。

具体而言，单方面良好祈愿描述的是一种期许偏差（Desirability Bias），是指一个人通过单方面想象（Fantasizing）事情会朝着理想的态势发展，从而逃离相对紧张的压力境况的内在情感反应，描述的是人们由于对未来结果的偏好或渴望而对未来结果产生过于乐观情绪的一种倾向[227]。当个体启动单方面良好祈愿的应对机制时，会希望通过自我内在注意力的调节从困境中解救出来，或让困境消失，希望自己或处境会出现不同的结果[228]。情感发泄则是指一个人公开宣泄（Ventilate）其正在经历的苦恼或负面情绪体验，以实现情绪的稳定[52,229]。代表性测量条目如"我会把自己的感受抒发出来"[52]。

（2）单方面良好祈愿与情感发泄的测量

内向式情感反应的单方面良好祈愿变量及外向式情感反应的情感发泄变量均参考的 Liang 等[52]的量表，各4个测量条目。单方面良好祈愿变量的测量条目包括"我希望它会以某种方式结束""我希望它会以某种方式遇到一个好的解决方案""我希望一切都会好起来"等。情感发泄变量的测量条目包括"我会感到心烦，想把情感发泄出来""我会把自己的感受抒发出来""我会表达一些压抑的感受"等。二者均采用李克特七点刻度进行评分，得分越高，说明员工在内向式情感反应的单方面良好祈愿以及外向式情感反应的情感发泄的表现水平上更为突出。

（3）单方面良好祈愿与情感发泄的相关研究

单方面良好祈愿的相关影响研究大多是负面的。相关研究基于德国167个家庭的214名青少年的样本，探究了青少年对于其患有肿瘤疾病的父母的应对策略与其自身健康的关系，他们发现单方面良好祈愿会负向影响内化的情绪健康以及整体健康[230]。也有一些学者们发现了一定的正面作用，他们以智力残障人员为研究对象，探讨了工作需求感知与工作倦怠之间的中介和调节作用，发现了当单方面良好祈愿作为一个预测因素时，工作需求和情绪疲惫之间的关系会被削弱，他们还发现单方面良好祈愿在工作需求与情绪耗竭之间起部分中介作用[231]。

情感发泄带来的影响大多是正面积极的。相关研究发现，情感发泄有助于人际关系的保持（Relationship Maintenance）[232]和相关情境问题的解决[233]。部分研究从公众的角度探讨危机沟通中的应对策略，发现在特定的危机情况下，公众使用的情感发泄方式越多，他们就越有可能寻求到危机处理的指导意见。例如，如何获得更多关于危机的信息，如何应对危机引发的各种压力等[234]。这为本研究中情感导向应对变量对员工创新行为的作用关系初步提供了理论和实践支撑。

2.6 研究述评

综上所述，现有文献对于员工创新的前因和作用机制做了广泛的研究，但仍存在以下值得深化的四个方面：

首先，主流文献中对于工作环境的测量多为西方版本的测量工具，没有考虑"VUCA"时代我国情况，需展开修订。尤其对于客观工作环境，其指标多聚焦在传统的物理空间因素[29]，如户外视野、空间布局、办公设备等客观物理空间因素，而忽视了工时制度这一客观时间环境因素；对于

第2章 理论基础与文献综述

组织社会环境，也缺乏如实际业务授权等中国情境下的要素，因此，并不能全面准确地测量中国情境下的工作环境，这为本研究开展新情境下的两类工作环境量表的修订提供了基础和切入点。

其次，工作环境对员工创新的影响机制研究中，一方面缺乏对客观工作环境和工作事件的实证研究，另一方面则是情感导向的机制研究相对不足，更鲜有认知和情感导向并存的双元机制的系统性研究。具体而言，其一，无论领导方面、团队方面，还是组织方面，主要都集中在组织社会环境，客观工作环境方面前因的实证研究相对不足，而客观工作环境已成为多数企业仅次于人力资源投入的重要支出，对员工创新具有重要意义[17]，更缺少同时对客观环境与组织社会环境双前因的研究。因此客观工作环境有待纳入，研究者可协同探究其与主观组织社会环境对员工创新的作用机制。除了狭义的工作环境，还有一些工作事件（广义的环境因素）也会对实体产生重要影响[235]。随着企业技术更新变快、用户需求变化多样[5,236]，组织为应对技术和用户需求的变化，会常常发生特定的组织事件，如工作冲突事件（任务冲突），而现有文献对于员工创新行为的研究主要集中在相对具有恒定特征的环境因素上，相对缺乏对于组织事件方面的影响因素的探究。其二，现有机制类研究中，以认知类为主，如自我效能感[31]等，仅有少量情感类机制，如愤怒[32]等，且鲜有对情感再做更系统的属性划分，更缺乏认知导向和情感导向并存的双元机制的系统性研究。情感作为一种基本的心理过程，是人们心理结构的重要组成部分，是影响人们行为决策的重要因素[33]，不同的情绪反应会给个体和团队带来产出的差异[34,35]。近二十年，情感研究在国外得到蓬勃发展，但国内相关研究仍较为滞后[35]，所以亟待研究者从不同属性角度开展系统的情感类机制研究。同时，无论态度认知方面还是情感反应方面的中介因素，现有研究多是从单一方面出发的，相对缺乏同时考虑二者的系统性研究。

再次，已有机制研究多为"净效应"分析，缺乏基于内外部多种因素相互作用的整体式"组态效应"分析。现有实证研究主要为基于线性回归的"净效应"分析，然而随着"数字经济"进程的推进"VUCA"时代的

· 55 ·

到来，企业面临的内外部问题越来越错综复杂，传统的少数前因变量已难以对结果做出全面合理的解释[38,40,41]。然而，旨在解决多变量间的复杂问题的组态研究则以一种全局观的视角很好地解决了该问题[42,43]。本研究将运用模糊集定性比较分析的方法对加入个体特质因素后的内外多种相关条件变量的复杂组合关系展开分析，进一步探究工作环境影响员工创新的双元作用机制的"组态效应"。

最后，以往研究对于客观工作环境和组织社会环境对员工创新不同阶段的影响机制与边界条件的系统探讨相对不足。员工创新行为本质是多阶段的，包括想法的提出、推广及落地等过程，想法的提出也并不能自动确保会被进一步地推广以及转化为实际的产出[237]，且不同特质的人在不同创新阶段上表现各异，而现有文献关于工作环境对不同阶段员工创新的双元机制及个体特质方面的边界条件的深入研究亦相对不足。少量学者认为进一步做3个阶段（想法产生、推广、落地）的划分讨论能获得更具细粒度的研究发现[44]，而且确定不同类型员工，在特定情境下更容易产生哪个阶段的创新，尤为重要[45]。为此，为进一步提升研究问题的细粒度，本研究在双元机制的净效应和融入个体特质因素的双元机制的组态效应的基础上，将员工创新行为分为3个阶段，进一步验证前文的双元机制并展开个体特质方面的边界条件的探讨。

综上，本研究在此基础上主要开展以下4项工作。首先，本研究将基于我国情境展开对工作环境量表的修订。其次，本研究将主要以刺激—有机体—反应理论为理论基础，并借助应对理论[184]中问题导向应对和情感导向应对的双元应对策略等内容构建理论模型，探究工作环境影响员工创新的双元作用机制"净效应"模型。再次，本研究将运用模糊集定性比较分析对加入个体特质因素后的内外部复杂组合关系展开分析，进一步探究工作环境影响员工创新的双元作用机制的"组态效应"。最后，针对员工创新想法提出后是否得以推广和落地这一管理实践问题，本研究围绕员工创新的想法产生、推广、落地的3个阶段，探究不同个体特质对这一双元机制的边界条件。

以上4点，其中第1点对应第3章的量表修订，第2点对应第4章的基于结构方程模型的双元机制"净效应"分析，第3点对应第5章的基于模糊集定性比较分析的双元机制的"组态效应"分析，第4点对应第6章的工作环境影响多阶段员工创新的双元机制的边界条件分析，探究不同个体特质对这一双元路径的调节作用。

第 3 章 中国情境下工作环境量表的修订

第 2 章的文献综述对工作环境等相关内容进行了梳理，发现工作环境是影响员工创新的重要因素。全面准确地测量工作环境是科学认识工作环境并开展后续相关实证研究的前提。然而，主流文献中工作环境量表为西方版本，与中国情境难以完全契合，不能全面准确地测量中国情境下的工作环境。因此，本章将基于内涵界定、测量指标确定，再到共线性检验、指标载荷显著性检验、外部效度检验及交叉样本验证等一系列严谨的程序[238]，修订中国情境下的客观工作环境和组织社会环境两个量表，以期为后续实证研究提供科学的测量工具。

3.1 引言

随着"数字经济"的深入推进，企业普遍面临"VUCA"时代背景下愈发复杂的竞争环境，这导致受雇劳动力的超时工作现象屡见不鲜[6]。当前，几乎所有的企业都面临着动态变化的竞争环境，需要依靠更多的创新来获得生存机会和竞争优势[1,2]。特别是软件开发等 IT 企业，尤其需要提升创新能力，开发高质量的软件和服务，以适应不断变化的客户需求和市场环境[4,5]。在为满足企业的创新需求的背景下，员工常常会面临随时待命的"996 工作制（早 9 点到晚 9 点，一周 6 天）"，带来的高工作负荷易引起工作耗竭（Exhaustion）[239,240]，进而导致隐性缺勤的出现[241]，即由于健康或其他事件原因导致的员工没能全力投入工作的状况[202,209]。较之于以往传统情境,"996"情境下,工作环境内涵出现了一定程度的变化。因而,探究"996"情境下的工作环境量表,具有重要的现实和理论意义。

具体而言,以外部空间视野等为代表的客观工作环境和以团队同事关系、领导风格等为代表的组织社会环境会通过影响人的认知、情感及身体等多方面的潜在能量而影响员工的身心健康和创新绩效[7,30,242]。其一,现实情境下,员工面对电子设备进行长时间高强度的伏案工作,会相对缩减其户外视野和自然视野的接触时间,也会加剧员工的视觉疲劳等不适,进而会削弱员工的多方面的能量储备,因而,现实情境下,组织给予员工如办公视野、空间色调等客观物理空间环境因素的支持,对于改善的员工身心健康尤为重要。同样,现实情境下,与同事间的业务联系变多,领导不在而需要自我参与决策的情境也变多了,因此良好的同事间的互动关系和来自领导的信任和支持,对于提升员工身心健康同样起着重要的作用。其二,不论客观工作环境,还是组织社会环境,都是直接或间接通过影响员工情感和认知体验而影响员工创新绩效的重要因素[7,135]。因此,探讨现实情境下的两类工作环境的内涵与测量,对于员工和组织均具有重要的现实意义。

然而,现有文献中,经典的工作环境量表是在西方情境下提出的,尤其对于客观工作环境,其内涵和测量指标多聚焦于如空间布局、办公设备等传统的客观物理空间因素,而忽视了客观工时制度环境因素,与中国情境难以完全契合。而对于组织社会环境,虽然不一定有新增的范畴维度,但原有的范畴中,亦存在有待补充的新内容。因此,深入探究"VUCA"时代客观工作环境和组织社会环境的内涵与测量,亦具有重要的理论意义。

3.2 问题的提出

"隐性996"是"VUCA"时代一项客观、隐性存在的工作制度。

"996"源于2019年3月在GitHub（知名IT线上社区）的"996ICU"的项目，其公开了相关的公司，旨在抵制"996"工作制。2021年8月，某知名互联网企业宣布取消"大小周"加班工作制，当月全体员工的薪资普遍降了17%，有三分之一员工表示并不支持取消"大小周"[243]，他们因为担心工资会缩水以及迫于生活压力，会选择多劳多得、主动加班。不论被动或主动加班，"隐性996"依旧客观存在着。传统西方情境下的工作环境量表是否适用于"隐性996"的背景，成为研究问题的出发点。

Dul 等[29]采用形成性指标的方式测量了组织社会环境和客观物理环境。反映性和形成性量表的不同在于二者的指标或维度与变量间的因果关系相异，反映性变量是指标或维度的原因，由变量指向指标或维度；而形成性量表则变成指标或维度是变量的原因，由指标或维度指向变量[244]。Dul 等[29]从正面工作支持角度定义了客观工作环境和组织社会环境，认为客观工作环境和组织社会环境分别是指员工感知到的存在于工作场所中的支持创造力等工作产出的各项客观和社会因素的总和[29]。对其测量指标，第一，客观工作环境主要集中在空间布局、亮度、色彩、植物、办公设备等物理环境，恰恰忽略了超时工作这一客观工时制度环境因素。现有文献对于"996"工作环境的测量，少量相关文献又仅仅将其看作是一个客观的时长因素[6,245,246]——超时工作（Overtime Working），对其测量，常见的就是一个显变量条目，直接问"一周工作多少时长"[6]或"在正常工作时间之后，还要继续工作多少时长？"[247]也恰恰没有考虑传统的物理空间因素，因而，本研究认为现实情境下的客观工作环境量表既包含传统客观物理空间环境因素，也包括客观工时制度环境因素。第二，对于组织社会环境的测量，现有文献中主要集中在同事关系、领导风格、工作任务特征、组织晋升奖励制度等因素[29]，而在现实情境下，虽不一定出现新的范畴，但原有范畴的具体内容有待完善和补充。例如，Dul 等[29]原版的组织社会环境量表中的"领导支持"指标，主要强调对员工的精神鼓励与互信，但并没有述及是否给到员工实际的业务授权，而切实的业务授权是现实情境下（如：领导下班不在办公室了，员工遇到需自行参与决策的情形）尤为重要的一项，即领导对员工的支持要素。综上，本研究将着重梳理和整合相关文献，并基于严谨的程序，修订适合当前现实情境的客观工作环境和组织社会环境量表。

3.3 研究设计

3.3.1 量表修订的基本思路

鉴于 Dul 等[29]采用形成性指标的方式定义组织社会环境和客观物理环境，本研究遵循 Diamantopoulos 和 Winklhofer[238]提出的步骤修订量表，主要报告指标共线性、载荷显著性及外部效度等重要指标，修订具体步骤包括内涵界定、测量指标确定，再到共线性检验、指标载荷显著性检验、外部效度检验及交叉样本验证等[238,248,249]，具体如下。

首先，内涵界定，Diamantopoulos 和 Winklhofer[238]指出，修订形成性量表的首个关键问题是要确定潜变量内涵的范围，要有全面的覆盖广度，如果不对目标变量的所有方面予以考虑，将会导致遗漏相关指标的风险。因此，要基于对现有文献的广泛梳理，对变量内涵做全面的界定。

其次，测量指标的确定，Diamantopoulos 和 Winklhofer[238]指出，测量指标的确定主要基于对现有文献的梳理和开展探索性访谈获得。为此，本研究在指标确定环节，一是通过梳理现有文献确立初始指标，二是结合半结构化访谈和资料编码[250]，对中国情境下的工作环境的构成要素展开探索，检验其是否有新增指标。

最后，相关检验，主要包括指标共线性、载荷显著性和外部效度检验及交叉样本验证四个方面[238,248]。由于单个形成性量表不可识别，需通过研究假设推演加入两个结果变量，共同组成结构模型（图 3.1 和图 3.2），使其可以被识别[248]，进而展开相应步骤的检验。其一，指标共线性的判断，主要通过检验指标的方差膨胀因子（VIF）进行。有文献指出 VIF 值在 5 以上表明指标间存在共线性问题，低于 5 为可接受范围[251]。其二，指标载荷显著性的检验，国内学者罗胜强和姜嬿[248]认为对于指标载荷不显著的指标应予以删除。其三，外部效度的检验，可通过添加结果变量，构成结构模型，通过检验研究假设路径的显著性和模型的拟合度来判断[238]。其四，交叉样本验证，则要求研究者启用不同研究样本，对上述共线性、载荷显著性及外部效度等相关内容进行再次检验[248]。

3.3.2 量表检验模型设定

本研究主要分为预研究和交叉样本验证两部分展开，通过构建结构模型、收集数据和统计分析进而开展对指标共线性、指标载荷显著性以及外部效度等相应内容的检验。

（1）预研究

第一步，建立研究假设。工作环境对员工的动机、满意度和任务绩效等有着重要的影响[76]，基于以往文献我们明确了两个相互独立的结果变量，分别是隐性缺勤[252,253]和任务冲突[254,255]。

工作中的冲突通常不可避免，是影响员工和组织绩效的重要因素[256]。冲突通常被认为是负面的，但也有特定类型的冲突可能对组织有益。主流的冲突包括关系和任务冲突两类，关系冲突指的是成员间在与工作任务无关的个人问题上的不相容，通常指成员间紧张的情感状态；而任务冲突更像是一种"头脑风暴"，是指成员对于任务内容有关的观点存在分歧[257]。本研究中主要聚焦于任务冲突，关注它的原因在于现有冲突研究中，关系冲突一致被认为不利于提升绩效[258]，虽然有研究认为任务冲突过多会降低人们处理信息的能力，但也有研究认为，适度的任务冲突有利于促进大家的发散性思维，进而提升创造力[259]。除了任务冲突，"隐性996"下的员工常常面临的高工作负荷及工作耗竭也容易导致他们的隐性缺勤状况的发生[239,241]。因此为检验外部预测效度而选取的两个结果变量分别为任务冲突和隐性缺勤。具体研究假设，按客观工作环境、组织社会环境两方面展开。

其一，对于客观工作环境相关影响的假设，包括对任务冲突和隐性缺勤的影响。其中，客观工作环境对任务冲突的影响，主要基于注意力恢复理论予以解释。工作场所通常是与自然相分离的，但最近建筑设计的趋势表明，组织越来越多地投入精力去设计办公空间，创建新的亲自然（Biophilia）的工作场域，以促进员工与自然界更深入、更频繁的联系[30]。那些被提供了自然视野的员工对工作表现出更大的热情，并报告了更高的满意度和整体健康状况[260]。已有不少文献基于注意力恢复理论，解释了员工在办公场所与自然环境的接触有助于从疲劳中恢复机能，有利于提升员工在认知、情感、亲社会以及身体等方面的潜在能量[30,260]。那些得到更好的客观工作环境支持的员工更有可能感到体能精力充沛并富有活力（Vitality）[261]，加上没有超时工作，当人们处于较高活力水平和亲社会意向时，更倾向于积极参与工作任务、流程等内容的讨论，甚至出现意见不一的情况，即任务冲突。

而客观工作环境对隐性缺勤的影响，主要是由于健康问题及其他使人分心的事件导致的不能全力投入工作的状况[209]，更多的客观工作环境的支持，也可以帮助人们从疲劳或压力中恢复机能，增加能量储备[30]，一定程度上也有利于减少隐性缺勤的状况。此外，亦有研究表明较之于每周工作超过45小时或执行其他非标准工作时长的员工，标准工时的员工会呈现出更低水平的隐性缺勤[218]。

因此，本研究提出如下两条假设（图3.1）：

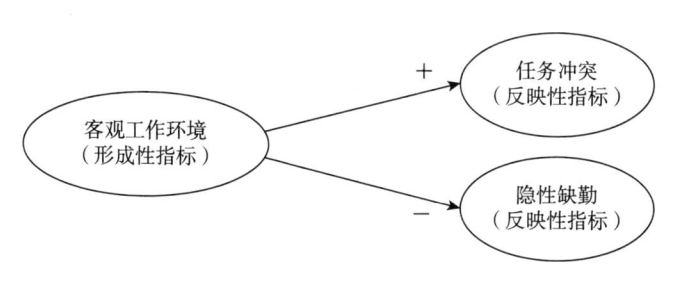

图 3.1　模型图（客观工作环境）

H1：员工感知到更多的客观工作环境支持能正向促进任务冲突。

H2：员工感知到更多的客观工作环境支持能降低员工的隐性缺勤。

其二，对于组织社会环境相关影响的假设，同样也包括对任务冲突和隐性缺勤的影响。其中，对任务冲突的假设推演如下。组织社会环境通常涉及工作任务特征、团队同事关系等因素[29]，而任务冲突的前因相关研究中，也涉及这些方面的因素。任务特征如任务相互依赖性（Task Interdependence）是指个体为了完成工作任务而需要与同事交换资源、信息、材料，或共同参与解决问题的程度[262]。当任务相互依赖性高的时候，团队成员的工作进展往往也更多地取决于同事的付出，通过共享、协调和合作来处理信息的需求便随之增加[263]，进而更多的个体偏好和意见被表达，一定程度上也会增加关于工作内容不同观点的任务冲突。项目团队且具有典型的边界跨越（Boundary Spanning）的特点[264]，常常涉及不同业务部门同事的任务协作，这往往也不同程度引发了任务冲突。

而组织社会环境对隐性缺勤的影响，已有不少学者做了相关研究。Caverley 等[265]基于加拿大的一个处于裁员期间的公共服务组织的样本，发现了下降的工作安全感、职业机会、同事间的信任、主管的支持与隐性缺勤显著正相关。Hansen 和 Andersen[218]也认为在隐性缺勤的前因中，组织社会环境因素比个人态度等自身因素的决定作用更大，他们系统探究了同事关系、雇佣条件等组织社会环境因素对隐性缺勤的作用关系，研究结果发现低同事社会支持以及工作不安全感的增加均正向影响隐性缺勤。反之，当员工感知到更多的组织社会环境支持时，则有利于降低隐性缺勤的状况。

因此，本研究提出如下两条假设（图3.2）：

H3：员工感知到更多的组织社会环境支持能正向促进任务冲突。

H4：员工感知到更多的组织社会环境支持能降低员工的隐性缺勤。

第二步，变量测量与数据收集。客观工作环境和组织社会环境量表拟由本研究修订。结果变量任务冲突[266]和隐性缺勤[209]均参考已有研究成熟量表，各4个测量条目。

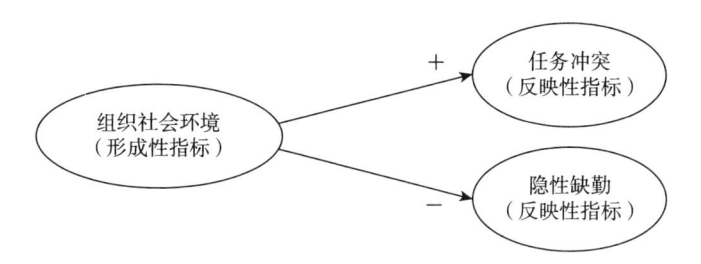

图 3.2　模型图（组织社会环境）

样本同样来自 IT 类线上社区的成员，如"武哥漫谈 IT""军哥手记"等 IT 类公众号配套的微信社区的成员，在征得群主同意后，向被试人员说明了问卷的匿名保密性及纯粹的学术用途，以最大程度保证填写的真实性。

（2）交叉样本验证

Diamantopoulos 和 Winklhofer[238]指出做完相关检验后，还应启用不同的样本做交叉验证。为此，本研究又收集了一批样本，均为来自不同 IT 类线上社区的成员，如名为"程序员交流合作群""程序员导航群"等 QQ 群的成员，在征得群主同意后，向被试人员说明了问卷的匿名性及学术性用途，以最大程度确保填写的真实性。

3.4　数据分析结果

本研究遵循 Diamantopoulos 和 Winklhofer[238]提出的步骤和相关学者建议[248]，加入指标载荷显著性的检验。为此，结果汇报部分按照"变量内涵界定—测量指标确定—共线性检验—指标载荷显著性检验—外部效度检验—交叉样本验证"等一系列严谨的程序展开。

3.4.1　变量内涵的界定

参照 Dul 等[29]的定义，客观工作环境一般是指员工感知到的存在于工作环境中的支持创造力等工作产出的各项客观元素的总和[29]，其测量主要集中在空间角度的如布局、亮度、色彩、办公设备等物理环境因素，而这忽略了工时制度这一时间层面的客观环境因素。因此，中国情境下的客观工作环境的内涵是上述空间加时间因素的综合，是指员工感知到的存在于工作环境中的支持创造力等产出的各项客观时空元素的总和。类似地，中国情境下的组织社会环境，也参照Dul等[29]的定义，即指员工感知到的存在于工作环境中的支持创造力等工作产出的各项组织社会元素的总和，包括同事关系、领导风格、工作任务特征、组织晋升与奖励制度等组织社会环境因素。

3.4.2 测量指标的确定

（1）文献梳理与初始指标的确定

利用知网、万方等中文数据库以及 Web of Science 等英文数据库进行相关文献检索，结果发现工作环境量表相对全面和成熟的是 Dul 等[29]的版本（表3.1和表3.2）。本研究随后邀请了3名组织行为学方向的博士研究生对条目进行了翻译—回译，并由两名该方向相关经验丰富的副教授对翻译结果进行评价和修改，得到由12个测量指标构成的客观工作环境量表和由9个测量指标构成的组织社会环境量表。

表 3.1 初始测量指标池（客观工作环境）

序号	测量指标
1	在我办公的地方，有一些的家具设备（如椅桌、橱柜等）
2	在我办公的地方，摆放了天然的植物或鲜花
3	在我办公的地方，有可以让人放松、平静的颜色（如绿色、蓝色、紫色等）
4	在我办公的地方，有让人感觉受到鼓舞的颜色（如黄色、橙色、粉色、红色等）
5	在我的办公场所，有隐私空间，可以远离别人的视线范围
6	在我办公的工位，能看到外部的自然环境（如树木等植物）
7	在我办公的工位，视野能看到户外
8	在我的办公场所，灯光光线是充足的
9	在我的办公场所，来自自然界的日光是够的
10	我工作场所的温度、空气湿度和成分都很好

续表

序号	测量指标
11	在我办公的地方，很安静，没有噪声
12	在我办公的地方，空气清新，没有不好的气味

表 3.2 初始测量指标池（组织社会环境）

序号	测量指标
1	我的工作有复杂性、挑战性
2	我们团队同事间能通过互动交流，为一个共同的目标而工作
3	我会同一时间执行多个不同任务
4	我有工作决策的自由度，能决定工作任务的顺序
5	我有一个会给员工支持和鼓励，与员工建立互信和承诺，并能提供积极反馈的主管
6	在日常工作中，我有时间去产生新想法
7	我们会根据目标和对相应评价的期望，产生新想法
8	组织会对员工的新想法予以精神上的认可（如赞扬等）
9	在取得创造性成果后会获得奖励（如加薪、分红、津贴、晋升等）

（2）访谈资料编码

第一，访谈调研实施。采用方便抽样对来自前端、后端、运维、产品、设计等不同职能岗位的 IT 从业人员进行线上和线下相结合的半结构化访谈，请他们根据最近半年真实的工作体验谈谈相关感想并适当举例说明。

其中，线上访谈对象主要是一些 IT 类线上社区的成员。相关社区包括"业余草""机器学习初学者""Why 技术"等 IT 类公众号创立人建立的微信社区，他们有的来自北上广深等一线城市，也有的来自郑州、成都等中西部城市。而线下访谈，主要是利用课题组基金项目的调研机会，展开对北京、浙江等地的 IT 互联网企业的员工的访谈。代表性的访题如"我国当前情境下，您怎么评价您目前所在企业的工作环境？"具体到客观工作环境，代表性访题如"除了组织社会环境，可否详细谈谈在客观工作环境方面，主要有哪些主要构成要素或表现？"具体到组织社会环境，代表性访题如"请继续谈谈在组织社会环境方面，有哪些主要构成要素或表现？"

必要时根据互动情况进行开放式追问,如,"能否举个例子?"等,灵活调整访谈内容和进程。

第二,资料编码。参考以往学者的做法,对访谈资料依次进行开放式编码、主轴编码和选择性编码及饱和度检验[250,267,268]。

首先,开放式编码。开放式编码是对现象整体特征的描述,是发现概念类属并对其进行命名,确定其属性维度的过程[269]。删除原始资料①中与工作环境明显不符的内容,在客观工作环境模块,共得到有效原始语句127条,最终得到29个范畴;在组织社会环境模块,共得到有效原始语句146条,最终得到25个范畴。

其次,主轴编码。对上述范畴进行重新整理归类,得到了包含工时制度、办公设备、室内植物、办公空间隐私性、自然视野、室内气候等13类客观工作环境主范畴(表3.3);得到工作挑战性、团队同事关系、领导风格等9类组织社会环境主范畴(表3.4)。

表3.3 主轴编码结果(客观工作环境)

主范畴	对应范畴
工时制度	工作日加班、周末加班、节假日加班
办公设备	电脑显示器、鼠标、桌椅
室内植物	室内盆栽、室内鲜花、室内盆景
令人平静放松的冷色系色调	让人平静放松的植物色调、让人平静放松的装潢色调
令人鼓舞的暖色系色调	暖色系植物色调、暖色系办公配件
办公空间隐私性	空间隐私悖论、办公空间独立性
自然视野	风景视野、植物视野
户外视野	办公楼户外视野、办公室户外视野
室内照明光线	晚上室内光线、白天室内光线
自然日光	晴天自然日光、雨天自然日光
室内气候	室内温度、室内湿度
室内声音	工作冲突噪声、个人习惯噪声
室内气味	同事人为气味、办公室客观气味

---

① 如需原始语句,可提供个人真实信息和合理理由联系作者(ran.liu@wmu.edu.cn)获取。

第3章 中国情境下工作环境量表的修订

表 3.4 主轴编码结果（组织社会环境）

主范畴	对应范畴
工作挑战性	工作复杂性、工作责任、工作负荷
团队同事关系	团队同事多样性、同事间共同目标、同事间互动沟通与互助
任务轮换性	任务多样性、任务兼顾性
工作自主性	工作安排决定权、工作流程控制权
领导风格	鼓励与帮助、互信、注重信息反馈、授权、领导健康关怀
时间可得性	业务创新思考的时间可得性、业务创新思考的时间足量性
任务目标	绩效导向的目标、创造性导向的目标
精神性认可	精神赞扬、精神奖励
物质性嘉奖	工资、分红、津贴、晋升

再次，选择性编码。通过对包括工时制度、办公设备、室内植物、办公空间隐私性、自然视野等13类的客观工作环境主范畴和包括工作挑战性、团队同事关系、领导风格等9类组织社会环境主范畴的梳理，发现可以用中国情境下的客观工作环境或组织社会环境这一核心范畴来统领（表3.5和表3.6）。

表 3.5 选择性编码结果（客观工作环境）

核心范畴	主范畴
中国情境下的客观工作环境	工时制度、办公设备、室内植物、冷色系色调、暖色系色调、办公空间隐私性、自然视野、户外视野、室内光线、自然日光、室内气候、室内声音、室内气味

表 3.6 选择性编码结果（组织社会环境）

核心范畴	主范畴
中国情境下的组织社会环境	工作挑战性、团队同事关系、任务轮换性、工作自主性、领导风格、时间可得性、任务目标、精神性认可、物质性嘉奖

最后，理论饱和度检验。按照上述流程重新对另一个IT社群的访谈内容展开编码，进行理论饱和度检验，并未发现新的概念和范畴及其联结关系，这表明本研究所归纳的范畴和核心概念达到了理论饱和。

（3）最终测量指标池的生成

本研究要对访谈资料进行整理，以明确是否有新增内容。根据客观工作环境访谈资料中发展出来的 13 个主范畴，发现其中 12 个主范畴与 Dul 等[29]原始版量表的 12 个指标内容相一致，但多了一个客观的工时制度环境因素。因此，根据中国情境下的客观工作环境的内涵定义，本研究参照由访谈资料归纳出的主范畴，在原有的 12 个测量指标基础上，补充了关于工作时长这一客观工作环境要素，即"我的工作时长是标准的，很少加班"，共得到 13 个测量指标。而根据组织社会环境访谈资料中发展的 9 个主范畴，发现与 Dul 等[29]原始版量表的 9 个指标内容基本相一致，但在个别指标里增加和调整了中国情境下要素。因此，组织社会环境量表仍然保持 9 个测量指标，但对测量指标的相关措辞做了适当补充调整。

为了提高测量指标的易读性和准确性，又邀请了 3 名组织行为学方向的博士研究生和 2 名在 IT 企业从事人力资源管理工作的业界专家对条目措辞进一步检查和完善，检验是否存在歧义等状况。根据反馈结果，主要针对客观工作环境提出了若干改动意见。原版测量指标的措辞主要有 5 处改动包括：①原版的"家具设备（如椅桌、橱柜等）"，改成了"办公设备（如显示器等信息化配件）"；②原版的"摆放了天然的植物或鲜花"，改成了"摆放了鲜花等天然植物"；③原版的"（如绿色、蓝色、紫色等）"，改成了"（如绿色、蓝色、紫色等冷色系颜色）"；④原版的"（如黄色、橙色、粉色、红色等）"，改成了"（如黄色、橙色、粉色、红色等暖色系颜色）"；⑤原版的"可以远离别人的视线范围"，改成了"能远离同事的视线范围"。修改后的问卷重新反馈给员工阅读，直到所有指标均无疑问为止。经过多次调整，最终形成了包含 13 个指标的量表（表 3.7）。

表 3.7 最终测量指标池（客观工作环境）

序号	测量指标
1	我的工作时长是标准的，很少加班
2	在我办公的地方，有一些办公设备（如显示器等信息化配件）
3	在我办公的地方，摆放了鲜花等天然植物
4	在我办公的地方，有可以让人放松、平静的颜色（如绿色、蓝色、紫色等冷色系颜色）

第3章 中国情境下工作环境量表的修订

续表

序号	测量指标
5	在我办公的地方,有让人感觉受到鼓舞的颜色(如黄色、橙色、粉色、红色等暖色系颜色)
6	在我的办公场所,有隐私空间,能远离同事的视线范围
7	在我办公的工位,能看到外部的自然环境(如树木等植物)
8	在我办公的工位,视野能看到户外
9	在我的办公场所,灯光光线是充足的
10	在我的办公场所,来自自然界的日光是够的
11	我工作场所的温度、空气湿度和成分都很好
12	在我办公的地方,很安静,没有噪声
13	在我办公的地方,空气清新,没有不好的气味

根据访谈结果,本研究在组织社会环境量表增加了"业务授权"和"关心员工健康"等中国情境下的内容,对相关措辞做了补充调整。在中国情境下,在非上班时间,员工可能会面临领导不在但又需要自己做决策的情况,原句中的"支持"并没有明确说明是否给到实际的业务支持,通过访谈,加入"业务授权"。同时由于加班,会对员工的身心健康带来直接的影响,通过访谈,发现中国背景下,健康促进型领导也是领导风格的重要补充内容。经过多次调整,最终形成了包含9个指标的量表(如表3.8)。

表3.8 最终测量指标池(组织社会环境)

序号	测量指标
1	我的工作有复杂性、挑战性
2	我们团队同事间能通过互动交流,为一个共同的目标而工作
3	我会同一时间执行多个不同任务
4	我有工作决策的自由度,能决定工作任务的顺序
5	我有个能与员工互信、关心员工健康、会给员工精神鼓励和业务授权,并能提供积极反馈的领导
6	在日常工作中,我有时间去产生新想法
7	我们会根据目标和对相应评价的期望,产生新想法

续表

序号	测量指标
8	组织会对员工的新想法予以精神上的认可（如赞扬等）
9	在取得创造性成果后会获得奖励（如加薪、分红、津贴、晋升等）

3.4.3 指标共线性检验

预试研究涉及客观工作环境、组织社会环境、任务冲突、隐性缺勤等核心变量以及相关控制变量。共回收有效样本 275 份，对象主要涉及技术研发岗（31.6%）、产品岗（28%）、运营岗（19.6%）等岗位职能类别。研究采用 Smart-PLS 3.0 软件检验了测量指标的方差膨胀因子（VIF）。有文献指出 VIF 值在 5 以上表明测量指标间存在共线性问题，低于 5 为可接受范围[251]。研究结果显示客观工作环境所有指标的 VIF 值均符合门槛值要求（1.367-3.460），组织社会环境所有指标的 VIF 值也均符合门槛值要求（1.592-3.157），详细信息见表 3.9。

3.4.4 指标载荷显著性检验

本研究同样基于上述 275 份样本，采用 Smart-PLS 3.0 软件展开分析，研究结果显示，客观工作环境和组织社会环境所有测量指标的载荷显著性水平均小于 0.001（表 3.9），无须对上述指标进行处理。

3.4.5 外部效度检验

基于上述 275 份样本，采用 Smart-PLS 3.0 软件，对模型中结果变量的信度、整体模型拟合度及研究假设等内容进行检验。研究结果显示，客观工作环境的两个结果变量具有良好的信度，任务冲突的 Cronbach's Alpha 为 0.912，隐性缺勤的 Cronbach's Alpha 为 0.888，且模型具有良好的拟合度（SRMR=0.050，NFI=0.930）。客观工作环境对任务冲突和隐性缺勤影响显著（$\beta_1=0.446$，$P<0.001$；$\beta_2=-0.456$，$P<0.001$），如表 3.9 所示，即 H1 和 H2 得到验证，该量表具有较好的外部效度。

由于组织社会环境和客观工作环境及两个结果变量是同时收集的数据，因而两个结果变量具有同样良好的信度，Cronbach's Alpha 值与上述结果均一致，且模型具有良好的拟合度（SRMR=0.064，NFI=0.906）。同时客观工作环境对任务冲突和隐性缺勤影响显著（β3==0.479，P<0.001；β4=-0.521，P<0.001），如表3.9所示，即H3和H4得到验证，因此该组织社会环境量表也具有较好的外部效度。

3.4.6 交叉样本验证

Diamantopoulos 和 Winklhofer[238]指出做完相关检验后，还应启用不同的样本做交叉验证。为此，本研究又收集了不同来源的两次样本。其中一次针对客观工作环境量表展开交叉验证，共回收有效样本217份，样本对象的构成较之于预研究的275份样本存在一定差异，主要涉及技术研发岗（24.0%）、运营岗（21.2%）、市场岗（18.0%）等不同的岗位职能类别。另一次则针对组织社会环境量表展开交叉验证，共回收有效样本247份，样本对象的构成较之于预研究的275份样本存在一定差异，主要涉及技术研发岗（30.0%）、产品岗（18.6%）、运营岗（17.8%）等不同的岗位职能类别。

第一，客观工作环境量表的交叉验证，同样遵照共线性、指标载荷显著性及外部效度等流程对217份样本展开交叉分析，详细结果如表3.9所示。结果显示VIF值均达标（1.861-3.327）。13个测量指标载荷值均显著，故指标均应保留。两个结果变量显示出良好的信度：任务冲突的Cronbach's Alpha 为0.889，隐性缺勤的Cronbach's Alpha 为0.906。模型也显示良好的拟合度（SRMR=0.040，NFI=0.945）。客观工作环境对任务冲突和隐性缺勤影响均显著（β1=0.453，P<0.001；β2=-0.488，P<0.001），说明当员工感知到更多的客观工作环境支持能正向地促进任务冲突和降低隐性缺勤，也即H1和H2再次得到验证，因此该量表具有较好的外部效度。

第二，组织社会环境量表的交叉验证，基于另外247份数据展开，也包括共线性、指标载荷显著性及外部效度的检验等部分，详细结果如表3.9所示。结果同样显示 VIF 值均达标（1.557-2.667）。9 个测量指标载荷值均显著，故指标均应保留。两个结果变量显示出良好的信度：任务冲突的 Cronbach's Alpha 为 0.867，隐性缺勤的 Cronbach's Alpha 为 0.899。模型也显示良好的拟合度（SRMR=0.046，NFI=0.918）。组织社会环境对任务冲突和隐性缺勤影响均显著（$β3 = 0.227$，$P<0.01$；$β4 = -0.517$，$P<0.001$），说明当员工感知到更多的组织社会环境支持能正向促进任务冲突和降低隐性缺勤，即 H3 和 H4 两条假设再次得到验证，因此该量表具有较好的外部效度。

表3.9 量表预试检验与交叉样本验证

	预试初步检验		交叉样本验证	
	共线性（VIF）	载荷显著性（p 值）	共线性（VIF）	载荷显著性（p 值）
客观工作环境				
OWE1	1.367	<0.01	1.901	<0.001
OWE2	2.073	<0.001	2.857	<0.001
OWE3	3.237	<0.001	2.681	<0.001
OWE4	3.460	<0.001	2.779	<0.001
OWE5	1.710	<0.001	2.916	<0.001
OWE6	1.822	<0.001	3.327	<0.001
OWE7	2.834	<0.01	2.435	<0.001
OWE8	2.999	<0.001	2.655	<0.001
OWE9	1.779	<0.001	1.861	<0.001
OWE10	2.405	<0.001	2.044	<0.001
OWE11	3.196	<0.001	3.166	<0.001
OWE12	1.826	<0.01	2.700	<0.001
OWE13	2.696	<0.001	2.295	<0.001
组织社会环境				
SOE1	1.831	<0.001	1.623	<0.001
SOE2	2.037	<0.001	2.161	<0.001
SOE3	1.592	<0.001	1.557	<0.001
SOE4	1.791	<0.001	2.157	<0.001

续表

	预试初步检验		交叉样本验证	
	共线性（VIF）	载荷显著性（p值）	共线性（VIF）	载荷显著性（p值）
SOE5	2.475	<0.001	2.036	<0.001
SOE6	1.938	<0.001	2.623	<0.001
SOE7	1.849	<0.001	2.667	<0.001
SOE8	3.157	<0.001	2.504	<0.001
SOE9	2.306	<0.001	1.794	<0.001
模型假设路径				
		路径系数及显著性		路径系数及显著性
H1		0.446（p<0.001）		0.453（p<0.001）
H2		−0.456（p<0.001）		−0.488（p<0.001）
H3		0.479（p<0.001）		0.227（p<0.01）
H4		−0.521（p<0.001）		−0.517（p<0.001）
模型拟合度指标				
		拟合值		拟合值
SRMR		0.050；0.064		0.040；0.046
NFI		0.930；0.906		0.945；0.918

注：OWE为客观工作环境；SOE为组织社会环境；拟合值分号前对应客观工作环境结构模型，分号后对应组织社会环境结构模型。

3.5 本章小结

本章结合半结构化访谈，修订了中国情境下的客观工作环境和组织社会环境量表。西方主流的工作环境量表，没有考虑到客观工时环境及业务授权等内容，不完全适用中国情境。为此，本研究基于现有文献，调研了对员工创新有较高要求的IT互联网企业的员工，展开了对中国情境下的工作环境量表的修订工作。

本章增加和调整了适用于中国情境的测量指标，结果显示，客观工作环境，在空间布局、视野、办公设备等传统物理空间环境基础上，加入工作时长这一客观时间制度环境方面的内容，由传统物理空间视角扩展到空间加时间的立体视角，得到最终版13个测量指标。根据访谈结果，本章在组织社会环境量表增加了"业务授权"和"关心员工健康"等中国情境下的内容，对相关措辞做了补充调整，得到最终版9个测量指标。通过对上述工作环境量表的修订，能为以后进一步的相关实证研究提供科学的测量工具。

本章在构建结构模型开展相关检验时，识别出客观工作环境和组织社会环境的两个结果变量，即任务冲突和隐性缺勤，未来研究，可尝试建立更系统的研究模型。为此，在第4章，将以刺激—有机体—反应理论为主要理论基础，并结合情感事件理论和应对理论相关内容，构建研究模型，系统探究客观工作环境和组织社会环境对员工创新的双元影响机制。

第4章 工作环境影响员工创新的双元作用机制的净效应分析

第3章基于中国情境修订了客观工作环境与组织社会环境量表，为本章的实证研究提供了基础。本章主要以刺激—有机体—反应理论为理论基础，并借助应对理论中问题导向应对和情感导向应对的双元应对策略等内容，构建了客观工作环境与组织社会环境影响员工创新的"问题导向应对机制"和"情感导向应对机制"并存的双元作用机制"净效应"模型。

4.1 引言

当前，几乎所有的企业都面临着"VUCA"背景下动态的竞争环境，需要依靠更多的创新来获得生存机会和持续的竞争优势[1,2]。组织创新的关键作用一直是学者和管理实践者们关注的重要问题，其涉及组织层面、团队层面和个人层面，而个人层面的创新是组织创新的基础和关键要素[12]。根据第2章的文献述评，现有工作环境及其对员工创新的研究主要存在以下几处值得进一步完善的地方。

第一，现有员工创新的前因研究主要有三个方面的不足：(1)现有前因类因素，无论领导风格、组织氛围，还是工作任务特征，都属于组织社会环境，客观工作环境类前因相对不足；(2)少量物理空间角度的客观环境的研究，也是针对单一物理因素（如空间设计等[270]）进行的分析，且定性分析居多[7]，实证研究相对不足；(3)文献中缺少协同探究客观工作环境与组织社会环境双前因的研究。

第二，现有工作环境对员工创新的影响机制研究中，主要存在以下三方面的不足：（1）相关机制以判断认知类为主，如自我效能感[31]、心理授权[129]等，情感类相对不足；（2）少量情感类机制中，也只是离散的不同极向的情感反应，如愤怒[32]等，鲜有对情感再做更系统的属性划分。情感研究，被称为组织行为学领域的一场"情感革命风暴（Affective Revolution）"[36]，近二十年情绪研究在国外得到蓬勃发展，但国内相关研究仍相对滞后[35]，亟待从情绪的不同属性角度开展系统的情感机制研究；（3）无论判断认知类还是情感类的机制，现有研究多是从单一方面出发，相对缺乏同时考虑二者的系统性研究。

第三，现有员工创新的影响因素研究主要集中在相对具有恒定特征的工作环境方面，缺乏工作事件方面的前因探究。除了狭义的工作环境，还有一些工作事件（广义的环境因素）也会对实体产生重要影响[235]。Weiss和Cropanzano[76]认为事件相对更具有瞬变性，而工作环境特征则相对恒定。"VUCA"时代企业技术更新变快、用户需求变化多样[5,236]，组织为应对技术和用户需求的变化，会常常发生特定的工作事件，例如，员工之间针对工作内容产生意见分歧等任务冲突类事件。而现有员工创新的前因研究中，主要集中在相对具有恒定特征的工作环境因素，对组织工作事件方面的前因探究相对不足。

基于已有研究中的不足，本研究以刺激—有机体—反应理论为基础，结合情感事件理论、应对理论的相关内容构建了工作环境影响员工创新的双元作用机制的"净效应"模型：（1）越来越多组织行为与人力资源管理领域的学者们基于刺激—有机体—反应理论，探究了共享型领导风格[71]、组织节能氛围[58]等不同环境对员工情感和认知体验进而对特定行为的影响机制。这能为本研究使用该理论构建工作环境影响员工创新的机制模型提供宏观框架基础。（2）在具体机制搭建中，本研究借助了应对理论[184]中问题导向应对和情感导向应对的双元应对策略及内外双向的情感导向应对[52]等相关内容，构建了工作环境影响员工创新的"问题导向应对"和

"情感导向应对"并存的双元作用机制"净效应"模型（图 4.1）。

主要理论：刺激—有机体—反应理论（SOR理论）
结合理论：情感事件理论、应对理论

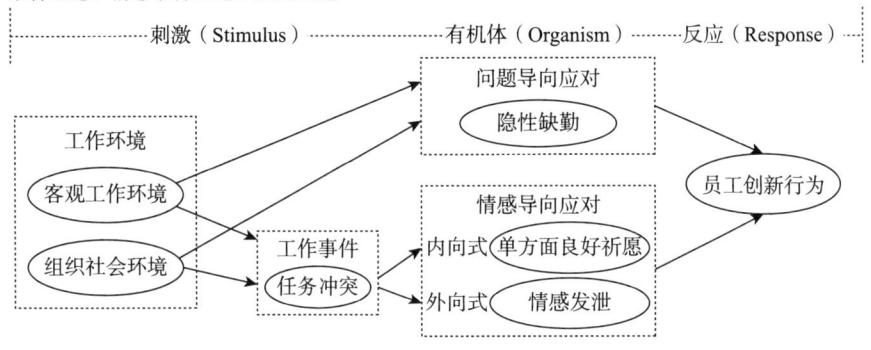

图 4.1 研究模型

本章模型重点探究的问题是：客观工作环境、组织社会环境工是否会通过影响员工的问题导向应对反应（隐性缺勤）而影响员工创新行为，以及是否会由工作任务冲突事件及其引发的两类情感导向应对策略（内向式情感反应之单方面良好祈愿、外向式情感反应之情感发泄）对员工的创新行为产生影响。

4.2 问题的提出

4.2.1 工作环境影响员工创新的问题导向应对机制假设

（1）客观工作环境、组织社会环境对员工隐性缺勤的影响

"数字经济"进程不断推进，企业普遍面临"VUCA"时代背景下越发复杂的竞争环境与挑战，需依靠全面优化工作环境激发更多知识型员工的创新，来获得持续的竞争优势[1-3]。在满足企业的创新需求背景下员工会面临多变的工作时间节奏[18]，在这种背景下，员工抱恙上班的状况变得相对常见[271]。同时由于常常面临的高工作负荷及带来的工作耗竭（Exhaustion)[239,240]，导致隐性缺勤状况的逐渐增多[241]，即由于身体健康问题或其他事件导致的使人没有充分发挥工作能力而导致的工作效率或生产力下降的状况[202,209]。

根据社会交换理论，在组织中人际交往互动本质上是基于"互惠原则"的交换行为[272]，当员工感知到企业为其提供了较佳的客观工作环境和组织社会环境支持时，基于互惠的原则，也会"投桃报李"[273]，员工会减少其隐性缺勤的状况，相应地提高工作投入水平。因此，社会交换理论可以从整体解释当员工感知到两类工作环境支持时，为什么他们的隐性缺勤的状况会显著下降。下面本研究分别从两类工作环境各自角度做具体的假设推演。

已有大量文献探讨了工作环境特征对于隐性缺勤的作用关系，然而它们大多研究的是主观组织社会环境，如同事关系、领导特征、时间压力等因素，鲜有探讨客观工作环境对隐性缺勤的影响，而"996"背景下的客观工作环境涉及员工感知到的存在于工作环境中的包括空间自然视野、植物、办公设备等物理工作环境以及客观存在的工时制度因素。

如前文所述，基于注意力恢复理论（Attention Restoration Theory），亲自然的工作设计，有利于让员工通过在办公场所增加与自然环境或视野的接触，帮助他们从疲劳或压力中恢复机能，增加认知、情感、亲社会、能量储备[30,274,315]。一定程度上自然也有利于减少隐性缺勤的状况。此外，对于工作时长，有研究表明每周工作超过45小时或执行其他非标准工作时长的员工，较之于标准工时的员工，呈现出更高水平的隐性缺勤[218]。因此基于以上推演，本研究提出如下假设：

H1a：员工感知到更多的客观工作环境支持时会降低其隐性缺勤。

已有不少学者发现组织社会环境可以通过降低工作压力或增加工作资源等作用机制降低隐性缺勤的状况。Hansen和Andersen[218]认为在隐性缺勤的前因中，与组织社会环境相关的因素比个人态度等自身因素的决定作用更大，他们系统探究了四类组织社会环境因素对隐性缺勤的作用关系，包括时间压力、工作任务可控制性、同事关系、雇佣条件，研究结果发现

第4章 工作环境影响员工创新的双元作用机制的净效应分析

除了工作任务可控性，其他如不充足的时间、高工作需求等时间压力方面的因素，低同事社会支持的同事关系因素以及工作不安全感的雇佣因素均正向影响隐性缺勤。McGregor 等[276]基于工作压力、工作保障、工作支持、工作发展和领导风格等内容，构建了工作环境负担变量，得分越高表明员工对工作环境的担忧越多，研究发现工作环境负担正向影响员工的隐性缺勤。研究表明，隐性缺勤的增加与加班时间的增加、工作安全感、职业机会、对同事的信任、主管的支持和工作满意度的下降有关。Caverley 等[265]基于加拿大的一个处于裁员期间的公共服务组织的样本，发现了下降的工作安全感、职业机会、同事间的信任、主管的支持与隐性缺勤显著正相关。

主观组织社会环境涉及工作任务特征、团队成员关系、时间压力状况、领导风格、组织激励等因素，基于以上相关研究，当员工感知到越多的组织社会环境的支持的时候，则有助于减轻隐性缺勤的状况。因此，本研究提出如下假设：

H1b：员工感知到更多的组织社会环境支持时会降低其隐性缺勤。

（2）员工隐性缺勤对创新行为的影响

资源保存理论认为个人会努力获得、保留、保护和培养他们珍视的资源，尤其在应对压力的时候[277]。资源既包括客观的资源（如工作工具）、条件资源（如就业、任期、资历），也包括相对隐性的能源资源（如信用、知识）、个体资源（如自我效能和乐观主义等关键技能和个人特质）等，同时资源保存理论强调几个基本的准则和推论，如比起资源获得，资源损失对于个体的影响更大；当人们的资源被消耗或耗尽时，他们会进入一种防御模式来保护自己；此外，那些拥有更多资源的人更不容易遭受资源损失，也更有能力获得资源，相反，缺乏资源的个人和组织更容易遭受资源损失，获得资源的能力也更弱[278]。

员工的创新行为既包括想法的产生，也包括后续阶段的推广和落地实施[1,279]。从资源保存理论的角度来看，在身体不适的情况下工作需要更多的努力来保持预期的绩效水平，因为员工们需要通过提高注意力和认知劳动来克服身体不适带来的干扰。在这种资源流失的情况下，员工可能不得不节约珍贵的身体精力和脑力认知来维持角色内的任务要求（In-role Tasks），即没有更多的资源用于提出和推动与落实新想法等角色外的创新行为[280]。因此，本研究提出如下假设：

H2：员工的隐性缺勤负向影响员工的创新行为。

（3）隐性缺勤的中介机制

刺激—有机体—反应理论认为行为反应不是传统外部刺激的直接结果，而是有机体对外部环境刺激进行加工的过程[55]，阐明了外部环境刺激与个体行为之间的作用机理[56]。刺激是指外化于个体但又能激发个体某些情感和认知状态的外部情境因素，有机体则指的是个体因为外部环境刺激而产生的认知和情感体验，而反应则指个体面对环境刺激和产生特定认知和情感体验后的行为反应[59,60]。具体而言，当员工感知到更多的支持性工作环境刺激时，基于社会交换理论中的人际交往的"互惠原则"[272]，会引发员工积极的问题导向应对这一有机体体验，即通过降低隐性缺勤来提高工作投入水平。同时，基于资源保存理论，当员工降低了隐性缺勤，相对会更有机会参与角色外的创新行为[280]。综上所述，并基于4.2.1的H1及H2的假设推演，本研究继续做如下中介假设：

H3a：隐性缺勤在员工感知到更多的客观工作环境支持与员工创新行为间起到中介作用；

H3b：隐性缺勤在员工感知到更多的组织社会环境支持与员工创新行为间起到中介作用。

4.2.2 工作环境影响员工创新的情感导向应对机制假设

（1）工作环境对工作冲突的影响

工作环境，一般被定义为一个组织的社会氛围和客观物理环境的集合[29,156]。参照Dul等[29]的定义，本研究认为"996"背景下的客观工作环境一般是指员工感知到的存在于工作环境中的支持工作产出的各项客观元素的总和，主要包括空间布局、亮度、色彩、植物、办公设备等物理工作

第4章 工作环境影响员工创新的双元作用机制的净效应分析

环境以及客观存在的工时制度因素。主观组织社会环境则是指员工感知到的存在于工作环境中的支持工作产出的各项组织社会元素的总和，主要包括工作任务特征、团队成员关系、工作自主程度、领导风格、时间压力状况、组织激励等因素。

在任何工作环境中，工作冲突通常是不可避免的，也是影响员工和组织绩效的重要前因因素[256,281]。虽然冲突通常被认为是负面的，因此要尽量避免，但也有特定类型的冲突可能对组织有益。一般来说，主流的两种类型的冲突包括关系（情感）冲突和任务（认知）冲突[281,282]。关系冲突指的是小组成员间在与工作任务无关的个人问题上的分歧和不相容（Incompatibilities），包含小组成员间的不喜欢及烦恼、沮丧和恼怒等紧张和摩擦的情感因素[160,257]。而任务冲突是指团队成员对与团队任务有关的观点和意见存在差异性认识，当小组成员间对所执行任务的内容存在分歧，包括观点、想法和意见的分歧时，就会出现任务冲突[160,283]。

本研究主要聚焦于 IT 组织中的任务冲突。关注任务冲突的原因在于在现有的冲突研究中，学者们均一致认同关系冲突会对组织和个人带来消极的结果[258]，而关于任务冲突的影响则一直存在很大争议，其带来的影响呈现出同时包括正面负面的双面混合结果。例如 Farh 等[259]认为任务冲突可以通过少数异议持有者的影响来提升团队创造力，原因在于当少数不同意见持有者公开发表不同的想法时，就会给团队成员带来一定程度的认知冲突，从而增加大家的发散性思维（Divergent Thought），进而有利于提升团队创造力[284]。Liu 等[285]则认为任务冲突会通过增加成员的信息加工水平进而提升团队创造力。也有研究认为，任务冲突会分散员工的注意力和相关的资源，导致员工不能很好地提升任务绩效。鉴于与关系冲突相比，任务冲突的结果影响更具复杂性，因此有必要特别对任务冲突展开更深入的探究。

客观工作环境主要涉及员工感知到的存在于工作环境中的包括办公设备、空间自然视野、亮度、植物等物理工作环境以及客观存在的工时制度因素。工作场所通常是与自然相分离的，但最近建筑设计的趋势表明，组织越来越多地投入精力去设计办公空间的结构,创建新的亲自然的工作场域,以促进员工与自然世界之间更深入、更频繁的联系[30]。例如,美国亚马逊斥40亿美元将热带雨林塞进新办公室,共有数百个品种的4万多株植物,其中许多是从南美空运过来的。那些有自然视野的人会感觉不那么沮丧和更有耐心,发现他们的工作更具挑战性,对工作表现出更大的热情,并报告了更高的生活满意度和整体健康状况[260]。

亲自然假说认为,人类有一种与生俱来的与自然联系的欲望[30]。人们普遍认为,在办公场所欣赏自然风景有助于人们从疲劳或压力中恢复过来,也有学者认为这些风景视野可以增加人的幸福感[275],即最佳心理功能和体验(Optimal Psychological Functioning and Experience)[286]。Leather等[287](1998)研究了工作场所的窗户(Windows)对工作满意度和总体幸福感的影响,重点考察了阳光穿透率(Sunlight Penetration)和自然视野(Natural View)等特定影响机制,以及这些环境特征在多大程度上可能缓和工作压力的负面后果,结果显示阳光穿透率对工作满意度和总体幸福感有显著的直接影响,自然元素(即树木、绿叶等植物)可以缓冲工作压力的负面影响,并对总体幸福感有类似正向的影响。

已有不少文献基于注意力恢复理论(Attention Restoration Theory,ART),深层次解释了为什么员工在办公场所与自然环境的接触有助于从疲劳中恢复机能,有利于增加能量储备[30,274]。Klotz和Bolino[30]基于注意力恢复理论认为在办公场所接触更多的自然景观,有利于提升员工在认知、情感、亲社会以及身体等方面的潜在能量(Potential Energy)。注意力恢复理论假设自然环境具有恢复性(Restorative),因为人们可以以间接方式享受当下,从而为恢复过程的发生留下充足的认知带宽(Cognitive Bandwidth)[288]。例如,虽然听同事的有趣演讲可能很有趣,但它需要花费认知去理解。相比之下,欣赏自然景观既令人愉悦,又只需极少的注意力就可以享受它们,简而言之,根据注意力恢复理论的观点,接触大自然可以通过给人们一个令人愉快、迷人而又微妙的目标体验,来抵消其他需要集中付出注意力成本的耗尽效应(Counteract the Depleting Effect)[30]或通过对自

第4章 工作环境影响员工创新的双元作用机制的净效应分析

然景观的无意识认知过程来补充（Replenish）某些类型的注意力[289]。

基于注意力恢复理论，那些感觉与自然世界有更多接触的员工更有可能感到体能精力充沛（Physically Invigorated）和富有活力，员工自我也会进一步体验到更多的热情和能量[261,290]。当人们处于更高能量和活力水平时，更倾向于积极参与工作任务、流程等内容的讨论，甚至出现意见不一的情况。因此，本研究提出如下假设：

H4a：员工感知到更多的客观工作环境支持正向促进员工的任务冲突。

主观组织社会环境涉及工作任务特征、团队成员关系、时间压力状况、组织激励等因素[29]。任务冲突的前因的相关研究中，也涉及这些方面的因素。

任务特征中如任务相互依赖性是指个体为了完成工作任务而需要与同事交换资源、信息、材料，或共同参与解决问题的程度[262]。当任务相互依赖性高的时候，团队成员的工作进展往往也更多地取决于同事的付出，通过共享、协调和合作来处理信息的需求便随之增加[263]，进而更多的个体偏好和意见被表达，一定程度上也会增加认知相关的冲突。项目团队具有典型的边界跨越的特点[264]，常常涉及不同业务部门的任务协作，例如网上关于产品经理与程序员"干架"的段子则是最好的例证，现实中，产品经理需要结合用户市场的状况与程序员或运维人员沟通项目需求与研发进程问题，成员任务相互依赖性较高，往往容易引发任务冲突。

团队特征中如部门功能多样性，即团队成员来自不同的职能部门或者专业背景（如技术研发与市场营销）的程度，也被认为会增加任务分歧（Task Disagreement）[291]，从而导致一些任务冲突[292]。项目团队里通常涉及多个职能角色：有偏向技术研发的业务伙伴（Partner）、系统提供者（Systems Provider）、架构建设者（Architecture Builder），又有特定的管理导向的角色，因此又包含技术领导者（Technological Leader）、项目协调者（Project Coordinator）等不同职能角色[293]。由于职能功能的多样性，一定程度上也会增加任务相关的分歧，引致一些任务冲突。

组织特征方面的前因，如团队导向的组织文化（Team-oriented

Culture），即一种以支持团队合作为导向的组织价值观、信仰和规范，在鲜明的团队导向的文化氛围中，成员会倾向于自由地讨论他们的不同观点，此外，团队也会倾向于设置如培训等支持和鼓励员工开放表达和思想交流的组织机制，因此也会一定程度上正向影响任务冲突[262]。因而在典型的团队导向的组织中，在推进合作创新项目的过程中，员工间常常也会发生关于工作内容不同观点的任务冲突。

因此，基于上述任务特征、团队特征、组织特征等方面的推演，本研究提出如下假设：

H4b：员工感知到更多的组织社会环境支持正向促进员工的任务冲突。

（2）工作任务冲突对员工情感反应的影响

应对理论被心理学学者广泛接受，它一般用以解释人们如何应对压力相关的情境[52]。应对是指人们为了管理（减少、最小化、掌握或容忍）与外部环境动态、双向的联系中的内外部需求，在认知和行为上的努力与调整，通常有两个核心功能：处理问题（以问题为导向的应对策略）和调节情绪（以情感为导向的应对测量）[294]。问题导向应对强调以识别和处理问题为主的应对方式，而情感导向应对是指人们在紧张状态下为了安抚、控制或消除情绪不适而采取的应对方式，其并不涉及问题的解决，而是只聚焦压力情境下相关的感觉和感知类的反应[52]。

尽管应对相关的文献已经确定了一些具体的情感导向应对策略，以及不同的结果[184]，但学者们尚未在理论上对情感导向应对策略进行更系统的划分，Liang 等[52]为了更清楚地研究 IT 安全环境中情感导向应对和问题导向应对之间的关系，在借鉴了情绪调节相关的研究后提出了情感导向应对策略的两类子属性，即包括内向式和外向式情感导向应对，内向式情感导向应对涉及内在的自我调节，通常不为外人所能观察到；外向式情感调节是指个体对情绪反应的直接调节或情绪生成过程的结果。本研究将借鉴 Liang 等[52]的分类标准，将工作冲突事件诱发的情感反应做内向式和外向式两类情感导向的分类。

企业常常具有任务相互依赖性、部门功能多样的特点，员工经常会面

第4章 工作环境影响员工创新的双元作用机制的净效应分析

临角色冲突、工作超载、角色模糊、任务跨界的压力情境[240,295],这会常常诱发一些工作任务冲突。面对与同事在工作流程、内容等方面观点不一的冲突事件,人们往往会选择自我内隐式消化和爆发式纾解两类情绪反应方式,最典型的例子就是网络上广为流传的程序员与产品经理的"相爱相杀":不在沉默中隐忍,就在沉默中爆发。基于应对理论和信息管理领域相关文献[52,294],在面临组织工作任务冲突的情境下,内向式情感导向应对策略主要表现为单方面良好祈愿,外向式情感导向应对策略主要表现为情感发泄。

单方面良好祈愿指一个人单方面想象(Fantasizing)事情会朝着理想的态势发展,从而逃离出相对紧张的压力境况;情感发泄则是指一个人公开宣泄(Ventilate)其正在经历的苦恼等负面情绪体验,以实现情绪的稳定[52,229]。情感事件理论[76]提出特定的工作环境特征会引起特定的工作事件(如任务冲突)的发生,而这些工作事件又会引发个体的情感反应。因此,基于内外向情感反应的分类和情感事件理论的基本逻辑,本研究提出如下假设:

H5a:员工经历的任务冲突会正向影响内向式情感反应,即促进员工的单方面良好祈愿;

H5b:员工经历的任务冲突会正向影响外向式情感反应,即促进员工的情感发泄。

(3)员工情感反应对创新行为的影响

情绪调节(Emotion Regulation),即个体管理和影响自己拥有哪些情绪、何时拥有哪些情绪以及他们如何体验和表达这些情绪的过程[296]。不论是内向式情感导向应对还是外向式情感导向应对,本质上都是情绪调节工作的过程[296,297]。Parke等[298]基于情绪信息加工理论解释了情绪调节对于促进员工创造力的影响机制,他们认为情绪调节能力使员工在面对独特的知识加工要求时能够保持较高的正向情感,这有利于促进员工的创造力。因而,当员工在经历任务冲突事件后的内向式情感反应(单方面良好祈愿)和外向式情感反应(情感发泄)两类应对方式均有利于促进员工的创新行为。

单方面良好祈愿,作为一种负面的情绪反应方式[182],是指个体在心理上否认某一事件的发生或试图幻想重新规划或象征性地改变情况的一种情感应对方式,与自我批评(Self-criticism)、社交退缩(Social Withdrawal)等共同构成脱离式应对(Disengagement Coping)的表现形式,即试图从精神上、情感上和身体上远离压力源[299]。此外,也有学者在研究职业应激应对方式与职工工作满意度及精神健康的关系时发现,单方面良好祈愿等消极应对策略的使用与消极情绪状态相关联[300]。研究发现,在某些状况下,消极情绪也可以促进员工创造力,因为处于积极情绪中的人可能会积极地评估现状和自己的想法,这可能不会激励他们付出高水平的努力,提出能产生显著改善作用的建议,而消极情绪则在一定程度上表明存在问题或事情需要改善的信号,这可能会促使人们尝试做出改变并激发创造力[125]。

因此,基于这样的逻辑推演,即单方面良好祈愿这一负面的情感应对方式,预示着事态存在问题,促使人们系统地认识问题、找出问题并解决问题[34],本研究提出如下假设:

H6a:员工因任务冲突引发的内向式情感反应(单方面良好祈愿)会正向影响员工的创新行为。

情感体验,无论是积极的还是消极的,无论是源于日常工作生活事件,还是负面创伤事件,通常都会引发人们向其周围人表达交流的倾向与行为[301]。情感发泄,是表达和宣泄负面情绪的一种典型形式,意味着情绪的爆发,意在消除自己的负面情绪[52]。虽然有研究表明情感发泄会加剧其负面效应,但有不少文献也强调了其积极作用,认为人们的情感发泄在心理上是有益的,因为它可以让人摆脱负面情绪[302]。应对策略相关研究表明,情绪表达具有改善心理和身体健康的适应性益处(Adaptive Benefits)[303]。此外还有一些研究表明,情感发泄可以在人际关系和工作问题解决方面带来正向效果,而这些也都有利于提升员工的创新行为。例如,Wendorf和Yang[232]基于线上社交网络情境,研究了负面情感发泄对于人际

第4章 工作环境影响员工创新的双元作用机制的净效应分析

关系维持的作用,他们发现作为自我揭露(Self-disclosure)的一种表现形式,情感发泄有利于促进关系的保持(Relationship Maintenance)。此外,Stickney 和 Geddes[233]基于美国的全职工作的组织员工数据,发现了高组织承诺的员工会更倾向于向管理人员或那些导致愤怒局面的人表达愤怒;研究结果还揭示了在以往愤怒研究中很少被考虑或检验的一对作用关系,即愤怒表达与积极情感之间存在正相关关系;更进一步地,当个人向相关的其他人表达他们的愤怒时,可以更好地促进问题情境的改善和问题的解决。

因此,基于上述情感发泄对于身心健康、人际关系维持、问题解决等方面正向影响,以及这些因素对于创新行为的促进作用的推演,本研究提出如下假设:

H6b:员工因任务冲突引发的外向式情感反应(情感发泄)会正向影响员工的创新行为。

(4) 中介与链式中介机制

刺激—有机体—反应理论认为环境中的一些客观物理方面和社会方面的线索刺激会通过引发个体内部的理性认知和感性情感方面的特定状态或体验,从而引发个体的特定的行为反应[57,58]。情感导向应对,作为有机体体验的重要表现形式,指的是人们为了控制或消除相关情境引起的情绪体验而采取的应对策略[52],是连接环境刺激与个体行为反应间的作用关系的重要机制。情感事件理论[76]也认为特定的工作环境特征会引起特定的工作事件(如任务冲突)的发生,而这些工作事件又会引发个体的情感反应。Parke 等[298]基于情绪信息加工理论解释了情绪调节能力对于促进员工创造力的作用机制。因而当员工感知到更多的支持性工作环境刺激时,会通过引发有利于想法碰撞的任务冲突事件而引起员工的情感导向的应对策略,进而促进员工的创新行为。综上所述,并基于 4.2.2(1)中 H4a 和 H4b、4.2.2(2)中 H5a 和 H5b 及 4.2.2(3)中 H6a 和 H6b 的假设推演,本研究继续做如下中介和链式中介假设:

H7a:员工的单方面良好祈愿在员工体验到的任务冲突与员工创新行

为的关系之间起到中介作用；

H7b：员工的情感发泄在员工体验到的任务冲突与员工创新行为的关系之间起到中介作用；

H8a：任务冲突和单方面良好祈愿在员工感知到客观工作环境支持与员工创新行为间起链式中介作用；

H8b：任务冲突和情感发泄在员工感知到客观工作环境支持与员工创新行为间起链式中介作用；

H8c：任务冲突和单方面良好祈愿在员工感知到组织社会环境支持与员工创新行为间起链式中介作用；

H8d：任务冲突和情感发泄在员工感知到组织社会环境支持与员工创新行为间起链式中介作用。

4.3 研究设计

4.3.1 数据收集与样本描述

本研究调研对象是对员工创新有较高要求的IT互联网企业的从业人员，他们的岗位涉及产品类、技术类、运营类、设计类、市场类和管理职能类等不同类别，工作经验、年龄、学历等状况也有所差别，最大程度保证了样本的多元性。本研究通过随机抽样的方法展开问卷的收集，一定程度上有利于减少样本选择等方面的偏误[304-306]。本研究问卷调查的具体做法如下：为了获取足量的有效样本，本研究调研对象针对不同IT互联网类线上社区的成员，在征得社群管理员允许后，将电子问卷发放到各线上社区。发放问卷时，向问卷填写者说明了问卷的保密性及纯粹的学术性用途，以最大程度确保填写的真实性。本研究共回收调查问卷761份，根据填答时长等标准剔除不合格问卷后，获得有效样本674份，有效回收率为88.57%。具体样本人口学信息如表4.1所示。

第4章 工作环境影响员工创新的双元作用机制的净效应分析

表 4.1 样本信息表

基本资料	分类	人数（人）	百分比（%）	累计百分比（%）
性别	男	449	66.6	66.6
	女	225	33.4	100.0
年龄	18—20岁	25	3.7	3.7
	21—25岁	248	36.8	40.5
	26—30岁	235	34.9	75.4
	31—35岁	92	13.6	89.0
	36—40岁	44	6.5	95.5
	41—45岁	19	2.8	98.4
	46岁及以上	11	1.6	100.0
学历	高中及以下	11	1.6	1.6
	大专	108	16.0	17.7
	本科	420	62.3	80.0
	研究生及以上	135	20.0	100.0
职位类别	产品类	179	26.6	26.6
	技术类	235	34.9	61.4
	运营类	106	15.7	77.2
	市场类	46	6.8	84.0
	设计类	44	6.5	90.5
	职能管理类	64	9.5	100.0
工作经验时长	1年以下	136	20.2	20.2
	1—3年	188	27.9	48.1
	4—6年	133	19.7	67.8
	7—9年	107	15.9	83.7
	10年及以上	110	16.3	100.0

4.3.2 变量测量

为确保研究的科学严谨性，除了客观工作环境和组织社会环境两个变量的量表为本研究针对中国IT行业情境而修订的，其余变量均参考现有文献的成熟量表，并通过翻译回译、专家评估、预试等方式对条目措辞做适当修改调整，形成最终的问卷条目。对于控制变量，由于员工创新行为可能与人口统计学变量有关，本研究的控制变量包括性别、年龄、教育水平、职位类别及工作年限。

其中，客观工作环境量表由本研究根据 Dul 等[29]的版本修订而来，包括"我的工作时长是标准的，很少加班""在我办公的地方，摆放了鲜花等天然植物""在我的办公场所，有隐私空间，能远离同事的视线范围""在我办公的工位，能看到外部的自然环境（如树木等植物）"等13个测量条目。采用李克特七点刻度进行评分，分为"A=十分不同意""B=不同意""C=有点不同意""D=一般""E=有点同意""F=同意""G=十分同意"，得分越高，说明员工感知到越多的客观工作环境的支持。由于其是形成性量表，因此无须按照反映性测量指标去计算该量表的 Cronbach's Alpha 信度。

组织社会环境量表也由本研究根据 Dul 等[29]的版本修订而来，包括"我有工作决策的自由度，能决定工作任务的顺序""在日常工作中，我有时间去思考问题、产生新想法""组织会对员工的新想法予以精神上的认可（如赞扬等）""在取得创造性成果后会获得奖励（如加薪、分红、津贴、晋升等）"等9个测量条目。同样采用李克特七点刻度进行评分，分为"A=十分不同意""B=不同意""C=有点不同意""D=一般""E=有点同意""F=同意""G=十分同意"，得分越高，说明其感知到越多的主观组织社会环境的支持。同样由于其是形成性量表，因此无须计算该量表的 Cronbach's Alpha 信度。

工作事件变量，即任务冲突，参考的 Jehn[266]以及汉化版本的陈振娇[282]的量表，共4个测量条目。对于该类或相关工作事件的测量，以往文献中除了用到经验抽样法[84]，亦有不少研究是通过直接的事件变量本身问卷以横截面单一时点的方法展开测量的，如 Babalola 等[88]、Carlson 等[97]的研究，这些为本研究中事件的选择和测量提供了参考和指导。测量条目包括"团队成员对如何开展工作有时会持不一致的意见""团队成员间的工作想法可能会有一些冲突""团队成员间可能会有不同的工作观点"

第 4 章 工作环境影响员工创新的双元作用机制的净效应分析

等测量条目。采用李克特五点刻度进行评分，分为"A=十分不同意""B=有点不同意""C=一般""D=有点同意""E=十分同意"，得分越高，说明员工感知到越多的工作任务相关的观点和想法上的分歧。经检验，该量表具有较好的信度（Cronbach's Alpha=0.852）。

内向式情感反应的单方面良好祈愿变量及外向式情感反应的情感发泄变量均参考的 Liang 等[52]的量表，各 4 个测量条目。单方面良好祈愿变量的测量条目包括"我希望它会以某种方式结束""我希望它会以某种方式遇到一个好的解决方案""我希望一切都会好起来"等。情感发泄变量的测量条目包括"我会感到心烦，想把情感发泄出来""我会把自己的感受抒发出来""我会表达一些压抑的感受"等。二者均采用李克特七点刻度进行评分，分为"A=十分不同意""B=不同意""C=有点不同意""D=一般""E=有点同意""F=同意""G=十分同意"，得分越高，说明员工在内向式情感反应的单方面良好祈愿以及外向式情感反应的情感发泄的表现水平上程度更高。经检验，该量表具有较好的信度（Cronbach's Alpha 分别为 0.841 和 0.834）。

隐性缺勤变量的测量参考 Yang 等[209]的做法，选取近年来使用较为广泛的感知工作能力量表（Perceived Ability to Work Scale，PAWS）[307]来测量，包括"在满足工作的身体需求方面，您会给您现在的工作能力打多少分""在满足工作的心理需求方面，您会给您现在的工作能力打多少分""在满足工作的人际需求方面，您会给您目前的工作能力打多少分"等 4 个测量条目。每个条目的评分从 0（目前根本无法工作）到 10（工作能力目前处于最佳状态）。由于该量表是通过对受访者工作能力的调查来推断其隐性缺勤的状况，为了让分数反映隐性缺勤的水平大小，我们通过反向计分的方法，从 10 中减去原始条目得分以获得最终隐性缺勤的得分[308]。转换后的得分越高，说明其隐性缺勤状况越严重。经检验，该量表具有较好的信度（Cronbach's Alpha=0.826）。

最后，创新行为变量参考的 Scott 和 Bruce[1]及汉化版本的杨付和张丽华[309]所用的测量条目，包括"工作中我会寻求应用新的流程、技术与方法""在工作中我会提出有创意的点子或想法""为了实现新想法,我应该想办法争取所需要的资源""整体而言,我是一个具有创新精神的人"等6个测量条目。采用李克特五点刻度进行评分,分为"A=十分不同意""B=有点不同意""C=一般""D=有点同意""E=十分同意",得分越高,说明员工有更高水平的创新行为。经检验,该量表具有较好的信度(Cronbach's Alpha=0.886)。

4.4 数据分析结果

4.4.1 共同方法偏差评估

考虑到研究变量都是在同一时间点从单一来源而收集的,为了尽可能避免可能的共同方法偏差问题,本研究参照 Chang 等[310]的做法控制了潜在的共同方法偏差,主要采用事前控制和事后检验两种方法。在发送问卷之前,受访者被保证他们提供的所有信息都将是完全匿名的,任何分析都将纯粹出于学术研究目的而进行。数据收集之后,采用 Harman 单因子检验法来检验同源偏差问题,利用 SPSS 23.0 对所有量表条目进行探索性因子分析,在未旋转的情况下,第一个因子解释了 33.84% 的变异量,小于40%,说明变量中对绝大部分的变异量做出解释的因子不存在,因此变量间的同源偏差问题并不严重[311-313]。

4.4.2 量表信效度检验

本研究使用 SPSS 23.0 与 Smart PLS 3.0 软件来评估测量模型的相关系数及各信效度指标的检验。偏最小二乘(PLS)是一种强大的第二代多元技术,它采用基于组件的方法(Component-based Approach)来产生估计值[314]。它以最佳方式同时评估测量模型和结构模型,具有独特的优势[315-317]。本研究选择 Smart PLS 软件主要是因为我们的研究模型中使用了

第4章 工作环境影响员工创新的双元作用机制的净效应分析

形成性量表来测量客观工作环境和主观组织社会环境,而现有主流统计分析软件中,Smart PLS 3.0 被认为是最适合处理含有形成性量表的研究模型的软件之一[317]。

反映性量表的信效度检验主要报告内部一致性信度(Reliability)、组成信度(Composite Reliability,CR)、聚合效度(Convergent Validity)和区分效度(Discriminant Validity)等指标。本研究查看了 Cronbach Alpha 值和 CR 值,并确定它们的值都高于 0.70。为了确定聚合效度,检查了 AVE 是否高于 0.50 的门槛值,结果显示本研究的各变量的 AVE 值中最小的为 0.638,满足了该阈值要求(表 4.2)。此外,本研究通过两种方式检验了区分效度。第一,我们查看了每个变量的 AVE 的平方根,通过判断它是否大于与任何其他变量的相关系数值来判断区分效度[318](表 4.3);第二,除了做 AVE 的平方根与相关系数的大小比较,本研究还参考了现有相关研究,进一步查看了更为稳健的区分效度的检验指标即异质—单质比率(Heterotrait-Monotrait Ratio,HTMT)[319],确保 HTMT 的所有值都低于 0.85[320](表 4.4),满足上述两点标准,表明变量之间有足够的区分效度[321]。量表信效度检验结果证实了本研究中变量具有足够的内部一致性信度、组成信度、聚合效度和区分效度。

表 4.2 变量信度效度评估

变量	测量条目	标准化载荷	Cronbach Alpha	CR	AVE
TC	TC1	0.850	0.852	0.900	0.692
	TC2	0.808			
	TC3	0.838			
	TC4	0.832			
EE	EE1	0.838	0.834	0.890	0.668
	EE2	0.837			
	EE2	0.809			
	EE4	0.786			

续表

变量	测量条目	标准化载荷	Cronbach Alpha	CR	AVE
WT	WT1	0.816	0.841	0.893	0.676
	WT2	0.807			
	WT3	0.804			
	WT4	0.861			
Pres	Pres1	0.773	0.826	0.885	0.658
	Pres2	0.812			
	Pres3	0.859			
	Pres4	0.798			
IB	IB1	0.832	0.886	0.913	0.638
	IB2	0.819			
	IB3	0.817			
	IB4	0.736			
	IB5	0.748			
	IB6	0.835			

注：TC=任务冲突；EE=情感发泄；WT=单方面良好祈愿；Pres=隐性缺勤；IB=创新行为。

表 4.3 变量区分效度

变量	AVE	OWE	SOE	TC	EE	WT	Pres	IB
OWE	n/a	n/a						
SOE	n/a	0.701	n/a					
TC	0.692	0.354	0.458	*0.832*				
EE	0.668	0.379	0.442	0.564	*0.817*			
WT	0.676	0.420	0.521	0.389	0.434	*0.822*		
Pres	0.658	-0.506	-0.638	-0.374	-0.372	-0.484	*0.811*	
IB	0.638	-0.506	-0.631	0.447	0.437	0.644	-0.585	*0.799*

注：OWE=客观工作环境；SOE=主观组织社会环境；TC=任务冲突；EE=情感发泄；WT=单方面良好祈愿；Pres=隐性缺勤；IB=创新行为；n/a 代表两个基于形成性测量指标的变量相应数据不存在；对角线上的加粗斜体数字是 AVE 值的平方根。

第4章 工作环境影响员工创新的双元作用机制的净效应分析

表 4.4 异质—单质比率（HTMT）

变量	EE	IB	Pres	TC	WT
EE	—				
IB	0.508	—			
Pres	0.450	0.685	—		
TC	0.667	0.514	0.448	—	
WT	0.517	0.745	0.579	0.459	—

注：EE=情感发泄；IB=创新行为；Pres=隐性缺勤；TC=任务冲突；WT=单方面良好祈愿。

形成性量表则主要报告多重共线性和指标载荷的显著性[251]。结果显示，本研究基于形成性测量指标的两个变量的 VIF 值均小于门槛值要求 5[251]且小于更严格的 3.3[322]，其中客观工作环境的 VIF 介于 1.147—2.858 之间，组织社会环境的 VIF 介于 1.483—2.223 之间，载荷系数也均显著。

4.4.3 描述性分析与相关性检验

本研究采用 SPSS 23.0 对各变量的均值、标准差及相关系数进行统计分析。根据表 4.5 所示，客观工作环境与任务冲突（r=0.354，p<0.01）、组织社会环境与任务冲突（r=0.458，p<0.01）、任务冲突与单方面良好祈愿（r=0.389，p<0.01）、任务冲突与情感发泄（r=0.564，p<0.01）、单方面良好祈愿和情感发泄与创新行为（r=0.644，p<0.01；r=0.437，p<0.01）均显著正相关；而客观工作环境和组织社会环境与隐性缺勤（r=−0.506，p<0.01；r=−0.638，p<0.01）、隐性缺勤与创新行为（r=−0.585，p<0.01）均显著负相关。相关系数结果基本符合理论预期，能为本章所提出的假设提供初步印证支持。

表 4.5 变量的均值、标准差及相关系数

变量	均值	标准差	OWE	SOE	TC	EE	WT	Pres	IB
OWE	4.471	1.119	1						
SOE	4.822	0.995	0.701**	1					

续表

变量	均值	标准差	OWE	SOE	TC	EE	WT	Pres	IB
TC	3.756	0.765	0.354**	0.458**	1				
EE	4.938	1.094	0.379**	0.442**	0.564**	1			
WT	5.341	1.110	0.420**	0.521**	0.389**	0.434**	1		
Pres	3.422	1.731	-0.506**	-0.638**	-0.374**	-0.372**	-0.484**	1	
IB	3.818	0.719	-0.506**	-0.631**	0.447**	0.437**	0.644**	-0.585**	1

注：OWE=客观工作环境；SOE=主观组织社会环境；TC=任务冲突；EE=情感发泄；WT=单方面良好祈愿；Pres=隐性缺勤；IB=创新行为。**表示 P<0.01。

4.4.4 研究假设检验

(1) 直接路径假设检验

本研究使用 Smart PLS 3.0 软件，并基于 5000 次的 bootstrap 法来估计结构模型的路径假设的系数及其显著性。相对于传统基于协方差的结构模型的拟合优度来评估结构模型，在偏最小二乘法的结构方程模型（PLS-SEM）中，主要通过检验内生变量的决定系数值（R^2）、预测相关性（Predictive Relevance，Q^2）来进行验证，并在假设检验里予以说明[320]。本研究的结构模型解释了创新行为 52.8%的方差（$R^2=0.528$），解释了隐性缺勤 39.6%的方差（$R^2=0.396$），解释了单方面良好祈愿 15.4%的方差（$R^2=0.154$），解释了情感发泄 31.8%的方差（$R^2=0.318$），解释了任务冲突 34.3%的方差（$R^2=0.343$），均意味着具有一定的解释力[314]。此外，预测相关性大于 0 表示结构模型具有预测相关性，值越大代表预测相关性越强[323]。研究发现除了单方面良好祈愿的预测相关性相对低（$Q^2=0.101$），但依旧大于 0，表示仍具有预测相关性，其他如外向式情感反应之情感发泄（$Q^2=0.208$）、任务冲突（$Q^2=0.229$）、隐性缺勤（$Q^2=0.253$）及因变量创新行为（$Q^2=0.333$）都具有较佳的预测相关性。

运行结果如图 4.2 所示，描述了 PLS-SEM 分析的结构模型的路径假设结果，其中给出了标准化路径系数（β）和显著性水平 p 值及内生变量的决定系数值（R^2）。研究结果显示，所有直接路径假设均得到支持，具

第4章　工作环境影响员工创新的双元作用机制的净效应分析

体如下：

第一，问题导向机制路径中：感知客观工作环境支持能降低隐性缺勤（H1a：$\beta=-0.198$，$p<0.001$）；感知组织社会环境支持能降低隐性缺勤（H1b：$\beta=-0.476$，$p<0.001$）；隐性缺勤负向影响创新行为（H2：$\beta=-0.325$，$p<0.001$）。

第二，情感导向机制路径中：感知客观工作环境支持正向影响任务冲突（H4a：$\beta=0.258$，$p<0.001$）；感知组织社会环境支持正向影响任务冲突（H4b：$\beta=0.377$，$p<0.001$）；任务冲突正向影响内向式情感反应（单方面良好祈愿）（H5a：$\beta=0.392$，$p<0.001$）；任务冲突正向影响外向式情感反应（情感发泄）（H5b：$\beta=0.564$，$p<0.001$）；单方面良好祈愿正向影响创新行为（H6a：$\beta=0.435$，$p<0.001$）；情感发泄正向影响创新行为（H6b：$\beta=0.128$，$p<0.001$）。

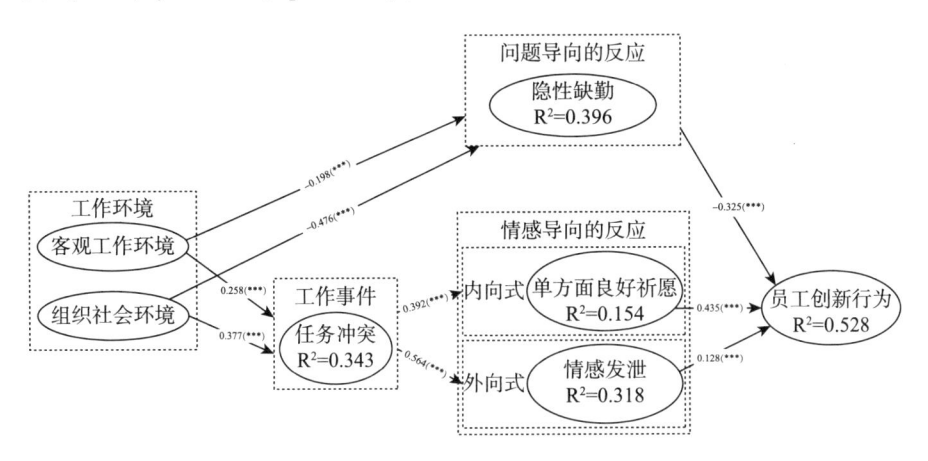

图4.2　结构模型图运行结果（＊＊＊P<0.001）

(2) 中介与链式中介假设检验

第一，问题导向机制路径中，为检验员工的隐性缺勤在员工感知到客观工作环境支持（H3a）和组织社会环境支持（H3b）与员工创新行为的关系之间起到中介作用，本研究基于5000次的bootstrap法展开对隐性缺勤的中介效应检验，结果如表4.6所示。

表 4.6 隐性缺勤的中介效应检验

中介效应路径	效应值	标准误	95%置信区间	
			下限	上限
H3a：OWE→Pres→IB	0.064	0.018	0.014	0.078
H3b：SOE→Pres→IB	0.154	0.025	0.085	0.178

注：OWE=客观工作环境；SOE=组织社会环境；Pres=隐性缺勤；IB=创新行为。

研究发现，隐性缺勤在客观工作环境、组织社会环境与员工创新行为之间的中介作用均显著，其中 H3a 的间接效应值为 0.064，95%的置信区间 [0.014，0.078]，H3b 的间接效应值为 0.154，95%的置信区间 [0.085，0.178]，而当区间不包含 0 则表示中介效应显著[324]。由于上述两条假设的 95%的置信区间都不包括 0，因此，中介假设 H3a 和 H3b 得到支持。

第二，情感导向机制路径中，为检验员工的两类情感反应（单方面良好祈愿和情感发泄）在员工体验到的任务冲突与员工创新行为的关系之间起到的中介作用（H7a 和 H7b），以及任务冲突和两类情感反应在员工感知到两类工作环境支持与员工创新行为间起链式中介作用（H8a、H8b、H8c 及 H8d），本研究同样基于 5000 次的 bootstrap 法展开对中介效应和链式中介效应的检验，当 95%的置信区间不包含 0，则表明这些中介效应和链式中介效应显著[324]。研究结果如表 4.7 所示。

表 4.7 情感应对的中介效应及任务冲突和情感应对的链式中介效应检验

中介与链式中介效应路径	效应值	标准误	95%置信区间	
			下限	上限
H7a：TC→WT→IB	0.171	0.029	0.118	0.231
H7a：TC→EE→IB	0.072	0.022	0.030	0.116
H8a：OWE→TC→WT→IB	0.044	0.013	0.023	0.076
H8b：OWE→TC→EE→IB	0.019	0.007	0.007	0.036
H8c：SOE→TC→WT→IB	0.064	0.016	0.035	0.098
H8d：SOE→TC→EE→IB	0.027	0.010	0.010	0.048

注：TC=任务冲突；WT=单方面良好祈愿；EE=情感发泄；OWE=客观工作环境；SOE=组织社会环境；IB=创新行为。

第4章 工作环境影响员工创新的双元作用机制的净效应分析

研究发现，两类情感反应在任务冲突与员工创新行为之间的中介作用均显著，其中H7a的间接效应值为0.171，95%的置信区间［0.118，0.231］，H7b的间接效应值为0.072，95%的置信区间［0.030，0.116］。因为两条假设的95%的置信区间都不包括0，因此，中介假设H7a和H7b得到支持。

研究还发现任务冲突和两类情感反应在两类工作环境与创新行为关系间的链式中介效应也均显著，其中H8a的链式间接效应值为0.044，95%的置信区间［0.023，0.076］；H8b的链式间接效应值为0.019，95%的置信区间［0.007，0.036］；H8c的链式间接效应值为0.064，95%的置信区间［0.035，0.098］；H8d的链式间接效应值为0.027，95%的置信区间［0.010，0.048］。由于上述四条假设的95%的置信区间都不包括0，因此，链式中介假设H8a、H8b、H8c及H8d得到支持。所有假设汇总结果如表4.8所示。

表4.8 研究假设检验结果汇总

研究假设	影响路径	假设是否得到支持
问题导向应对机制		
H1a	客观工作环境支持→隐性缺勤	支持
H1b	组织社会环境支持→隐性缺勤	支持
H2	员工隐性缺勤→创新行为	支持
H3a	客观工作环境支持→隐性缺勤→创新行为（中介）	支持
H3b	组织社会环境支持→隐性缺勤→创新行为（中介）	支持
情感导向应对机制		
H4a	客观工作环境支持→任务冲突	支持
H4b	组织社会环境支持→任务冲突	支持
H5a	任务冲突→单方面良好祈愿（内向式情感反应）	支持
H5b	任务冲突→情感发泄（外向式情感反应）	支持
H6a	单方面良好祈愿→创新行为	支持
H6b	情感发泄→创新行为	支持
H7a	任务冲突→单方面良好祈愿→创新行为（中介）	支持
H7b	任务冲突→情感发泄→创新行为（中介）	支持

续表

研究假设	影响路径	假设是否得到支持
H8a	客观工作环境支持→任务冲突→单方面良好祈愿→创新行为（链式中介）	支持
H8b	客观工作环境支持→任务冲突→情感发泄→创新行为（链式中介）	支持
H8c	组织社会环境支持→任务冲突→单方面良好祈愿→创新行为（链式中介）	支持
H8d	组织社会环境支持→任务冲突→情感发泄→创新行为（链式中介）	支持

4.5　本章小结

本章以刺激—有机体—反应理论为理论基础，借助应对理论中问题导向应对和情感导向应对的双元应对策略等相关内容，系统构建客观工作环境与组织社会环境影响员工创新的双元作用机制"净效应"模型。本研究经由随机抽样得到来自技术、产品、运营等不同职能类别的 674 名有代表性的 IT 企业员工样本，通过结构模型方程对双元机制"净效应"模型分析后发现，所有研究假设均得到支持。简言之，当员工感知到良好的客观工作环境和组织社会环境支持时，员工会通过两种应对机制来影响其创新行为：一是会通过降低隐性缺勤（问题认知导向的应对机制）来提升其创新行为；二是经由有利于想法碰撞的工作任务冲突事件而引发员工的两类情感反应，而促进员工的创新行为（情感导向应对机制）。

然而，员工创新是外在情境环境、个体反应及自身特质的综合作用的结果，且个体人格特质因素对行为绩效具有至关重要的影响[325]，本章并未深入探究个体特质因素对于员工创新的影响，且上述双元作用机制为"净效应"分析，即变量间的互相组合作用并未展开讨论，而现实中员工创新是由个体内外部诸多因素的组合作用所驱动的。因此，本研究将以第 4 章为基础，在第 5 章加入个体特质因素，运用模糊集定性比较分析的方法，进一步探究双元机制的复杂"组态效应"。

第5章 工作环境影响员工创新的双元作用机制的组态效应分析

第4章构建了工作环境影响员工创新的双元机制"净效应"模型。然而,其并未展开对员工创新同样具有重要影响的个体特质类因素的分析。同时,上述双元机制为"净效应"分析,即探讨的是自变量对因变量的独自的影响。然而,现实中员工创新是由外部环境和员工内在特征等诸多因素间的相互组合作用所驱动的。因此,本章将在第4章的基础上,加入个体特质因素,运用模糊集定性比较分析的方法,进一步探究双元机制的复杂"组态效应"。

5.1 引言

员工创新是外在情境环境、个体反应及自身特质的综合作用的结果,且个体人格特质因素对行为绩效具有至关重要的影响[325],而子研究2仅仅探究了工作环境对员工创新的双元作用机制,没有将个体特质纳入分析。为此,在子研究2的基础上,本章同样基于前文理论框架,加入员工个体特质因素,协同考量个体特质、工作环境及其引发的工作事件以及应对机制因素等不同条件之间的相互复杂作用,探究双元作用机制的组态效应。

社会现象发生的原因、条件是相互组合依赖的,而非独立存在的,因此对于现象的原因解释也需采取整体的、组合的方式进行[46]。但传统的回归分析采用的是边际分析技术,为"净效应[38]"分析,自变量被假设是独立起作用的,探究的是目标变量对因变量的独自的影响,忽略了组织中各类要素之间的复杂作用[38],但实际上因变量是若干个前因变量协同作用的结果[47-49]。本研究将运用模糊集定性比较分析,协同考虑内外部因素的相互作用,进一步探究双元作用机制的复杂"组态效应"。

5.2 问题的提出

日常生活中,当人们想要什么却没有的时候,他们便会通过做什么来确保获得所需,即心理学中的自我调节(Self-regulation)。这种状况体现了自我调节的两个关键功能,第一个是个体评估(Assessing)追求的不同目标及不同的追求手段,第二个是个体从当前状态开始行动(Locomoting)以追求某种替代目标的状态[326]。调节模式(Regulatory Mode)则是一种与自我调节取向(Self-regulatory Orientations)相关的心理学变量[326,327]。调节模式理论假设人们有两个关键的自我调节倾向,分别是行动导向和评估导向。行动指从一种状态到另一种状态的移动,以及启动和维持它所需的心理资源的投入过程,而评估则是与不同选择的比较有关[328]。行动反映了从一种状态移动到另一种状态的偏好,而评估则反映了对评估这一状态本身的偏好以及在选择之前对多种可能的行动路线进行评估的倾向[329]。所以亦有文献称前者为"只管做(Just Do It)",称后者为"做正确的事情(Do the Right Thing)"[327]。个体通过选择适当的途径(评估)和参与(行动)来促进目标的追求和实现[330]。研究认为较之于高评估导向(Assessing Orientation)的人,一个高行动导向(Locomotion Orientation)的个体相对比较不关心自我评价(Self-evaluation),往往具有更积极正向的情感和更高水平的乐观与自尊,形式风格更偏果断(Decisiveness)和快节奏(Quicker Pace),还表现出更强的任务导向,能专注于一项活动并认真坚持到完成,内在自主动机也更强,且关注目标实现的预期[327]。"VUCA"

第 5 章 工作环境影响员工创新的双元作用机制的组态效应分析

时代下的尤其科技类企业员工具有典型的快节奏和行动调节模型导向[237]特征，因此，本子研究在第 4 章基础上，拟加入个体的高行动导向的调节模式特征，协同探究其和工作环境、事件及两类应对机制的复杂组态效应。

因此，除了前文的基于结构方程模型（PLS-SEM）的"净效应"分析，本研究还将基于模糊集定性比较分析，进一步探究个体特质、情感导向和问题导向应对反应、客观工作环境、组织社会环境、工作冲突事件等诸多内外部因素对于员工创新行为的复杂"组态效应"机制（图 5.1）。

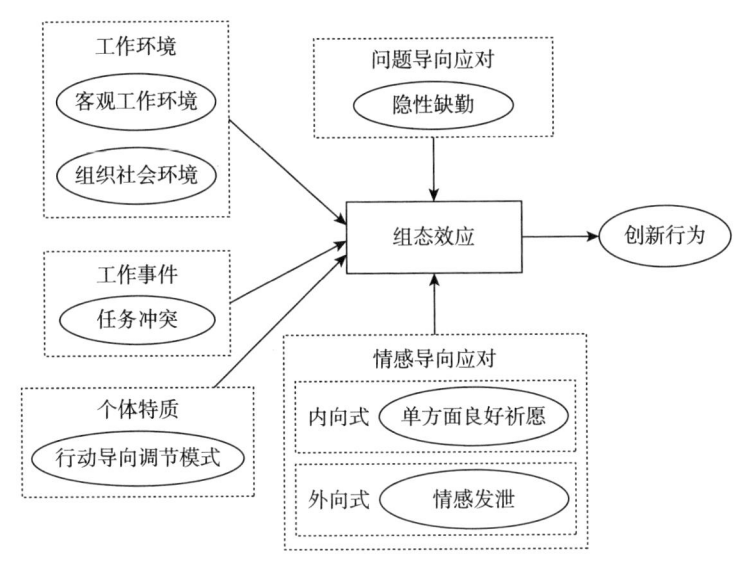

图 5.1 组态效应模型

5.3 研究设计

5.3.1 模糊集定性比较分析

伴随着数字经济深度推进，"VUCA"特征不断加剧，企业面临的内外部环境越来越错综复杂,传统的少数前因变量或其与少量权变因素的交互已经难以对结果做出全面合理的解释[38,331],而旨在解决多变量复杂问题的组态研究正好代表了这样一种全局观[42,43]。多篇理论文章[39,50,51]中,明确提出以集合论和布尔运算为基础的定性比较分析方法能够很好地用以探究前因条件间的互动如何共同引致被解释变量的发生。

20世纪初,随着系统科学的出现,西方科学界的主导范式开始从还原论向整体论转换,伴随着这次科学思潮的转换,20世纪80年代,美国社会学家Ragin提出了定性比较分析方法,基于整体论,其旨在解释因果复杂性现象,同时又兼顾外部的推广效度[38,332]。起初,定性比较分析主要是应用于社会学、政治学等学科的基于小样本的跨案例分析,但现在该方法同样也适用于中、大样本量的研究。学者还认为,研究人员可以在基于回归分析的框架基础上进一步展开定性比较分析研究[333,334],近年来,定性比较分析逐渐受到管理学科的关注,逐渐成为信息系统与信息管理、战略管理、市场营销、组织行为等方向领域解决复杂性因果关系的重要分析工具[48,51,335,336]。越来越多的商业和组织管理领域的研究也采用了模糊集定性比较分析,以应对多重现实的出现(Occurrence of Multiple Realities)和对称性统计检验(Symmetric Statistical Tests)的局限性[49,337-339]。基于这一趋势,本章将继续使用第4章研究进行时收集的数据,基于工作环境对员工创新行为的双元作用机制的理论模型和逻辑推演,同时再加入个人特质变量,进一步探究员工创新行为不同前因要素的组态效应。

(1)模糊集定性比较分析方法的基本思想与特点

该方法以集合论和布尔运算作为其方法论基础,探究前因条件组合如何引致被解释变量[50],其主要呈现三个特点:多因并发性(Conjunction)、殊途同归性(Equifnality)以及非对称性(Causal Asymmetry)[38,42,48,49]。

第一,多因并发性意味着条件组合中的前因条件是相互关联依赖的,而不是单独离散地或通过简单交互起作用的。模糊集定性比较分析则考虑了所有前因条件之间相互依赖的可能性。第二,殊途同归性意味着存在多个同等有效的条件组合,最终得到相同的结果。模糊集定性比较分析可以

第5章 工作环境影响员工创新的双元作用机制的组态效应分析

识别若干个结果变量的前因条件组态，且每个组态都足以表示高结果出现的原因。第三，因果不对称性包括因果的非对称性和条件作用的非对称性。因果不对称性指的是结果（如成功）与非结果（如不成功）的原因是不同的，这一点不同于传统对称性假设，如努力与学习成绩好正相关，我们便认为努力是成绩好的原因，不努力则是成绩不好的原因，但在定性比较分析的非对称假设下，努力是学习成绩好的原因，并不能推论不努力是成绩不好的原因，也即结果与非结果的原因是不对称的。条件作用的非对称性指的是在某一组态中对结果产生作用的前因条件，在其他组态中可能变得不相关，甚至产生相反的作用。

（2）模糊集定性比较分析的分析流程

在确定好研究框架后，主要包括三个具体的分析步骤[339,340]：第一步，数据校准（Calibration）。由于本研究的变量采用李克特量表进行测量，因此需要基于从 0 到 1 的集合隶属度（Membership）对数据进行校准。第二步，单个条件的必要性分析（Necessity Analysis）。通常当一致性得分高于 0.9 时，该前因条件被认为是必要的。第三步，条件组态的充分性分析。主要分析不同前因条件组合形成的不同组态对被解释变量的充分性。

在此需要说明第二个步骤的重要性。在社会科学研究中，研究者自己能观察到的现实世界通常是有限的，存在大量的可能世界（Possible World）是没有相应的经验数据支撑的，因此，社会科学研究还需要采取"假设……将……（What-If）"的论证形式的反事实分析去解释可能世界的状况，即假如现实世界中某个因素没有发生或不具备了，对相应的结果会带来怎样的改变或影响，而必要条件分析则正是反事实分析的重要工具[341]。根据必要条件反事实逻辑，如果 A 是 B 的必要条件，那么 ~A 则是 ~B 的充分条件。反事实分析，使人们在认识社会现象时不再局限于观察到的现实数据，而能把握可能发生但没发生的可能世界的重要问题，具有重要意义[41]，例如发现因素 X 是影响绩效 Y 的必要条件，那么没有 X 则会导致非高绩效 Y，因此给了我们要格外重视 X 及相近因素的重要启示。

综上所述，本研究中的模糊集定性比较分析主要按照数据测量与校准、必要条件分析以及组态效应分析等流程展开。

5.3.2　数据收集与样本描述

本研究样本数据与子研究2相同，来自对员工创新有较高要求的IT互联网企业的从业人员，本研究通过随机抽样共回收调查问卷761份，最后获得有效问卷总量为674份。岗位类别涉及产品类、技术类、运营类、设计类、市场类和管理职能类，年龄、学历等状况也有所差别，最大程度保证了样本的多元性。其中男性449人（66.6%），女性225人（33.4%）；岗位类别以产品类（179人，26.6%）、技术类（235人，34.9%）和运营类（106人，15.7%）为主。年龄大部分集中在21—30岁，其中21—25岁248人（36.8%），26—30岁235人（34.9%）；学历分布中本科有420人（62.3%），高中及以下11人（1.6%），大专108人（16.0%），研究生及以上135人（20%）。

5.3.3　变量测量与校准

（1）变量测量

结果变量员工创新行为，参考Scott和Bruce[1]以及汉化版本的杨付和张丽华[309]所用的测量条目，总共6个测量条目，采用李克特5点量表计分。

前因条件变量中，客观工作环境量表与组织社会环境量表均为第3章自制的量表，是基于Dul等[29]的版本修订而来，分别为13个和9个测量条目，均采用李克特7点量表计分。剩下的任务冲突事件变量参考的Jehn[266]以及汉化版本的陈振娇[53]的量表，共4个测量条目，采用李克特5点量表计分。对于该类或相关工作事件的测量，以往文献中除了用到经验抽样法[84]，亦有不少研究是通过直接的事件变量本身的问卷以横截面单一时点的方法展开测量的，如Babalola等[88]、Carlson等[97]的研究，这些为本研究中事件的选择和测量提供了参考和指导。内向式情感反应的单方面良好祈愿变量及外向式情感反应的情感发泄变量均参考 Liang 等(2019)[52]的量表,各4个测量条目,均采用李克特七点量表计分。隐性缺勤变量的测量参考 Yang 等[209]的做法,选取近年来使用较为广泛的感知工作能力量表(PAWS)[307]来测量,共4个条目,每个条目的评分从0(目前根本无法工作)到10(工作能力目前处于最佳状态)。由于该量表是通过对受访者工作能力的调查来推断其隐性缺勤的状况,为了让分数反映隐性缺勤的水平大小,我们通过反向计分的方法,从10中减去原始条目得分以获得最终隐性缺勤的得分[308],转换后的得分越高,说明其隐性缺勤状况越严重。行动导向的调节模式特质参考的 Sok 等[342]的量表,共9个测量条目,采用李克特五点量表计分。这些均具有良好的信效度。

(2)数据校准

在模糊集定性比较分析中,校准(Calibrating)指的是给样本赋予集合隶属的过程[38]。具体而言,研究者需要根据已有的理论知识将变量校准为集合。校准后的集合隶属度介于0—1之间。研究者同时需要结合条件变量的实际取值分布情况来选取校准的锚点(完全隶属、交叉点、完全不隶属)[343]。

5.3.4 组态效应分析

不同于必要条件分析,组态分析揭示的是多个条件组合构成的不同组态引致结果产生的充分性分析,从集合论角度而言,也就是探索多个条件构成的组态代表的集合是否为结果集合的子集[344]。同样使用一致性来衡量组态的充分性,但最低标准一般不得低于0.75,也有文献采用的是0.8的门槛[345]。而对于案例频数阈值的设定上,则需根据样本规模而定,对于中小样本,频数阈值可设置为1或2,而对于大样本,则应该大于2[38]。本研究将参考已有文献相关标准,选择频数为5(保证80%的观察案例),一致性大于0.8,结合 PRI 一致性大于0.65[346],展开相应的计算分析。

模糊集定性比较分析会得到3类解:一是复杂解(不含"逻辑余项");二是中间解(包含部分符合理论和实际的"逻辑余项");三是

简约解（包含所有可能有助于简化组态的"逻辑余项"）。其中，中间解不会简约掉必要条件，通常认为应该汇报中间解，并结合简约解区分核心与边缘条件[42]。若前因条件同时出现于简约解和中间解，则为核心条件；若此条件仅出现在中间解，则将其记为边缘条件[38]。

5.3.5 必要条件分析

在进行条件组态分析之前，首先需要对所有前因条件（含反向"非"条件）的必要性（Necessity）进行逐一检验，判断是否构成员工创新的必要条件。从集合论角度而言，单个条件的必要性分析就是检验结果集合是否为某个条件集合的子集[344]。在模糊集定性比较分析中，当结果发生时，某个条件总是存在，那么该条件就是结果的必要条件，一致性水平是衡量必要条件的重要标准，当其大于 0.9 时，则可认为该条件是结果的必要条件[42]。

5.4 数据分析结果

5.4.1 变量的校准锚点

对于研究中使用李克特七点量表进行测量的变量，参考了 Mikalef 和 Pateli[347]与 Tho 和 Trang[334]所采用的标准，将它们校准为模糊集，并设定三个校准点，其中将完全隶属于的阈值设置为 6，中间交叉点设置为 4.5，完全不隶属于则设置为 3[334]。这里要说明的是，以往研究也有将完全不隶属于设置为 2 的，本研究将完全不隶属设置成 3 而不是 2，是由于受访者回答的值的分布整体更偏向右边（"非常同意"），基于平均数的描述性统计也证实了这一偏倚（左偏），但单变量偏度大多在-1 和 1 范围内，数据存在轻微的正态偏差。同样，对于研究中使用李克特五点量表进行测量的变量，参考了 Jacobs 和 Cambré[348]的所采用的标准，将完全隶属于、交叉点、完全不隶属于的阈值分别设置为 5、3.5 和 1。此外，对于非五点非七点李克特量表型的连续型变量，如果数据存在轻微偏态的分布，一般建议将完全隶属于、交叉点、完全不隶属于的分别设置为 80、50 和 20 三个百分位数（分别为 4.5、3.25 和 2）。最后，各变量具体的校准锚点情况详见表 5.1。

表 5.1 变量校准

研究变量	目标变量		锚点		
			完全不隶属于	交叉点	完全隶属于
条件变量	工作环境	OWE	3	4.5	6
		SOW	3	4.5	6
	工作事件	TC	1	3.5	5
	情感导向应对反应	WT	3	4.5	6
		EE	3	4.5	6
	问题导向应对反应	Pres	2	3.25	4.5
	调节模式特质	LO	1	3.5	5
结果变量	创新行为	IB	1	3.5	5

注：OWE=客观工作环境；SOW=主观组织社会环境；TC=任务冲突；EE=情感发泄；WT=单方面良好祈愿；Pres=隐性缺勤；LO=行动导向；IB=创新行为。

5.4.2 员工创新行为的必要条件分析

根据表 5.2 对个体高水平创新行为的必要条件分析的结果显示，除了内向式情感反应之单方面良好祈愿以及个体调节模式之行动导向特质，其他各个前因条件的一致性均低于临界值 0.9。这表明，特定的内向式情感反应和行动导向的调节模式特质可能是解释员工高创新行为的必要条件；在对非高创新行为的必要条件分析中，发现各个单项前因条件对非高创新行为的必要条件分析（一致性水平）均未超过 0.9，不构成必要条件。这表明各个单项前因条件对高创新行为的解释力较弱。因此，下文将这些前因条件纳入分析，进一步探索产生高、非高创新行为的组态。这一结果显示了员工高创新行为驱动机制的复杂性，即工作环境、工作事件、情绪导向的反应、问题导向的反应以及个体调节模式特质间的联动匹配才能够共同影响员工创新行为,源自多重条件并发的协同作用。

表 5.2 员工创新行为的必要条件分析

条件变量		结果变量	
		高创新行为	非高创新行为
工作环境	fsOWE	0.717	0.602
	~fsOWE	0.522	0.848
	fsSOW	0.830	0.707
	~fsSOW	0.421	0.765
工作事件	fsTC	0.849	0.815
	~fsTC	0.467	0.779
内向式情感导向应对	fsWT	0.923	0.761
	~fsWT	0.254	0.572
外向式情感导向应对	fsEE	0.839	0.759
	~fsEE	0.395	0.680
问题导向应对	fsPre	0.517	0.764
	~fsPre	0.662	0.571
调节模式特质	fsLO	0.901	0.788
	~fsLO	0.441	0.855

注:"~"表示逻辑运算的"非"。OWE=客观工作环境;SOW=主观组织社会环境;TC=任务冲突;EE=情感发泄;WT=单方面良好祈愿;Pres=隐性缺勤;LO=行动导向调节模式。

5.4.3 员工创新行为的组态效应分析

采用 fsQCA 3.0 软件对数据进行分析,选择频数位为 5(保证 80%的观察案例),一致性大于 0.8,结合 PRI 一致性大于 0.65,计算得出产生高员工创新行为的组态有 8 条,非高创新行为的组态有 3 条(如表 5.3 所示)。高员工创新行为的 8 个组态的一致性指标分别为 0.965、0.963、0.941、0.991、0.981、0.974、0.986、0.992,显示出较高的一致性[42],总体一致性也较高,为 0.948。这 8 个组态是员工产生高创新行为的充分条件。模型解的覆盖度为 0.790,说明 8 个组态解释了员工高水平创新行为的主要原因。同时，模糊集分析出导致非高创新行为的组态有 3 条，且 3 个组态的一致性指标分别为 0.984、0.985、0.981，显示出较高的一致性，总体一致性也较高，为 0.980，覆盖度也达到了 0.381，即解释了相当一部分的主要原因。

表 5.3 产生高、非高员工创新行为的条件组态

条件变量	高创新行为组态								非高创新行为组态		
	IB1	IB2	IB3	IB4	IB5	IB6	IB7	IB8	NIB1	NIB2	NIB3
客观工作环境	⊗	⊗	⊗	●		⊗	●			⊗	⊗
组织社会环境			⊗	●		●			⊗		
任务冲突		●		⊗			●	●		⊗	
单方面良好祈愿	●	●	●	●	●	●	●	●	⊗	⊗	⊗
情感发泄			●		●		⊗	⊗	●	●	
隐性缺勤	⊗	●			⊗		⊗	⊗		●	●
行动导向调节模式	●	●		●	●		●	●	⊗	⊗	⊗
一致性	0.965	0.963	0.941	0.991	0.981	0.974	0.986	0.992	0.984	0.985	0.981
原始覆盖度	0.299	0.411	0.238	0.320	0.505	0.347	0.148	0.200	0.356	0.365	0.362
唯一覆盖度	0.011	0.023	0.014	0.016	0.142	0.057	0.004	0.012	0.005	0.014	0.011
解的一致性	0.948								0.980		
解的覆盖度	0.790								0.381		

注：●表示条件变量出现，用⊗表示条件变量不出现。大圈表示核心条件，小圈表示边缘条件。空格表示该条件变量对于结果无关紧要。IB 即 Innovative Behavior 的缩写，指高创新行为组态；NIB 即 Non Innovative Behavior 的缩写，指非高创新行为组态。

相关符号参考的以往常用的表述方式[42]，用●表示条件变量出现，用⊗表示条件变量不出现。其中，大圈表示核心条件，小圈表示边缘条件。空格表示条件变量对于结果无关紧要（既可出现，也可不出现）。

由表 5.3 可知，产生高创新行为绩效路径有 8 条组态（IB1—IB8），其中，单方面良好祈愿和个体调节模式之行动导向特质作为必要条件，在每种组态中均同时或独立出现。具体而言如下：

IB1 显示，无论支持性组织社会环境、任务冲突事件和外向式情感反应（情感发泄）是否存在，当员工拥有高的内向式情感反应之单方面良好

祈愿（核心条件）和行动导向（核心条件）特质以及不存在隐性缺勤（核心条件）的状况，尽管客观工作环境支持不足，这类员工也可以产生高创新行为，可概括为"埋头行动"型组态。

IB2 显示，无论支持性组织社会环境、外向式情感反应（情感发泄）以及隐性缺勤的状况是否存在，伴随着适度水平的任务冲突，尽管缺乏客观环境支持，但当员工拥有高的内向式情感反应之单方面良好祈愿（核心条件）和行动导向特质（核心条件）时，也可以产生高创新行为，可概括为"社交行动"型组态。

IB3 显示，无论是否存在任务冲突事件和高水平的行动导向的特质，尽管存在隐性缺勤的状况，但当个体在高内向式情感反应即单方面良好祈愿（核心条件）的状况下，加上适当的外向式情感反应即情感发泄，这类员工亦可以产生高创新行为，可概括为"乐天开朗"型组态。

IB4 显示，无论外向式情感反应即情感发泄和隐性缺勤是否存在，当员工拥有高的内向式情感反应之单方面良好祈愿（核心条件）和行动导向特质（核心条件）时，尽管没有有益于激发员工观点碰撞和思维激荡的任务冲突事件，但如果给予相应的客观工作环境和主观组织社会环境支持，这类员工便会产生高创新行为，可概括为"命好且向上"型组态。

IB5 显示，无论客观工作环境和组织社会环境是否得到支持，在不存在隐性缺勤（核心条件）的状况下，当个体具有高内向式情感反应即单方面良好祈愿（核心条件）及行动导向（核心条件）特质时，适当辅之以外向式情感反应即情感发泄及任务冲突事件，可产生高创新行为，可概括为"精英实干"型组态。

IB6 显示，无论客观工作环境是否得到支持，也不论员工是否具有高行动导向的特质，尽管存在一定的隐性缺勤状况，但当员工具备高水平的内向式情感反应即单方面良好祈愿（核心条件），再加上适当的外向式情感反应即情感发泄、主观组织社会环境支持以及环境引致的适度的任务冲突，员工会产生高创新行为，可概括为"命好但随意"型组态。

第5章 工作环境影响员工创新的双元作用机制的组态效应分析

IB7显示，不论内向式情感反应之单方面良好祈愿是否存在，只要员工具备高水平的行动导向特质（核心条件），且不存在隐性缺勤（核心条件）的状况，哪怕缺乏主客观工作环境的支持及其引致的任务冲突以及外向式情感反应即情感发泄，员工也会产生高创新行为，可概括为"独立行动"型组态。

IB8显示，不论内向式情感反应即单方面良好祈愿是否存在，只要员工具备高水平的行动导向特质（核心条件），且不存在隐性缺勤（核心条件）的状况，加上适当的客观组织社会环境和主观组织社会环境支持以及相应适度的有益于激发员工观点碰撞的任务冲突，这类状况下，员工也会产生高创新行为，可概括为"命好且努力"型组态。

同时，产生非高创新行为绩效路径也有3条组态（NIB1、NIB2、NIB3），必要条件分析显示，没有哪个条件变量在必要条件分析部分显示超过0.90的阈值，这表明单个条件变量对员工非高创新行为绩效不构成制约条件。具体而言如下：

NIB1显示，不论客观工作环境是否得到支持，当员工存在隐性缺勤（核心条件）的状况，且内向式情感反应即单方面良好祈愿（核心条件）、外向式情感反应即情感发泄（核心条件）、行动导向特质（核心条件）均缺失，加上主观组织社会环境支持以及相应适度的任务冲突的不足，就会导致员工的非高创新行为，可概括为"社会属性缺失"型组态。

NIB2显示，不论组织社会环境是否得到支持，当员工存在隐性缺勤（核心条件）的状况，且内向式情感反应即单方面良好祈愿（核心条件）、外向式情感反应即情感发泄（核心条件）、行动导向特质（核心条件）均缺失，加上客观工作环境支持的缺乏以及相应适度的任务冲突的不足，也会导致员工的非高创新行为，可概括为"不融入社会"型组态。

NIB3显示，不论有益于激发员工观点碰撞和思维激荡的任务冲突事件出现与否，当员工存在隐性缺勤（核心条件）的状况，且内向式情感反应即单方面良好祈愿（核心条件）、外向式情感反应即情感发泄（核心条件）、行动导向特质（核心条件）均缺失，加上客观工作环境和主观组织社会环境支持的不足，这类条件组态也会使员工产生非高创新行为，可概括为"组织边缘"型组态。

5.5 本章小结

以往员工创新行为的理论模型仅仅检验了工作环境或工作事件等前因因素，以及问题认知导向或情绪导向的作用机制，但几乎探讨的都是他们与创新行为绩效的线性关系，鲜有研究系统探究环境、事件、情感、认知以及个体特质各因素之间的"组态效应"对员工创新行为的内在影响机制的。本研究基于组态思想，在传统"净效应"分析的基础上，系统探究了5类关键条件变量组成的多个条件组态对员工高创新行为与非高创新行为的"殊途同归"的作用机制，加深了对员工创新行为现象背后的复杂机理的理解，进一步深化了员工创新行为的理论解释层次。具体而言如下：

第一，在单个必要条件分析环节，发现行动导向的个体特质因素和内向式情感导向应对反应因素是员工创新重要的必要条件。根据定性比较分析中的反事实分析逻辑[41,341]，其逆否命题，即如果该必要条件存在缺失，则不会发生员工创新，该结论不论对理论建模还是管理政策制定都具有重要意义，尤其要注意明确必要条件变量的重要角色。

第二，在双元机制的组态效应中，呈现出8条有利于员工创新产出的条件组态和3条产生非高创新行为绩效的条件组态。其中前者，有利于产生员工创新的8条组态中，除了第2条（IB2）和第4条（IB4），其余6条组态，如，"埋头行动"型、"乐天开朗"型、"精英实干"型、"命好但随意"型、"独立行动"型、"命好且努力"型，均呈现出同时包含了问题认知导向和情感反应导向双元因素在内的多重因素的不同条件组合。而其中后者，产生非高创新行为绩效的路径也有3条组态，如，"社会属性缺失"型、"不融入社会"型、"组织边缘"型，也均呈现出包括问题认知导向和情感反应导向双元因素在内的多重因素的不同条件组合。因此

第5章 工作环境影响员工创新的双元作用机制的组态效应分析

本子研究的"组态效应"分析是对第4章子研究2的双元作用机制"净效应"分析的进一步深化。

需要说明的是,在5.4.2必要条件分析时,发现除了第4章"净效应"模型中已包含的内向式情感导向应对因素外,个体特质也是影响员工创新的重要的必要条件(大于0.9),且也以核心条件(实心大黑圆"●")的角色出现在多条前因条件组态中,一定程度上说明了个体特质在工作环境对员工创新的作用机制中的重要角色和作用。因此,在接下来第6章的子研究4中将着重探讨工作环境对员工创新的个体特质方面的边界条件。

第6章 工作环境影响员工创新的双元作用机制的边界条件分析

为回答创新想法产生后的推广及落地的现实管理问题,本章基于第5章"组态效应"分析中"个体特质因素是员工创新的必要条件"的发现,从员工创新的想法产生、推广及落地的不同阶段出发,再次检验双元机制路径及着重探究个体特质方面的边界条件。本章采用逐步层级回归的方法分析了男子气概等个体特质对于双元机制因素与员工创新的想法产生、推广及落地的不同阶段间的作用关系的调节作用。同时,本研究还基于PROCESS宏插件的方法检验了个体特质对工作环境到多阶段员工创新间的中介和链式中介关系的调节效应。

6.1 引言

对于边界条件变量,本章主要聚焦在个体特质类因素。之所以选择该类因素,主要是基于第5章的重要发现,即个体特质因素是影响员工创新行为重要的必要条件(值大于0.9),凸显了个体特质因素在探究工作环境对员工创新行为的作用机制中的重要角色;同时,在条件组态效应分析环节中,也发现个体特质因素以核心条件(实心大黑圆"●")的角色出现在多数条件组态中,侧面说明其对于员工创新的重要作用。因此,本章将着重探讨工作环境对员工创新的双元机制的个体特质方面的边界条件。

对于结果变量,本章做了进一步深化,将原来的员工创新行为分成想

第6章 工作环境影响员工创新的双元作用机制的边界条件分析

法产生（Idea Generation）、想法推广（Idea Promotion）及想法落地（Idea Realization）三个阶段。本研究从创新不同阶段进行探究主要是因为，有学者认为从创新不同阶段进行探究，有利于提升研究问题的细粒度。例如，他们不从创新不同阶段进行探究时，发现工作任期时长与其开放性特质的交互项对创新行为没有显著作用，而从创新不同阶段进行探究时，则发现了更有趣的结果，即交互项对想法推广、想法落地没有显著作用，但对想法产生有显著正向作用[44]，换言之，进一步从创新不同阶段进行探究能获得更细微的发现。也有研究指出，虽然创意想法的产生、推广和落地是一个整体性构念，但这三种创新行为在现实中还是存在差别的，例如一个员工可能只会有一到两种创新行为，像高级工程师可能会容易产生新想法，但可能很少参与这些新点子的推广和实施，因为推广和落地通常可能是由下级或别的部门的同事完成的。可见，确定哪种类型的创新行为在特定的工作环境中更为突出是尤为重要的[45]。

为印证上述观点，本章在正式开篇前对第4章的数据，做了相应的ANOVA分析，以探究不同职能岗位（产品类、技术类、运营类、市场类、设计类、职能管理类）的员工在不区分阶段的员工创新行为和6个测量条目中仅表示想法产生的第2个测量条目（"我经常提出有创意的点子和想法"）的均值上是否均存在显著的差异。ANOVA数据显示6个条目汇总求均值的员工创新行为的均值在6类不同职能岗位的员工上并无显著差异（$F=0.739$，$p=0.595>0.05$），而在表示想法产生的第2个测量条目（"我经常提出有创意的点子和想法"）上，则存在显著差异（$F=2.630$，$p=0.023<0.05$），且在产品类（均值$M=4.07$）、技术类（均值$M=4.03$）、设计类（均值$M=4.18$）这三类职能岗位上的均值要高于运营类（均值$M=3.76$）、市场类（均值$M=3.78$）、职能管理类（均值$M=3.97$），这也与IT企业的现实基本相符合，说明对因变量做进一步的从创新不同阶段进行探究有助于发现更细致且有趣的结论。上述ANOVA分析的结论除了为结果变量做分阶段处理提供支撑外，也重点揭示出不同类型员工在创新行为表现上的差异，相对于偏执行类的岗位，偏技术研发类岗位的员工在创

新行为表现上更为突出，尤其创新的第一阶段，即产品类、技术类和设计类岗的员工通常在想法产生上要比运营类、市场类和职能管理类岗的员工更胜一筹或要求更高。这也为本研究进一步探究不同员工特点相关的边界条件埋下伏笔。

因此，上述理论证据以及对现实数据的 ANOVA 分析结果，都为本章从创新不同阶段进行探究的必要性提供了佐证。综上，本章在第 4 章双元作用机制的净效应和融入个体特质因素的第 5 章双元作用机制的组态效应的基础上，将做进一步深化（图 6.1）。研究内容具体包括：第一，将员工创新行为分成三个不同阶段，对第 4 章的双元机制路径做进一步检验。第二，探究个体特质对这一双元机制作用的边界条件。

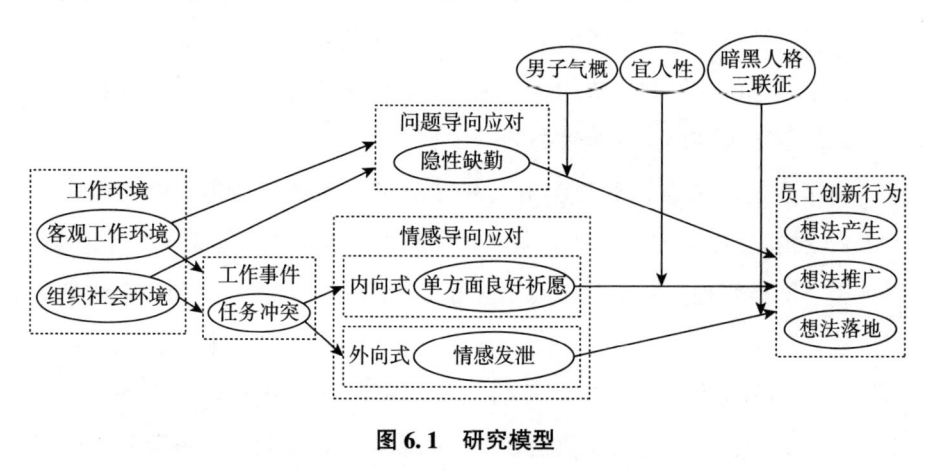

图 6.1 研究模型

6.2 问题的提出

6.2.1 工作环境影响员工创新不同阶段双元路径的假设

对于工作环境对员工创新的想法产生、推广及落地的不同阶段的影响路径的再检验，其研究理论视角及影响路径同第 4 章，不同的地方在于将原结果变量员工创新行为变成了三个阶段，也即想法产生、想法推广、想法落地。这里也将延续第4章员工创新行为不分阶段时的路径假设关系，不再另做具体假设推演。

相关假设如下：第一，问题导向应对机制中，员工感知到两类工作环境支持时会降低其隐性缺勤（H1），隐性缺勤负向影响三个阶段的结果变量（H2）；第二，情感导向应对机制中，两类工作环境正向影响任务冲突（H3），任务冲突正向影响两类情感反应（H4），两类情感反应也均正向影响三个阶段的结果变量（H5）。具体假设如下：

H1a：员工感知到更多的客观工作环境支持会降低员工的隐性缺勤。

H1b：员工感知到更多的组织社会环境支持会降低员工的隐性缺勤。

H2a：员工的隐性缺勤负向影响员工的创新行为之想法产生。

H2b：员工的隐性缺勤负向影响员工的创新行为之想法推广。

H2c：员工的隐性缺勤负向影响员工的创新行为之想法落地。

H3a：员工感知到更多的客观工作环境支持会正向促进员工的任务冲突。

H3b：员工感知到更多的组织社会环境支持会正向促进员工的任务冲突。

H4a：任务冲突会正向促进员工的内向式情感反应之单方面良好祈愿。

H4b：任务冲突会正向促进员工的外向式情感反应之情感发泄。

H5a1：员工的单方面良好祈愿会正向影响员工创新行为之想法产生。

H5a2：员工的单方面良好祈愿会正向影响员工创新行为之想法推广。

H5a3：员工的单方面良好祈愿会正向影响员工创新行为之想法落地。

H5b1：员工的情感发泄会正向影响员工创新行为之想法产生。

H5b2：员工的情感发泄会正向影响员工创新行为之想法推广。

H5b3：员工的情感发泄会正向影响员工创新行为之想法落地。

6.2.2 工作环境通过问题导向应对机制影响员工创新的边界条件的假设

对于问题导向应对机制，是指基于社会交换理论，"投桃报李"，当员工感知到更多的客观工作环境和组织社会环境的支持时，就会通过降低隐性缺勤这一问题导向应对方式来减少对创新行为的负面作用，以提升其创新行为。根据上一节6.2.1研究内容，隐性缺勤同时对三类创新都具有显著的负向作用，为了更进一步地探究其边界条件，选取了男子气概（Masculine）特质作为调节变量。

IT科技行业长期以来，其从业人员主要以男性为主，尤其技术岗，据"程序员客栈"发布的《2021年中国程序员薪资和生活现状调查报告》[349]显示，程序员这一群体一直以来都以男性为主，女性程序员占比极少，男女比例约为9比1，但随着教育的普及和社会的进步，也有越来越多的女性加入IT科技类职场[350]。尽管性别多样化的趋势日渐明显，但不少研究已经证实在IT科技类职场中，普遍存在着鲜明的男性主导倾向[351]或"男子气概文化（Masculine Culture）"[352]，即通常表现为个性鲜明、易做决定且富有领导能力和进取心的职场形象或工作风格[353]。孙萍[354]从社会建构视角研究了IT行业的职场性别气质，认为男女差异不是先天固有的，而是主要被两类社会话语后天建构的，一是源于网络文化，认为IT业从业者多为偏好技术、生活枯燥的宅男，二是围绕本身高压力行业背景，同时强调高逻辑性、强执行力和注重竞争效率的工作特性，这两方面因素一定程度反映出IT行业从业者鲜明的"男性气质"。除了男性本身，一些女性从业者可能为了获得职业竞争优势，同样也会有"男子气概"倾向。

Bonsaksen等[355]基于挪威22家企业员工的横截面样本探究了社会心理环境对其隐性缺勤的作用，同时发现了诸如性别等人口学因素对于隐性缺勤的影响，结果显示较之于女性员工，男性表现出更高水平的隐性缺勤。此外，亦有学者通过对5000余名20到25岁的瑞典青年的队列数据研究，发现高水平的绩效导向自尊的人更容易产生隐性缺勤的状况[356]，绩效导向自尊是指一个人在对自我实现至关重要的角色中表现得如何而产生的自尊，且通常在工作超负荷的情况下，高绩效导向自尊的人更容易引发倦怠[357]，而在高男子气概导向的文化中，人们同样也强调成就（Achievement）与成功（Success），具有鲜明的绩效竞争和抱负导向[358,359]。较之于低男子气概特质的人,高男子气概特质的人,其隐性缺勤对于三类创新行为的负向作用会更显著。因此,基于以上逻辑推演,本研究提出如下研究假设:

H7a:男子气概特质能负向调节隐性缺勤对想法产生的负向作用,即当员工具备越高水平的男子气概特质时,隐性缺勤对想法产生的负向关系越强;

H7b:男子气概特质能负向调节隐性缺勤对想法推广的负向作用,即当员工具备越高水平的男子气概特质时,隐性缺勤对想法推广的负向关系越强;

H7c:男子气概特质能负向调节隐性缺勤对想法落地的负向作用,即当员工具备越高水平的男子气概特质时,隐性缺勤对想法落地的负向关系越强。

基于上述调节作用假设,并结合第4章中的中介假设,本研究进一步做被调节的中介假设:

H8a1:男子气概调节了客观工作环境通过隐性缺勤进而影响想法产生的中介作用,即对于高男子气概特质的员工,其隐性缺勤在客观工作环境与想法产生间的中介作用越强;

H8a2:男子气概调节了组织社会环境通过隐性缺勤进而影响想法产生的中介作用,即对于高男子气概特质的员工,其隐性缺勤在组织社会环境与想法产生间的中介作用越强;

H8b1:男子气概调节了客观工作环境通过隐性缺勤进而影响想法推广的中介作用,即对于高男子气概特质的员工,其隐性缺勤在客观工作环境与想法推广间的中介作用越强;

H8b2:男子气概调节了组织社会环境通过隐性缺勤进而影响想法推广的中介作用,即对于高男子气概特质的员工,其隐性缺勤在组织社会环境与想法推广间的中介作用越强;

H8c1:男子气概调节了客观工作环境通过隐性缺勤进而影响想法落地的中介作用,即对于高男子气概特质的员工,其隐性缺勤在客观工作环境与想法落地间的中介作用越强；

H8c2：男子气概调节了组织社会环境通过隐性缺勤进而影响想法落地的中介作用，即对于高男子气概特质的员工，其隐性缺勤在组织社会环境与想法落地间的中介作用越强。

6.2.3 工作环境通过情感导向应对机制影响员工创新的边界条件的假设

基于情感事件理论，特定的客观工作环境和组织社会环境的支持，有利于促进员工的观点碰撞和思想交锋（任务冲突事件），当员工间发生任务冲突时，通常"不在冲突中隐忍（单方面良好祈愿），就在冲突中爆发（情感发泄）"，当人们的情感得以内向式自我调节或外向式疏解时，一定程度上便能促进其创新行为。简言之，当员工感知到更多的客观工作环境和组织社会环境的支持时，会通过诱发有利于观点碰撞的任务冲突事件，进而引致两类情感反应对创新行为的正向作用，来提升员工的创新行为。

为了更进一步地探究其边界条件，对于内向式情感反应（单方面良好祈愿）对创新行为作用关系，本研究选取了大五人格中的宜人性（Agreeableness）作为调节变量；而对于外向式情感反应之情感发泄对创新行为作用关系，则选取暗黑人格三联征（Dark Triad Personality Traits）作为调节变量。具体假设如下。

（1）内向式情感导向应对机制的边界条件

对于内向式情感应对反应（单方面良好祈愿）对三类创新行为作用关系，选取了大五人格中的宜人性为调节变量。宜人性作为大五人格特质之一，指的是一种关于信任、顺从、关心和谦和的性格倾向[360]。

之所以选取宜人性作为调节变量，是因为趋向于内向式情感导向的人，通常具有较高水平的宜人性特质，同时，宜人性作为重要的人格特质已被证明对于员工创新行为[361]、团队创造力[362]、组织绩效[363]等具有重要的影响，且以往研究也有将其作为调节变量，探究情感体验对个体产出

第6章 工作环境影响员工创新的双元作用机制的边界条件分析

的边界条件的。我国台湾省学者 Kao 和 Chiou[364]以高雄中山大学的128名大学生为样本开展的实验研究，探究了宜人性对于个体的生气等消极情绪体验对其创造性绩效的调节效应。宜人性特质的人通常有较高的利他倾向，为人坦诚，能够在团队中跟同事融洽地合作[31]，他们更愿意倾听他人的意见而非挑战现状，尽管有研究认为这样不利于主动提出想法。但正因如此，亦有研究表明，高宜人性特质的人能更好地从周边同事和领导那里获取有益的信息和意见，从而更有利于提升其创新行为[365]。这种顺从性的性格倾向，与我国文化背景下的"老好人"特点略有相似，从积极意义上看，适度水平的宜人性特征体现着一种合作的意愿，更有利于人们在与不同人的互动中获得新想法[366]。相比于低宜人性人格特质的人，高宜人性人格特质的人其内向式自我情绪管理更有利于促进其创意的产生、推广与落地实施。因此，基于上述逻辑推演，本研究提出如下研究假设：

H9a：高宜人性人格能正向调节单方面良好祈愿对想法产生的关系，即较之于低水平的宜人性人格，当员工属于高宜人性人格时，其单方面良好祈愿更有利于想法的产生；

H9b：高宜人性人格能正向调节单方面良好祈愿对想法推广的关系，即较之于低水平的宜人性人格，当员工属于高宜人性人格时，其单方面良好祈愿更有利于想法的推广；

H9c：高宜人性人格能正向调节单方面良好祈愿对想法落地的关系，即较之于低水平的宜人性人格，当员工属于高宜人性人格时，其单方面良好祈愿更有利于想法的落地。

基于上述调节作用假设，并结合第4章中的链式中介假设，本研究进一步做被调节的链式中介假设：

H10：宜人性人格调节了任务冲突、单方面良好祈愿在客观工作环境（H10a1、H10b1、H10c1）、组织社会环境（H10a2、H10b2、H10c2）与想法产生、想法推广、想法落地之间的链式中介作用。

H10a1：宜人性特质正向调节了"客观工作环境→任务冲突→单方面良好祈愿→想法产生"的链式中介关系，即员工宜人性特质高时，该链式中介作用越强；

H10a2：宜人性特质正向调节了"组织社会环境→任务冲突→单方面良好祈愿→想法产生"的链式中介关系，即员工宜人性特质高时，该链式中介作用越强；

H10b1：宜人性特质调节"客观工作环境→任务冲突→单方面良好祈愿→想法推广"的链式中介关系，即员工宜人性特质高时，该链式中介作用越强；

H10b2：宜人性特质调节"组织社会环境→任务冲突→单方面良好祈愿→想法推广"的链式中介关系，即员工宜人性特质高时，该链式中介作用越强；

H10c1：宜人性特质调节"客观工作环境→任务冲突→单方面良好祈愿→想法落地"的链式中介关系，即员工宜人性特质高时，该链式中介作用越强；

H10c2：宜人性特质调节"组织社会环境→任务冲突→单方面良好祈愿→想法落地"的链式中介关系，即员工宜人性特质高时，该链式中介作用越强。

(2) 外向式情感导向应对机制的边界条件

人格相关研究中，除了比较常见的"大五人格"特质和一些极端的病症性的人格，近年来，亦有学者将研究视角逐渐转移到介于常见和极端二者之间的人格特质[367]，例如自恋（Narcissism）[368]、精神病态（Psychopathy）以及马基雅维利主义（Machiavellianism）[369]，Paulhus 和 William 曾将这三种个体特质予以整合并称之为暗黑人格三联征（Dark Triad）[370]。本小节将着重探究暗黑人格三联征的边界作用。

首先，对于外向式情感反应之情感发泄对创新行为之想法产生的边界条件因素，本研究主要选取的暗黑人格三联征之一的自恋人格。Kapoor[371]基于一项 57 份以大学生为主的样本的实验研究，探究了暗黑人格有益于创造力的一面，研究发现，自恋对创造力（也即新想法的产生[372]）有显著正向作用。Wisse 等[373]以荷兰的金融机构等商业服务组织的 306 份员工和

第6章 工作环境影响员工创新的双元作用机制的边界条件分析

雇主的配对样本为例，探究了暗黑人格三联征与员工创新行为的作用关系，他们发现虽然精神病态与员工创新行为没有显著关系，高马基雅维利主义与员工创新行为之想法的产生存在显著负相关，但高自恋水平的员工与雇主对其评价的创新行为之想法的产生有显著正向关系。Lebuda 等[374]关于创造力与暗黑人格三联征的元分析的文章也表明，创造力和自恋人格间存在着微小但是显著的正相关关系。相比于低自恋特质的人，高自恋特质的人的外向式情感导向的反应更有利于促进其想法的产生。因此，基于上述逻辑推演，本研究提出如下研究假设：

H11a：自恋型人格能正向调节情感发泄对想法产生的作用关系，即较之于低水平的自恋人格，当员工属于高自恋型人格时，其情感发泄更有利于想法的产生。

其次，情感发泄对创新行为之想法推广的边界机制，本研究主要选取的是暗黑人格三联征之一的精神病态人格。精神病态被描述为一种麻木（Callousness）和人际操纵（Interpersonal Manipulation）的倾向，以及本质上不稳定、难预测和冲动的行为[375]，该类特质主要的特征表现包括高冲动和寻求刺激以及低水平的同理心和焦虑[370]。

尽管有研究认为精神病态这一人格对于员工创新并无显著关系，甚至负向影响员工创新[373]，但也有一些研究发现精神病态人格与创新的正向关系。例如精神病态与组织内部同对个人创新能力的评价之间存在正相关关系[376]。此外，Akhtar 等[377]以大部分来自英国的共 435 名在职员工为样本，探究暗黑特质与创业倾向能力的作用关系，他们发现以情感直率和麻木为特征的原发性精神病态被发现与自我感知的创业创造力呈正相关。进一步有文献表明，精神病态程度高的人通常对更现实、更实际的活动更感兴趣[378]，所以也有学者认为他们不太可能参与典型的创造性思维、想象力或发散过程，但在偏向动手实践的（Hands-On）、务实的（Pragmatic）创造性领域存在一定优势[374]。比起低精神病态人格特质的人，高精神病态特质的人的外向式情感导向的反应更有利于促进其想法的推广。因此，基于上述逻辑推演，本研究提出如下研究假设：

H11b：精神病态人格能正向调节情感发泄对想法推广的作用关系，即较之于低水平的精神病态人格，当员工属于高精神病态人格时，其情感发泄更有利于想法的推广。

最后，对于外向式情感反应之情感发泄对创新行为之想法落地的边界机制，本研究选取的是暗黑人格三联征之一的马基雅维利主义人格。

马基雅维利主义指的是一种利用他人为自己服务和谋利的特质倾向，高水平的马基雅维利主义的个体通常倾向于以自我为中心，专注于自我服务的目标，如获得地位、金钱、权力和竞争力，而对于像和谐、关爱他人等这样的公共目标则相对漠视[367,379]。它也被描述为个体的一种冷漠（Unemotional）的倾向，高马基雅维利主义特质的个体能够将自己从传统道德中分离出来，有时会为了自己的目的欺骗或操纵他人[380]。虽然有研究认为马基雅维利主义特质因为与发散性思维表现（Divergent Thinking Performance）呈负相关而不利于员工创新[381]，但也有研究认为马基雅维利主义特质对于一些基于伤害（Harm-based）的创新落地活动是有正向作用的（如撬锁犯罪，Pick a Lock）[382]，亦有研究认为马基雅维利主义与体育等不同领域的自我报告的创新产出均有显著的正向关系[380,383]。比起低马基雅维利主义人格特质的人，高马基雅维利主义人格特质的人的外向式情感导向的反应更有利于促进其想法的落地。因此，基于上述逻辑推演，本研究提出如下研究假设：

H11c：马基雅维利主义人格能正向调节情感发泄对想法落地的作用关系，即较之于低水平的马基雅维利主义人格，当员工属于高马基雅维利主义人格时，其情感发泄更有利于想法的落地。

基于上述调节作用假设，并结合第4章中的中介假设，本研究进一步做被调节的链式中介假设：

H12a1：自恋型人格正向调节了"客观工作环境→任务冲突→情感发泄→想法产生"的链式中介关系，即员工越具有该特质，该链式中介作用越强；

H12a2：自恋型人格正向调节了"组织社会环境→任务冲突→情感发

泄→想法产生"的链式中介关系，即员工越具有该特质，该链式中介作用越强；

H12b1：精神病态人格正向调节了"客观工作环境→任务冲突→情感发泄→想法推广"的链式中介关系，即员工越具有该特质，该链式中介作用越强；

H12b2：精神病态人格正向调节了"组织社会环境→任务冲突→情感发泄→想法推广"的链式中介关系，即员工越具有该特质，该链式中介作用越强；

H12c1：马基雅维利主义人格正向调节了"客观工作环境→任务冲突→情感发泄→想法落地"的链式中介关系，即员工越具有该特质，该链式中介作用越强；

H12c2：马基雅维利主义人格正向调节了"组织社会环境→任务冲突→情感发泄→想法落地"的链式中介关系，即员工越具有该特质，该链式中介作用越强。

6.3 研究设计

6.3.1 数据收集与样本描述

为了保证数据的有效性，本研究重新通过随机抽样的方法展开问卷调研，一定程度上有利于减少样本选择等方面的偏误[304-306]。本研究收集了与前面章节不同来源的数据样本，但同样也是对员工创新有较高要求的IT互联网企业员工，调研来源具体包括线上和线下两方面渠道。其中，线上样本主要是来自不同IT互联网类线上社区的成员；线下样本主要是利用课题组基金项目的调研机会而调研的IT企业员工，这些员工主要来自北京、浙江两地的软件和信息服务业较为集中的相关企业，这些企业主要涉及线上教育、金融、电子商务、数字内容服务、软件开发等不同业务内容。样本的岗位类别涉及产品类、技术研发类、运营类、市场类、设计类和行政管理职能类等，工作经验、年龄、学历等状况也有所差别，这些保证了样本的多元性。同时，为了最大程度确保被试者填写的真实性，在问卷的知情同意书中向研究对象说明了问卷的匿名保密性及纯粹的学术性用途，尽可能打消受访者填写问卷时的顾虑，最大程度确保填写的真实性。本研究最终共回收问卷643份，根据填答时长等标准剔除不合格问卷后，获得有效样本599份，有效回收率为93.2%。样本具体信息如表6.1所示。

表6.1 样本信息表

基本资料	分类	人数（人）	百分比（%）	累计百分比（%）
性别	男	383	63.9	63.9
	女	216	36.1	100.0
年龄	18—20岁	0	0.0	30.0
	21—25岁	261	43.6	43.6
	26—30岁	243	40.6	84.1
	31—35岁	70	11.7	95.8
	36—40岁	25	4.2	100.0
	41—45岁	0	0.0	100.0
	46岁及以上	0	0.0	100.0
学历	高中及以下	29	4.8	4.8
	大专	187	31.2	36.1
	本科	322	53.8	89.8
	研究生及以上	61	10.2	100.0
职位类别	产品类	122	20.4	20.4
	技术研发类	160	26.7	47.1
	运营类	106	17.7	64.8
	市场类	71	11.9	76.6
	设计类	33	5.5	82.1
	行政管理职能类	107	17.9	100.0

续表

基本资料	分类	人数（人）	百分比（%）	累计百分比（%）
工作经验时长	1年以下	68	11.4	11.4
	1—3年	329	54.9	66.3
	4—6年	106	17.7	84.0
	7—9年	64	10.7	94.7
	10年及以上	32	5.3	100.0

6.3.2 变量测量

为确保研究的科学严谨性，所有变量均参考现有文献的成熟量表，并通过翻译回译、专家评估、预试等方式对条目措辞做适当修改调整，形成最终的问卷条目。除了新增的变量，剩余变量均参考前文已有的量表，详细信息见附录4。新增的因变量由原第4章不分阶段的6个测量条目的创新行为[1]，变为各3个测量条目的三个变量，即想法产生、想法推广、想法落地，选用的是Janssen[117,384]基于Scott和Bruce[1]的6个条目的量表和Kanter[385]的创新阶段论观点，而提出的共9个条目的量表。其中想法产生对应的测量条目如："工作中我会为了改进工作，提出一些新想法""工作中我会寻求应用新的工作方法、技术或工具"等；想法推广的测量条目如："工作中我会动员大家支持我的创新想法""我获得大家对创新想法的认可"等；想法落地的测量条目如："工作中我会把创新的想法转化为有用的应用""工作中我会系统地将创新理念引入到工作环境中"等。条目均采用李克特7点量表进行评分，分为"A=十分不同意""B=不同意""C=有点不同意""D=一般""E=有点同意""F=同意""G=十分同意"，得分越高，说明该员工越具有该阶段上的创新能力。经检验，三个阶段的量表均具有较好的信度（Cronbach's Alpha = 0.822；0.782；0.839）。

对于新增的调节变量，其中的男子气概特质变量参考Ahmed等[353]的量表，共6个测量条目。包括"我是一个有领导能力的人""我能捍卫自己的信念"等测量条目。采用李克特 7 点量表进行评分，分为"A=十分不同意""B=不同意""C=有点不同意""D=一般""E=有点同意""F=同意""G=十分同意"，得分越高，说明该员工在内控型人格特征上更显著。经检验，该量表具有较好的信度（Cronbach's Alpha = 0.893）。

宜人性人格特质变量参考 Pathki 等[386]的量表，共 4 个测量条目。包括"在工作中，我能体会别人的感受""在工作中，当别人遇到问题时，我会表现出关心""在工作中，我对别人的情绪有敏锐的观察"等测量条目。采用李克特 7 点量表进行评分，分为"A=十分不同意""B=不同意"，"C=有点不同意""D=一般""E=有点同意""F=同意""G=十分同意"，得分越高，说明该员工更具有宜人性特质。经检验，该量表具有较好的信度（Cronbach's Alpha=0.898）。

自恋、精神病态和马基雅维利主义人格，三个变量均参考 Wisse 等[373]的量表，每个变量各 4 个测量条目，均采用李克特 7 点量表进行评分，分为"A=十分不同意""B=不同意"，"C=有点不同意""D=一般""E=有点同意""F=同意""G=十分同意"，得分越高，说明该员工具有越高水平的该类特质。自恋人格，涉及"我倾向于希望别人钦佩我""我希望别人能注意到我""我希望得到别人的特殊照顾"等测量条目。精神病态，涉及"我往往缺乏悔意""我倾向于冷酷无情或麻木不仁""我倾向于不太关心道德或者我的行为是否道德"等测量条目。马基雅维利主义的测量条目包括"我用欺骗或谎言来达到我的目的""我倾向于操纵别人以达到我的目的""我会用奉承来达到我的目的"等。经检验，三个量表具有较好的信度（Cronbach's Alpha=0.906；0.891；0.846）。

6.4 数据分析结果

6.4.1 共同方法偏差评估

考虑到变量都是在同一时间点从单一来源收集的，为了尽可能避免可能的共同方法偏差问题，本研究参照 Chang 等[310]的做法尽量控制了潜在的共同方法偏差，主要采用事前控制和事后检验两种方法。在发送问卷之前，受访者被保证他们提供的所有信息都将是完全匿名的，所有分析都将纯粹用于学术研究，无任何商业目的。数据收集之后，采用 Harman 单因子检验法来检验同源偏差问题，利用 SPSS 23.0 对所有量表条目进行探索性因子分析，在未旋转的情况下，第一个因子解释了 15.307% 的变异量，说明变量中不存在对绝大部分的变异量做出解释的因子，因此变量间的同源偏差问题并不严重[311-313]。

6.4.2 量表信效度检验

由于研究模型中继续使用了基于形成性的测量指标的客观工作环境和主观组织社会环境两个变量，所以本研究继续使用 Smart PLS 3.0 软件并结合 SPSS 23.0 软件，进行量表的信效度检验。

反映性量表的信效度检验主要报告 Cronbach Alpha 值和 CR 值。结果显示本研究的各变量的 Cronbach Alpha 值中最小的为 0.782。为了确定聚合效度，我们检查了 AVE 的值是否高于 0.50 的门槛。结果显示，本研究的各变量的 AVE 值均满足了该阈值（表 6.2）。此外，我们通过两种方式检验了区分效度。第一，我们通过判断每个变量的 AVE 的平方根是否大于其与任何其他变量的相关系数值[318]（表 6.3）；第二，我们还查看了更稳健的异质—单质比率[319]并确保所有值都低于 0.85[320]（表 6.4），满足上述两点标准，表明这些变量之间有足够的区分效度[321]。对于反映性变量，信效度检验结果证实了本研究中的反映性变量均具有足够的内部一致性信度、组成信度、聚合效度和区分效度。

形成性量表则主要报告多重共线性和指标载荷的显著性[251]。结果显示基于形成性指标的两个变量的 VIF 值均小于门槛值要求 5[251]且小于更严格的 3.3[322]，其中客观工作环境量表的 VIF 介于 1.067~2.899 之间，组织社会环境量表的 VIF 介于 1.673~2.451 之间，载荷系数也均显著。

表 6.2 变量信度效度评估

变量	测量条目	标准化载荷	Cronbach Alpha	CR	AVE
TC	TC1	0.840	0.863	0.906	0.708
	TC2	0.847			
	TC3	0.843			
	TC4	0.835			
WT	WT1	0.856	0.883	0.919	0.739
	WT2	0.859			
	WT3	0.865			
	WT4	0.859			
EE	EE1	0.847	0.876	0.915	0.729
	EE2	0.862			
	EE3	0.854			
	EE4	0.851			
Pres	Pres1	0.893	0.896	0.927	0.762
	Pres2	0.858			
	Pres3	0.863			
	Pres4	0.877			
Masc	Masc1	0.854	0.893	0.918	0.653
	Masc2	0.811			
	Masc3	0.820			
	Masc4	0.859			
	Masc5	0.763			
	Masc6	0.732			

第6章 工作环境影响员工创新的双元作用机制的边界条件分析

续表

变量	测量条目	标准化载荷	Cronbach Alpha	CR	AVE
Agre	Agre1	0.542	0.898	0.797	0.511
	Agre2	0.528			
	Agre3	0.946			
	Agre4	0.760			
Narc	Narc1	0.886	0.906	0.934	0.779
	Narc2	0.863			
	Narc3	0.904			
	Narc4	0.877			
Psyc	Psyc1	0.817	0.891	0.864	0.619
	Psyc2	0.965			
	Psyc3	0.645			
	Psyc4	0.679			
Mach	Mach1	0.792	0.846	0.860	0.612
	Mach2	0.894			
	Mach3	0.848			
	Mach4	0.553			
IG	IG1	0.879	0.822	0.894	0.737
	IG2	0.852			
	IG3	0.846			
IP	IP1	0.857	0.782	0.873	0.696
	IP2	0.817			
	IP3	0.829			
II	II1	0.872	0.839	0.903	0.756
	II2	0.884			
	II3	0.851			

注：TC=任务冲突；WT=单方面良好祈愿；EE=情感发泄；Pres=隐性缺勤；Masc=男子气概特质；Agre=宜人性；Narc=自恋人格；Psyc=精神病态；Mach=马基雅维利主义人格；IG=创新行为（想法产生）；IP=创新行为（想法推广）；II=创新行为（想法落地）。

表 6.3 变量区分效度

变量	AVE	OWE	SOE	TC	WT	EE	Pres	IG	IP	II	Masc	Agre	Narc	Psyc	Mach
OWE	n/a	n/a													
SOE	n/a	0.122	n/a												
TC	0.708	0.281	0.325	*0.841*											
WT	0.739	0.097	0.285	0.234	*0.860*										
EE	0.729	0.150	0.288	0.168	0.226	*0.854*									
Pres	0.762	−0.131	−0.452	−0.102	−0.331	−0.152	*0.873*								
IG	0.737	0.194	0.326	0.150	0.186	0.125	−0.427	*0.859*							
IP	0.696	0.216	0.337	0.257	0.210	0.179	−0.335	0.385	*0.834*						
II	0.756	0.186	0.322	0.219	0.219	0.160	−0.415	0.335	0.402	*0.869*					
Masc	0.653	0.005	0.054	0.049	0.013	0.002	−0.187	0.089	0.208	0.134	*0.808*				
Agre	0.511	0.109	0.171	0.080	0.022	0.264	−0.064	0.014	0.012	0.051	−0.045	*0.715*			
Narc	0.779	0.068	0.073	0.060	0.052	0.056	−0.173	0.108	0.143	0.188	0.375	−0.012	*0.883*		
Psyc	0.619	0.015	0.053	0.028	−0.015	−0.045	−0.025	0.035	0.019	−0.045	0.133	−0.016	0.106	*0.787*	
Mach	0.612	−0.019	0.063	0.034	0.002	−0.071	−0.082	0.006	−0.018	−0.003	0.105	−0.120	0.162	0.498	*0.783*

注：OWE=客观工作环境；SOE=主观组织社会环境；TC=任务冲突；WT=单方面良好祈愿（想法落地）；EE=情感发泄；Pres=隐性缺勤；IG=创新行为（想法产生）；IP=创新行为（想法推广）；II=创新行为；Masc=男子气概人格特质；Agre=宜人性；Narc=自恋人格；Psyc=精神病态；Mach=马基雅维利主义人格；n/a 代表两个基于形成性测量指标的变量相应数据不存在；对角线上的加粗斜体数字是 AVE 值的平方根。

第6章 工作环境影响员工创新的双元作用机制的边界条件分析

表6.4 异质—单质比率（HTMT）

变量	TC	EE	WT	Pres	IG	IP	II	Masc	Agre	Narc	Psyc	Mach
TC	—											
EE	0.189	—										
WT	0.265	0.257	—									
Pres	0.119	0.174	0.373	—								
IG	0.167	0.148	0.220	0.499	—							
IP	0.311	0.214	0.251	0.400	0.480	—						
II	0.255	0.185	0.248	0.476	0.404	0.497	—					
Masc	0.067	0.033	0.041	0.206	0.104	0.249	0.153	—				
Agre	0.091	0.299	0.040	0.073	0.040	0.064	0.058	0.060	—			
Narc	0.067	0.071	0.061	0.194	0.126	0.171	0.211	0.420	0.047	—		
Psyc	0.037	0.056	0.040	0.047	0.057	0.045	0.074	0.148	0.040	0.117	—	
Mach	0.067	0.082	0.040	0.093	0.030	0.043	0.045	0.121	0.138	0.184	0.575	—

注：TC=任务冲突；EE=情感发泄；WT=单方面良好祈愿；Pres=隐性缺勤；IG=创新行为（想法产生）；IP=创新行为（想法推广）；II=创新行为（想法落地）；Masc=男子气概人格特质；Agre=宜人性；Narc=自恋人格；Psyc=精神病态；Mach=马基雅维利主义人格；"—"代表相应数据不存在。

6.4.3 描述性分析与相关性检验

本研究采用SPSS 23.0对各变量的均值、标准差及相关系数进行统计分析。根据表6.5所示，客观工作环境与任务冲突（r=0.281，p<0.01）、组织社会环境与任务冲突（r=0.325，p<0.01）、任务冲突与单方面良好祈愿（r=0.234，p<0.01）、任务冲突与情感发泄（r=0.168，p<0.01）、单方面良好祈愿与三个阶段的创新行为（r=0.186，p<0.01；r=0.210，p<0.01；r=0.219，p<0.01）、情感发泄与三个阶段的创新行为（r=0.125，p<0.01；r=0.179，p<0.01；r=0.160，p<0.01）均显著正相关；而客观工作环境和组织社会环境与隐性缺勤（r=-0.131，p<0.01；r=-0.452，p<0.01）、隐性缺勤与三个阶段的创新行为（r=-0.427，p<0.01；r=-0.335，p<0.01；r=-0.415，p<0.01）均显著负相关。相关系数结果基本符合理论预期，能为本章所提出的假设提供初步印证支持。

表 6.5 变量的均值、标准差及相关系数

变量	均值	标准差	OWE	SOE	TC	WT	EE	Pres	IG	IP	II	Masc	Agre	Narc	Psyc	Mach
OWE	4.375	1.029	1													
SOE	4.746	0.991	0.122**	1												
TC	3.783	0.804	0.281**	0.325**	1											
WT	4.994	1.249	0.097*	0.285**	0.234**	1										
EE	4.881	1.290	0.150**	0.288**	0.168**	0.226**	1									
Pres	3.505	1.802	−0.131**	−0.452**	−0.102*	−0.331**	−0.152**	1								
IG	4.847	1.129	0.194**	0.326**	0.150**	0.186**	0.125**	−0.427**	1							
IP	4.783	1.245	0.216**	0.337**	0.257**	0.210**	0.179**	−0.335**	0.385**	1						
II	4.739	1.152	0.186**	0.322**	0.219**	0.219**	0.160**	−0.415**	0.335**	0.402**	1					
Masc	4.062	1.025	0.005	0.054	0.049	0.013	0.002	−0.187**	0.089*	0.208**	0.134**	1				
Agre	4.918	1.206	0.109**	0.171**	0.080	0.022	0.264**	−0.064	0.014	0.012	0.051	−0.045	1			
Narc	4.838	1.270	0.068	0.073	0.060	0.052	0.056	−0.173**	0.108**	0.143**	0.188**	0.375**	−0.012	1		
Psyc	3.245	1.219	0.015	0.053	0.028	−0.015	−0.045	−0.025	0.035	0.019	−0.045	0.133**	−0.016	0.106**	1	
Mach	2.281	1.078	−0.019	0.063	0.034	0.002	−0.071	−0.082*	0.006	−0.018	−0.003	0.105**	−0.120**	0.162**	0.498**	1

注：OWE=客观工作环境；SOE=主观组织社会环境；TC=任务冲突；WT=单方面良好祈愿；EE=情感发泄；Pres=隐性缺勤；IG=想法产生；IP=想法推广；II=想法落地；Masc=男子气概人格特质；Agre=宜人性；Narc=自恋人格；Psyc=精神病态；Mach=马基雅维利主义人格。**表示 p<0.01；*表示 p<0.05。

第6章 工作环境影响员工创新的双元作用机制的边界条件分析

6.4.4 研究假设检验

（1）工作环境对三阶段员工创新行为的影响路径的再检验

本研究使用 Smart PLS 3.0 软件基于 5000 次的 bootstrap 法来估计结构模型的路径系数的大小及其显著性。相对于传统基于协方差的结构模型的拟合优度来评估结构模型，在 PLS-SEM 中，主要通过检验内生变量的决定系数值（R^2）、预测相关性（Q^2）来进行验证，并在假设检验里予以说明[320]。

本研究的结构模型解释了创新行为之想法产生 18.9%的方差（R^2=0.189），解释了创新行为之想法推广 14.0%的方差（R^2=0.140），解释了创新行为之想法落地 18.6%的方差（R^2=0.186），解释了隐性缺勤 21.6%的方差（R^2=0.216），解释了单方面良好祈愿 5.5%的方差（R^2=0.055），解释了情感发泄 2.8%的方差（R^2=0.028），解释了任务冲突 19.1%的方差（R^2=0.191），均意味着具有一定的解释力[314]。模型还通过检验预测相关性对预测相关性进行进一步的评估。预测相关性的值大于 0 表示结构模型具有预测相关性，其值越大代表预测相关性越强，结果显示，除了只有一个前因变量的情感发泄（Q^2=0.019）和单方面良好祈愿（Q^2=0.039）的预测相关性相对低，其余内生变量均在 0.1 附近或大于 0.1，如任务冲突（Q^2=0.127）、隐性缺勤（Q^2=0.159）、想法产生（Q^2=0.136）、想法推广（Q^2=0.092）及想法落地（Q^2=0.136），这表明相关内生变量均具有一定的预测相关性。各直接路径结果，较之于第 4 章的研究结果，多数保持了一致，同时也存在一定差异。

运行结果如图 6.2 所示，描述了 PLS-SEM 分析的结构模型的路径假设结果，其中给出了标准化路径系数（β）和显著性水平（p）值及内生变量的决定系数值（R^2）。研究结果显示，所有直接路径假设均得到支持，具体如下：

第一，对于模型上半部分，即问题导向的机制中，除了客观工作环境到隐性缺勤的关系不显著（H1a：β=-0.075，p>0.05），其余路径结果与

第 4 章一致（H1b：β = − 0.426，p<0.001；H2a：β = − 0.408，p<0.001；H2b：β = − 0.292，p<0.001；H2c：β = − 0.377，p<0.001）。

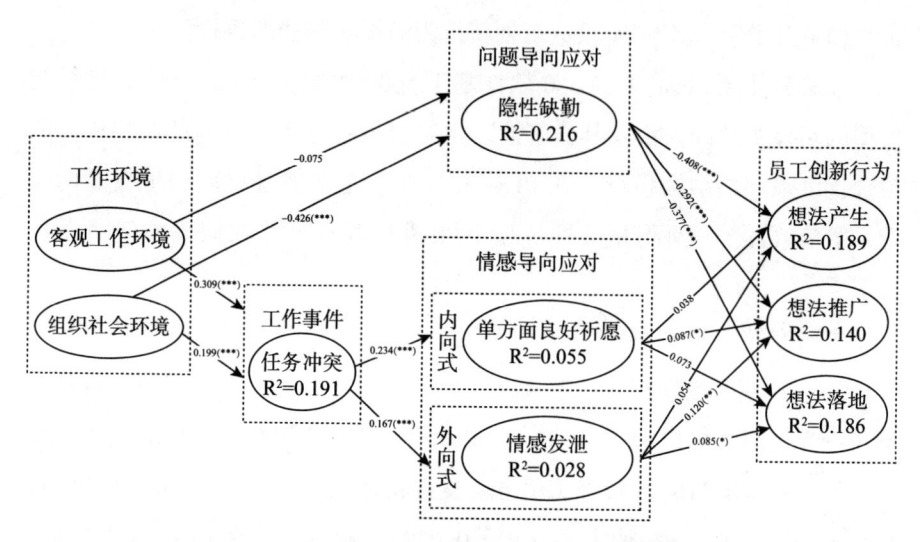

图 6.2　工作环境对员工创新三个阶段的影响路径结果
（＊P<0.05；＊＊P<0.01；＊＊＊P<0.001）

第二，对于模型下半部分，即情感导向的机制中，模型左侧的工作环境到任务冲突（H3a：β = 0.309，p<0.001；H3b：β = 0.199，p<0.001）、任务冲突到两类情感反应（H4a：β = 0.234，p<0.001；H4b：β = 0.167，p<0.001）的路径结论均与第 4 章的研究结果一致。但情感导向的机制到不同阶段的结果变量的路径关系存在一些差异，例如单方面良好祈愿（内向式情感导向应对反应）仅仅对想法推广（H5a2：β = 0.087，p<0.05）有显著正向作用，而对想法产生（H5a1：β = 0.038，p>0.05）和想法落地（H5a3：β = 0.073，p>0.05）没有显著作用；而情感发泄（外向式情感导向应对反应）对想法推广（H5b2：β = 0.120，p<0.01）和想法落地（H5b3：β = 0.085，p<0.05）均有显著正向关系，但对想法产生（H5b1：β = 0.054，p>0.05）则没有显著作用。结果汇总如表 6.6 所示。

第6章 工作环境影响员工创新的双元作用机制的边界条件分析

表6.6 工作环境对三阶段员工创新的影响路径结果汇总

研究假设	影响路径	假设是否得到支持
问题导向应对机制		
H1a	客观工作环境→隐性缺勤	不支持
H1b	组织社会环境→隐性缺勤	支持
H2a	隐性缺勤→想法产生	支持
H2b	隐性缺勤→想法推广	支持
H2c	隐性缺勤→想法落地	支持
情感导向应对机制		
H3a	客观工作环境→任务冲突	支持
H3b	组织社会环境→任务冲突	支持
H4a	任务冲突→单方面良好祈愿	支持
H4b	任务冲突→情感发泄	支持
H5a1	单方面良好祈愿→想法产生	不支持
H5a2	单方面良好祈愿→想法推广	支持
H5a3	单方面良好祈愿→想法落地	不支持
H5b1	情感发泄→想法产生	不支持
H5b2	情感发泄→想法推广	支持
H5b3	情感发泄→想法落地	支持

(2) 问题认知导向的应对机制的边界条件检验

为检验男子气概特质对于问题认知导向的应对机制（隐性缺勤）与三阶段员工创新的作用关系的调节效应，本研究采用层级回归的方法展开检验，并在检验前对隐性缺勤和男子气概特质进行均值中心化处理，并以此构建交互项，以尽可能排除多重共线性的影响。

具体研究结果如表6.7所示，男子气概特质对于隐性缺勤与想法落地的负向关系具有显著的调节作用，即当员工越具有男子气概特质时，隐性缺勤对于员工想法落地的负向关系越强（如M9所示，$\beta = -0.057$，$p < 0.05$）。而男子气概特质对于隐性缺勤与想法产生（$\beta = -0.009$，$p > 0.05$）、想法推广（$\beta = -0.018$，$p > 0.05$）的关系均无显著调节作用。此外，为了更直观地看出调节作用的方向，本研究根据 Aiken 和 West（1991）[387] 提出

表 6.7 问题导向应对机制的边界条件检验结果

变量	IG			IP			II		
	M1	M2	M3	M4	M5	M6	M7	M8	M9
控制变量									
Job_cate	0.003	0.003	0.004	-0.015	-0.015	-0.011	0.058*	0.058*	0.061*
Gender	0.033	0.032	0.033	-0.201	-0.202*	-0.208*	-0.070	-0.071	-0.063
Education	0.080	0.050	0.051	0.057	0.032	0.049	0.141*	0.112	0.121*
Age	0.025	-0.018	-0.018	-0.105	-0.141*	-0.130	0.048	0.007	0.009
Work_exp	0.140**	0.087	0.087	0.073	0.029	0.013	0.063	0.012	0.008
WT	0.133***	0.030	0.031	0.174***	0.088*	0.097*	0.163***	0.064	0.068
EE	0.071*	0.047	0.047	0.142***	0.121**	0.123**	0.101**	0.077*	0.075*
前因变量									
Pres（自变量）		-0.245***	-0.244***		-0.204***	-0.183***		-0.236***	-0.231***
Masc（调节变量）		0.130	0.011		0.074	0.194***		0.115	0.078
交互项									
Pres * Masc			-0.009			-0.018			-0.057*
R-square	0.064	0.194	0.194	0.075	0.149	0.174	0.084	0.199	0.213
ΔR-square	0.064	0.130	0	0.075	0.074	0.174	0.084	0.115	0.014
F	5.748***	17.717***	14.154***	6.800***	12.903***	12.397***	7.714***	18.366***	15.869***

注：Job_cate＝工作岗位类别；Gender＝性别；Education＝教育水平；Age＝年龄；Work_exp＝工作经验年限；WT＝单方面良好奸愿；EE＝情感发泄；Pres＝隐性缺勤；Masc＝男子气概特质；IG＝想法产生；IP＝想法推广；II＝想法落地。* 表示 p<0.05，** 表示 p<0.01，*** 表示 p<0.001。

第6章 工作环境影响员工创新的双元作用机制的边界条件分析

的方法,进一步绘制男子气概特质的调节效应图(图6.3)。研究发现,男子气概特质高的时候,隐性缺勤与想法落地的关系线段也更陡。这说明与男子气概特质较低的情况相比,当员工属于高男子气概特质时,隐性缺勤对想法落地的负向作用更强。故H6c得到支持,而H6a和H6b没有得到支持。

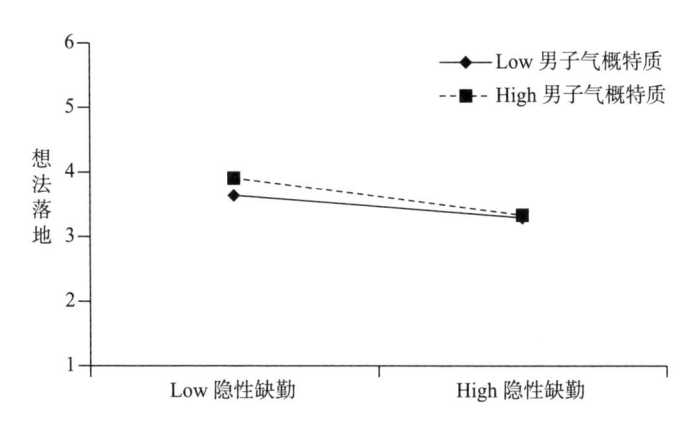

图6.3 男子气概特质对隐性缺勤与想法落地间的关系的调节作用

为了进一步检验被调节的中介效应,本研究基于SPSS中的PROCESS宏插件的Model 14展开检验,结果如表6.8、表6.9及表6.10所示,男子气概特质对于两类工作环境通过影响员工隐性缺勤而影响想法产生和想法推广的间接关系的调节效应不显著(如表6.8和表6.9,它们的被调节的中介效应值的95%置信区间均过"0"),而对于两类工作环境通过影响隐性缺勤进而影响想法落地的间接关系的调节作用则出现显著的结果(如表6.10,效应值=0.009,95%置信区间[0.001,0.022];效应值=0.035,95%置信区间[0.005,0.067])。

具体而言,相对于男子气概特质较低的员工,客观工作环境通过影响员工隐性缺勤而对想法落地产生影响的间接作用(客观工作环境→隐性缺勤→想法落地)低于男子气概特质较高的员工(效应值=0.026,95%置信区间[0.003,0.052];效应值=0.044,95%置信区间[0.005,0.085])。类似的,相对于男子气概特质较低的员工,组织社会环境通过影响员工隐性缺勤而对想法落地的间接影响（组织社会环境→隐性缺勤→想法落地）低于男子气概特质较高的员工（效应值＝0.099，95%置信区间［0.051，0.149］；效应值＝0.169，95%置信区间［0.109，0.237］）。也就是说，员工越具有男子气概特质，其隐性缺勤在两类工作环境与其想法落地之间的中介作用越强。故 H7a1、H7a2、H7b1、H7b2 没有得到支持，而 H7c1 和 H7c2 得到支持。问题认知导向的应对机制的边界条件假设检验结果汇总如表6.11所示。

（3）情感反应导向的应对机制的边界条件检验

该调节效应同样使用层级回归的方法展开检验，并在检验前对产生交互项的变量进行均值中心化处理，以尽可能排除多重共线性的影响。该边界条件分析主要包括内向式和外向式情感应对两部分内容：一是探究宜人性（Agreeableness）特质对于单方面良好祈愿（内向式情感反应）与三个阶段员工创新的关系的调节效应；二是探究暗黑人格三联征特质对情感发泄（外向式情感反应）与三个阶段员工创新的关系的调节效应。

第一部分，宜人性特质对单方面良好祈愿（内向式情感反应）与三个阶段员工创新的关系的调节效应，具体研究结果如表6.12所示，宜人性特质对单方面良好祈愿与员工想法落地的关系具有显著的正向调节作用，也即当员工越具有宜人性特质时，单方面良好祈愿对于员工想法落地的促进作用越强（表6.12中 M9 所示，$\beta=0.065$，$p<0.05$）。而对单方面良好祈愿与想法产生（表6.12中 M3 所示，$\beta=-0.003$，$p>0.05$）、想法推广（如 M6 所示，$\beta=0.006$，$p>0.05$）的关系均无显著调节作用。为了更直观地看出调节作用的方向，本研究根据 Aiken 和 West[387]提出的方法，进一步绘制宜人性特质的调节效应图（图6.4）。研究发现，宜人性特质高的时候，单方面良好祈愿与想法落地的关系线段也更陡。这说明与宜人性特质较低的情况相比，当员工属于高宜人性特质时，其单方面良好祈愿（内向式情感反应）对想法落地的正向作用更强。故 H8c 得以支持，而 H8a 和 H8b 没有得到支持。

第6章 工作环境影响员工创新的双元作用机制的边界条件分析

表 6.8 被调节的中介效应（结果变量为想法产生）

调节变量	路径：客观工作环境→隐性缺勤→想法产生			路径：组织社会环境→隐性缺勤→想法产生		
	效应值	标准误	95%置信区间	效应值	标准误	95%置信区间
低男子气概	0.035	0.017	[0.005, 0.070]	0.140	0.028	[0.086, 0.198]
中男子气概	0.037	0.016	[0.005, 0.071]	0.141	0.025	[0.095, 0.192]
高男子气概	0.038	0.017	[0.005, 0.074]	0.142	0.030	[0.087, 0.204]
高低效应值差异	0.003	0.008	[-0.013, 0.019]	0.003	0.031	[-0.058, 0.066]
被调节的中介效应	0.001	0.004	[-0.007, 0.009]	0.001	0.015	[-0.028, 0.032]

表 6.9 被调节的中介效应（结果变量为想法推广）

调节变量	路径：客观工作环境→隐性缺勤→想法推广			路径：组织社会环境→隐性缺勤→想法推广		
	效应值	标准误	95%置信区间	效应值	标准误	95%置信区间
低男子气概	0.024	0.012	[0.003, 0.051]	0.083	0.027	[0.032, 0.140]
中男子气概	0.027	0.013	[0.003, 0.053]	0.088	0.023	[0.047, 0.137]
高男子气概	0.029	0.014	[0.004, 0.059]	0.094	0.030	[0.038, 0.156]
高低效应值差异	0.005	0.009	[-0.012, 0.025]	0.011	0.035	[-0.056, 0.080]
被调节的中介效应	0.003	0.004	[-0.006, 0.012]	0.005	0.017	[-0.027, 0.039]

表 6.10 被调节的中介效应（结果变量为想法落地）

调节变量	客观工作环境→隐性缺勤→想法落地			组织社会环境→隐性缺勤→想法落地		
	效应值	标准误	95%置信区间	效应值	标准误	95%置信区间
低男子气概	0.026	0.013	[0.003, 0.052]	0.099	0.025	[0.051, 0.149]
中男子气概	0.035	0.016	[0.004, 0.067]	0.134	0.024	[0.090, 0.184]
高男子气概	0.044	0.020	[0.005, 0.085]	0.169	0.033	[0.109, 0.237]
高低效应值差异	0.018	0.011	[0.001, 0.044]	0.071	0.033	[0.009, 0.138]
被调节的中介效应	0.009	0.006	[0.001, 0.022]	0.035	0.016	[0.005, 0.067]

表 6.11 问题导向应对机制的边界条件假设检验汇总

研究假设	影响路径	假设是否得到支持
	调节效应	
H6a	男子气概特质负向调节隐性缺勤对想法产生的关系	不支持
H6b	男子气概特质负向调节隐性缺勤对想法推广的关系	不支持
H6c	男子气概特质负向调节隐性缺勤对想法落地的关系	支持
	被调节的中介效应	
H7a1	男子气概特质调节了客观工作环境通过隐性缺勤影响想法产生的中介作用	不支持
H7a2	男子气概特质调节了组织社会环境通过隐性缺勤影响想法产生的中介作用	不支持
H7b1	男子气概特质调节了客观工作环境通过隐性缺勤影响想法推广的中介作用	不支持
H7b2	男子气概特质调节了组织社会环境通过隐性缺勤影响想法推广的中介作用	不支持
H7c1	男子气概特质调节了客观工作环境通过隐性缺勤影响想法落地的中介作用	支持
H7c2	男子气概特质调节了组织社会环境通过隐性缺勤影响想法落地的中介作用	支持

第6章 工作环境影响员工创新的双元作用机制的边界条件分析

表6.12 内向式情感导向应对机制的边界条件检验结果

变量	IG			IP			II		
	M1	M2	M3	M4	M5	M6	M7	M8	M9
控制变量									
Job_cate	0.004	0.003	0.003	-0.013	-0.015	-0.014	0.059*	0.058*	0.057*
Gender	0.034	0.032	0.035	-0.196	-0.202*	-0.198*	-0.066	-0.071	-0.065
Education	0.052	0.050	0.051	0.039	0.032	0.033	0.117	0.112	0.119*
Age	-0.020	-0.018	-0.017	-0.147*	-0.141*	-0.140*	0.003	0.007	0.010
Work_exp	0.090	0.087	0.088	0.036	0.029	0.029	0.018	0.012	0.013
Pres	-0.251***	-0.245***	-0.246***	-0.222***	-0.204***	-0.205***	-0.249***	-0.236***	-0.238***
EE	0.052	0.047	0.055	0.137***	0.121**	0.131***	0.088*	0.077*	0.077*
前因变量									
WT（自变量）		0.030	0.028		0.088*	0.086*		0.064	0.061
Agre（调节变量）			-0.030			-0.037			-0.001
交互项									
WT * Agre			-0.003			-0.006			0.065*
R-square	0.193	0.194	0.195	0.142	0.149	0.150	0.195	0.199	0.206
ΔR-square	0.193	0.001	0.001	0.142	0.007	0.001	0.195	0.004	0.007
F	20.161***	17.717***	14.216***	14.003***	12.903***	10.390***	20.491***	18.366***	15.252***

注：Job_cate=工作岗位类别；Gender=性别；Education=教育水平；Age=年龄；Work_exp=工作经验年限；Pres=隐性缺勤；Agre=宜人性；IG=想法产生；IP=想法推广；II=想法良好预感；EE=情感发泄。* 表示 p<0.05，** 表示 p<0.01，*** 表示 p<0.001。

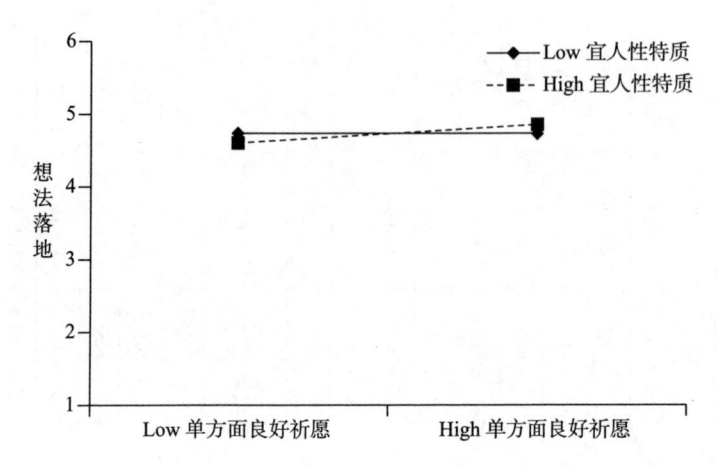

图 6.4　宜人性特质对单方面良好祈愿与想法落地间的关系的调节作用

为了进一步检验被调节的链式中介效应，本研究基于 SPSS 中的 PROCESS 宏插件的 Model 87 展开检验[388]，结果如表 6.13、表 6.14 及表 6.15 所示，宜人性特质对"两类工作环境→任务冲突→单方面良好祈愿→想法产生"及"两类工作环境→任务冲突→单方面良好祈愿→想法推广"的两条链式中介关系的调节效应不显著（如表 6.13 和表 6.14，它们的被调节的链式中介效应值的 95% 置信区间均过"0"），而对"两类工作环境→任务冲突→单方面良好祈愿→想法落地"这一链式中介关系的调节作用则出现显著的结果（如表 6.15，效应值 = 0.004，95% 置信区间 [0.000，0.008]；效应值 = 0.005，95% 置信区间 [0.001，0.010]），也即宜人性特质通过调节了单方面良好祈愿对想法落地的正向关系，进而调节了任务冲突和单方面良好祈愿在两类工作环境与想法落地之间的链式中介。说明当员工更具有宜人性特质时，"两类工作环境→任务冲突→单方面良好祈愿→想法落地"的链式中介效应显著增强。故 H9a1、H9a2、H9b1、H9b2 没有得到支持，而 H9c1 和 H9c2 得到支持。内向式情感导向（单方面良好祈愿）应对机制相关边界条件假设结果汇总如表 6.16 所示。

第6章 工作环境影响员工创新的双元作用机制的边界条件分析

表 6.13 被调节的链式中介效应（结果变量为想法产生）

调节变量	路径：客观工作环境→任务冲突→单方面良好祈愿→想法产生			组织社会环境→任务冲突→单方面良好祈愿→想法产生		
	效应值	标准误	95%置信区间	效应值	标准误	95%置信区间
低宜人性	0.001	0.003	[−0.004, 0.007]	−0.000	0.003	[−0.007, 0.006]
中宜人性	0.001	0.002	[−0.003, 0.005]	0.000	0.002	[−0.005, 0.005]
高宜人性	0.000	0.003	[−0.005, 0.005]	0.001	0.003	[−0.006, 0.007]
高低效应值差异	−0.001	0.004	[−0.009, 0.006]	0.001	0.004	[−0.008, 0.010]
被调节的中介效应值	−0.001	0.002	[−0.004, 0.002]	0.000	0.002	[−0.003, 0.004]

表 6.14 被调节的链式中介效应（结果变量为想法推广）

调节变量	路径：客观工作环境→任务冲突→单方面良好祈愿→想法推广			组织社会环境→任务冲突→单方面良好祈愿→想法推广		
	效应值	标准误	95%置信区间	效应值	标准误	95%置信区间
低宜人性	0.003	0.003	[−0.002, 0.010]	0.002	0.004	[−0.005, 0.010]
中宜人性	0.003	0.002	[−0.002, 0.008]	0.002	0.003	[−0.003, 0.009]
高宜人性	0.002	0.003	[−0.004, 0.009]	0.003	0.004	[−0.004, 0.012]
高低效应值差异	−0.001	0.004	[−0.010, 0.006]	0.001	0.005	[−0.008, 0.011]
被调节的中介效应值	−0.001	0.002	[−0.004, 0.003]	0.001	0.002	[−0.003, 0.005]

表 6.15 被调节的链式中介效应（结果变量为想法落地）

调节变量	路径：客观工作环境→任务冲突→单方面良好祈愿→想法落地			路径：组织社会环境→任务冲突→单方面良好祈愿→想法落地		
	效应值	标准误	95%置信区间	效应值	标准误	95%置信区间
低宜人性	-0.002	0.003	[-0.009, 0.003]	-0.004	0.004	[-0.013, 0.002]
中宜人性	0.002	0.002	[-0.003, 0.006]	0.002	0.003	[-0.004, 0.007]
高宜人性	0.006	0.003	[0.000, 0.013]	0.007	0.004	[0.001, 0.016]
高低效应值差异	0.009	0.005	[0.000, 0.019]	0.012	0.006	[0.002, 0.025]
被调节的中介效应值	0.004	0.002	[0.000, 0.008]	0.005	0.002	[0.001, 0.010]

表 6.16 内向式情感导向应对机制的边界条件假设检验汇总

研究假设	影响路径	假设是否得到支持
	内向式情感导向应对机制（单方面良好祈愿）下的调节效应	
H8a	宜人性特质正向调节单方面良好祈愿对想法产生的关系	不支持
H8b	宜人性特质正向调节单方面良好祈愿对想法推广的关系	不支持
H8c	宜人性特质正向调节单方面良好祈愿对想法落地的关系	支持
	内向式情感导向应对机制（单方面良好祈愿）下的被调节式中介效应	
H9a1	宜人性特质对"客观工作环境→任务冲突→单方面良好祈愿→想法产生"的链式中介关系	不支持
H9a2	宜人性特质对"组织社会环境→任务冲突→单方面良好祈愿→想法产生"的链式中介关系	不支持
H9b1	宜人性特质对"客观工作环境→任务冲突→单方面良好祈愿→想法推广"的链式中介关系	不支持
H9b2	宜人性特质对"组织社会环境→任务冲突→单方面良好祈愿→想法推广"的链式中介关系	不支持
H9c1	宜人性特质对"客观工作环境→任务冲突→单方面良好祈愿→想法落地"的链式中介关系	支持
H9c2	宜人性特质对"组织社会环境→任务冲突→单方面良好祈愿→想法落地"的链式中介关系	支持

第6章 工作环境影响员工创新的双元作用机制的边界条件分析

第二部分，暗黑人格三联征（Dark Triad Personality Traits）特质对情感发泄（外向式情感反应）与三阶段员工创新的关系的调节效应，具体研究结果如表6.17所示：①暗黑人格三联征特质之自恋（Narcissism）对于外向式情感反应（情感发泄）与想法产生的正向关系具有显著的正向调节作用，也即当员工具备越高水平的自恋特质时，其情感发泄对于其想法产生的促进作用越强（表6.17的M3所示，β=0.061，p<0.05）；②暗黑人格三联征特质之精神病态（Psychopathy）对于外向式情感反应（情感发泄）与想法推广的正向关系具有显著的正向调节作用，也即当员工具备越高水平的精神病态特质时，其情感发泄对于其想法推广的促进作用越强（表6.17的M6所示，β=0.113，p<0.001）；③暗黑人格三联征特质之马基雅维利主义（Machiavellianism）对于情感发泄与想法落地（表6.17的M9所示，β=0.036，p>0.05）的关系则不存在显著的调节作用。

进一步地，为了更直观地看出调节作用的方向，本研究根据Aiken和West[387]提出的方法，进一步绘制自恋特质和精神病态特质的调节效应图（图6.5）。研究发现，当员工具有高自恋特质时，情感发泄与想法产生的关系线段更陡。这说明与自恋特质较低的员工相比，高自恋特质的员工，其情感发泄（外向式情感反应）对想法产生的正向作用更强。当员工具有高精神病态特质时，情感发泄与想法推广的关系线段更陡（图6.6）。这说明与精神病态特质较低的员工相比，高精神病态特质的员工，其情感发泄（外向式情感反应）对想法推广的正向作用更强。故H10a和H10b得到支持，而H10c则没有得到支持。

为了进一步检验被调节的链式中介效应，本研究基于SPSS中的PROCESS宏插件的Model 87展开检验[388]，结果如表6.18、表6.19及表6.20所示：①自恋特质对"客观工作环境→任务冲突→情感发泄→想法产生"的链式中介关系的调节效应显著（表6.18，效应值=0.002，95%置信区间[0.000，0.005]），而对"组织社会环境→任务冲突→情感发泄→想法产生"这一链式中介关系的调节效应则不显著（被调节的链式中介效应值的95%置信区间过"0"）；②精神病态特质对"客观工作环境→

表 6.17 外向式情感导向应对机制的边界条件的回归检验结果

变量	IG				IP				II		
	M1	M2	M3	M4	M5	M6	M7	M8	M9
控制变量									
Job_cate	0.004	0.003	0.004	-0.013	-0.015	-0.010	0.059*	0.058*	0.057*
Gender	0.038	0.032	0.043	-0.188	-0.202*	-0.178	-0.062	-0.071	-0.071
Education	0.048	0.050	0.057	0.026	0.032	0.029	0.108	0.112	0.115
Age	-0.012	-0.018	-0.012	-0.127	-0.141*	-0.149*	0.016	0.007	0.008
Work_exp	0.087	0.087	0.083	0.027	0.029	0.039	0.011	0.012	0.013
Pres	-0.248***	-0.245***	-0.238***	-0.211***	-0.204***	-0.204***	-0.240***	-0.236***	-0.237***
WT	0.039	0.030	0.027	0.113*	0.088*	0.088*	0.079*	0.064	0.062
前因变量									
EE（自变量）		0.047	0.046		0.121**	0.119**		0.077*	0.076*
Narc（调节变量）			0.029						
Psyc（调节变量）						0.026			
Mach（调节变量）									-0.027
交互项									
EE * Narc			0.061*						
EE * Psyc						0.113***			
EE * Mach									0.036
R-square	0.191	0.194	0.203	0.134	0.149	0.169	0.192	0.199	0.202
ΔR-square	0.191	0.003	0.001	0.134	0.015	0.020	0.192	0.007	0.003
F	19.934***	17.717***	14.978***	13.082***	12.903***	11.916***	20.113***	18.366***	14.857***

注：Job_cate=工作岗位类别；Gender=性别；Education=教育水平；Work_exp=工作经验年限；WT=单方面良好折感发泄；Pres=隐性缺勤；Narc=自恋人格；Psyc=精神病态；Mach=马基雅维利主义人格；IG=想法产生；IP=想法推广；II=想法落地。* 表示 p<0.05，** 表示 p<0.01，*** 表示 p<0.001。

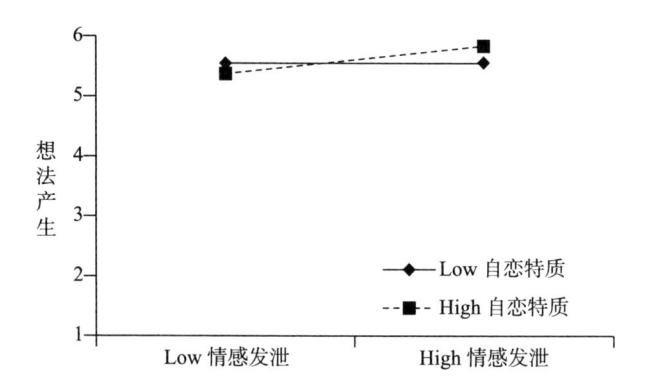

第6章 工作环境影响员工创新的双元作用机制的边界条件分析

图6.5 自恋特质对情感发泄与想法产生间的关系的调节作用

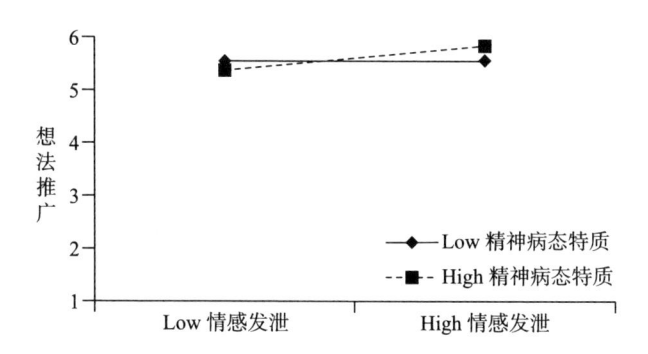

图6.6 精神病态特质对情感发泄与想法推广间的关系的调节作用

任务冲突→情感发泄→想法推广"的链式中介关系的调节效应显著（表6.19，效应值=0.003，95%置信区间［0.000，0.008］），而对"组织社会环境→任务冲突→情感发泄→想法推广"这一链式中介关系的调节效应则不显著（被调节的链式中介效应值的95%置信区间过"0"）；③马基雅维利主义特质对两类工作环境通过影响员工任务冲突体验、情感发泄，进而影响想法落地的链式中介关系的调节作用均不显著（表6.20，被调节的链式中介效应值的95%置信区间均过"0"）。故 H11a1 得以支持，而 11a2 未得到支持；H11b1 得以支持，而 H11b2 未得到支持；H11c1 和 H11c2 均未得到支持。外向式情感导向（情感发泄）应对机制相关边界条件假设结果汇总如表6.21所示。

表 6.18 被调节的链式中介效应（结果变量为想法产生）

调节变量	路径：客观工作环境→任务冲突→情感发泄→想法产生			路径：组织社会环境→任务冲突→情感发泄→想法产生		
	效应值	标准误	95%置信区间	效应值	标准误	95%置信区间
低自恋特质	-0.002	0.002	[-0.006, 0.001]	-0.001	0.002	[-0.005, 0.001]
中自恋特质	0.001	0.001	[-0.001, 0.004]	0.000	0.001	[-0.002, 0.003]
高自恋特质	0.003	0.002	[-0.000, 0.008]	0.002	0.002	[-0.001, 0.007]
高低效应值差异	0.005	0.003	[0.000, 0.012]	0.003	0.003	[-0.001, 0.010]
被调节的中介效应值	0.002	0.001	[0.000, 0.005]	0.001	0.001	[-0.001, 0.004]

表 6.19 被调节的链式中介效应（结果变量为想法推广）

调节变量	路径：客观工作环境→任务冲突→情感发泄→想法推广			路径：组织社会环境→任务冲突→情感发泄→想法推广		
	效应值	标准误	95%置信区间	效应值	标准误	95%置信区间
低精神病态特质	-0.002	0.002	[-0.006, 0.002]	-0.002	0.002	[-0.006, 0.002]
中精神病态特质	0.003	0.002	[-0.000, 0.007]	0.002	0.002	[-0.001, 0.006]
高精神病态特质	0.007	0.004	[0.000, 0.015]	0.005	0.004	[-0.002, 0.014]
高低效应值差异	0.008	0.005	[0.000, 0.018]	0.006	0.005	[-0.003, 0.017]
被调节的中介效应值	0.003	0.002	[0.000, 0.008]	0.003	0.002	[-0.001, 0.007]

第6章 工作环境影响员工创新的双元作用机制的边界条件分析

表6.20 被调节的链式中介效应（结果变量为想法落地）

调节变量	路径：客观工作环境→任务冲突→想法落地			路径：组织社会环境→情感发泄→想法落地		
	效应值	标准误	95%置信区间	效应值	标准误	95%置信区间
低马基雅维利主义	0.000	0.002	[−0.003, 0.004]	0.000	0.002	[−0.003, 0.004]
中马基雅维利主义	0.002	0.001	[−0.000, 0.005]	0.001	0.001	[−0.001, 0.004]
高马基雅维利主义	0.003	0.002	[−0.000, 0.008]	0.002	0.002	[−0.001, 0.007]
高低效应值差异	0.003	0.003	[−0.002, 0.009]	0.002	0.003	[−0.002, 0.009]
被调节的中介效应值	0.001	0.001	[−0.001, 0.004]	0.001	0.001	[−0.001, 0.004]

表6.21 外向式情感导向应对机制边界条件假设检验汇总

研究假设	影响路径	假设是否得到支持
	外向式情感导向应对机制（情感发泄）下的调节效应	
H10a	暗黑人格三联征之自恋特质正向调节情感发泄对想法产生的关系	支持
H10b	暗黑人格三联征之精神病态特质正向调节情感发泄对想法推广的关系	支持
H10c	暗黑人格三联征之马基雅维利主义特质正向调节情感发泄对想法落地的关系	不支持
	外向式情感导向应对机制（情感发泄）下的被调节的链式中介效应	
H11a1	自恋特质调节"客观工作环境→任务冲突→情感发泄→想法产生"的链式中介关系	支持
H11a2	自恋特质调节"组织社会环境→任务冲突→情感发泄→想法产生"的链式中介关系	不支持
H11b1	精神病态特质调节"客观工作环境→任务冲突→情感发泄→想法推广"的链式中介关系	支持
H11b2	精神病态特质调节"组织社会环境→任务冲突→情感发泄→想法推广"的链式中介关系	不支持
H11c1	马基雅维利主义特质调节"客观工作环境→任务冲突→情感发泄→想法落地"的链式中介关系	不支持
H11c2	马基雅维利主义特质调节"组织社会环境→任务冲突→情感发泄→想法落地"的链式中介关系	不支持

6.5 本章小结

本章在第 4 章工作环境影响员工创新的双元作用机制的"净效应"模型和融入个体特质因素的第 5 章双元作用机制的"组态效应"分析的基础上,做了如下两方面的深化研究:一是进一步对员工创新行为做三个阶段的划分,再次验证双元机制路径;二是探究了这一双元机制的不同人格特质方面的边界条件。

第一,本章第 1 部分是将结果变量员工创新行为分成三个阶段(想法产生、想法推广、想法落地),进而对前文第 4 章的双元作用机制(问题认知导向和情感导向)路径做了进一步验证。研究结果发现:(1)隐性缺勤(问题导向应对)均负向影响 3 个阶段的员工创新行为;(2)单方面良好祈愿(内向式情感导向应对)仅对想法推广有显著正向关系,但对想法产生和想法落地均无显著关系。(3)情感发泄(外向式情感导向应对)对想法推广、想法落地均有显著正向作用,而对想法产生则无显著作用关系。以上研究结论进一步呼应了对结果变量做分阶段处理的必要性。

第二,本章第 2 部分还着重探究了这一双元机制的不同人格特质方面的边界条件。研究结果如下:

(1)男子气概特质负向调节了问题导向应对(即隐性缺勤)与想法落地之间的关系,也即当员工具备越高水平的男子气概特质时,隐性缺勤对想法落地的负向关系越强,而对想法产生与想法推广则无调节作用。进一步地,男子气概特质对于"两类工作环境→隐性缺勤→想法落地"的中介关系存在调节效应(被调节的中介效应)。具体而言,对于男子气概特质较低的员工,两类工作环境通过影响其隐性缺勤进而对其想法落地产生影响的间接作用(客观工作环境→隐性缺勤→想法落地)低于男子气概特质较高的员工。

对于男子气概特质在隐性缺勤与想法落地之间的关系中存在调节效应

第6章 工作环境影响员工创新的双元作用机制的边界条件分析

以及在两类工作环境经由隐性缺勤对想法落地产生影响的中介关系中存在调节效应,而对与想法产生和想法推广间的关系的调节作用不显著。可能的原因在于对于面临高竞争节奏压力的员工而言,尤其高男子气概特质的人,为了获得职业竞争优势,其强执行力和重视竞争效率的工作风格[354],使其在实际业务工作中更注重成果绩效导向[358,359]。而比起创新前部环节的想法产生和想法推广,直接的想法落地则更能与最终的成果绩效沾边,因而出现了对想法产生和推广没有调节作用,但对想法落地则起到显著的调节作用。

(2) 宜人性特质正向调节了内向式情感反应(即单方面良好祈愿)与想法落地之间的关系,也即较之于低水平的宜人性人格,当员工属于高宜人性特质时,其单方面良好祈愿更有利于想法的落地。进一步地,宜人性特质对于"两类工作环境→任务冲突→单方面良好祈愿→想法落地"的链式中介关系"也存在调节效应(被调节的链式中介效应)。具体而言,对于宜人性特质较低的员工,"两类工作环境→任务冲突→单方面良好祈愿→想法落地"的中介作用低于男子气概特质较高的员工。

对于宜人性特质在单方面良好祈愿对想法落地间的关系中存在调节效应以及在"两类工作环境→任务冲突→单方面良好祈愿→想法落地"链式中介关系中存在调节效应,而对于想法产生和想法推广间的关系的调节作用不显著。可能的原因在于较之于低宜人性的员工,高宜人性特质的员工,为了营造或不破坏和谐的同事关系与组织氛围,在工作中他们可能会倾向于避免观点讨论和冲突,同时为了避免承担不必要的风险,会相对少地或不主动地去探索新的工作方法或技术方案[361],而想法落地则是落实之前的想法和方案,承担的风险小,也相对不用花费太多的认知和行为成本去探索新的想法或执行方案。

(3) 暗黑人格三联征特质对于外向式情感反应(情感发泄)与结果变量的调节作用:其一,暗黑人格三联征之自恋特质正向调节了情感发泄对想法产生的作用,也即较之于低水平的自恋人格,当员工属于高自恋型人格类型时,其情感发泄更有利于想法的产生;其二,精神病态特质也正向调节了情感发泄对想法推广的作用，也即当员工属于高精神病态人格类型时，其情感发泄更有利于想法的推广；其三，马基雅维利主义特质对情感发泄与想法落地的关系并无显著调节作用。进一步地，对于被调节的中介作用：自恋特质显著调节了"客观工作环境→任务冲突→情感发泄→想法产生"的链式中介关系，精神病态特质也显著调节"客观工作环境→任务冲突→情感发泄→想法推广"的链式中介关系，即越具有自恋特质和精神病态特征，上述对应的两条链式中介作用越强。值得注意的是，上述特质调节的仅仅是客观工作环境到结果变量的链式中介，而对组织社会环境与结果变量的链式中介关系的调节作用则不显著。

马基雅维利主义特质对于员工外向式情感反应（情感发泄）与其想法落地之间的关系及对于"两类工作环境→任务冲突→情感发泄→想法落地"的链式中介关系的调节作用均并不显著，原因可能在于该特质本身的特点。马基雅维利主义指的是一种个人通过利用他人来实现自我目标的行为倾向，高马基雅维利主义特质的人通常倾向于与人保持心理距离，对同事也缺乏同情[389]。而想法落地阶段，即将想法引入到工作环境中并将其转化为有用的应用的过程[117]，该过程不像想法的产生阶段，只需要自己单方面的构思。想法落地阶段则通常需要同事的各种配合、帮助与合作，而高马基雅维利主义特质的人一般与同事之间会存在一定的情感距离，加上外显的缺乏情绪稳定性的情感发泄行为，同事便倾向于不会全力地给予配合和帮助，出现了对于情感发泄与想法落地之间的调节作用并不显著的状况。此外，对于上述暗黑人格三联征之自恋特质和精神病态特质调节的仅仅是客观工作环境到结果变量的链式中介，而对组织社会环境到结果变量的链式中介关系的调节作用则不显著。这亦是有趣的发现，即客观工作环境与组织社会环境经由任务冲突和引发的外向式情感反应（情感发泄）对同一结果变量的链式中介作用存在差别。可能的原因在于员工对常见的同事关系或领导风格等组织社会环境要素并不敏感，这些社会环境要素对员工产生影响的作用不如客观的环境要素来得更直接、更容易被感知。

第7章 研究结论、启示与展望

本研究在第3至6章中依次构建了4个子研究,揭示了工作环境对员工创新的影响机制。本章将对研究结论进行梳理总结,并提炼相应的理论贡献与实践启示,在此基础上,还对本研究存在的局限与不足进行说明,指出未来可能的研究方向。

7.1 研究结论

本研究围绕现实管理问题和理论研究中的不足,综合运用了文献研究法、半结构化访谈、问卷调查法、模糊集定性比较分析、统计分析法等定性与定量相结合的方法,系统探究了以下四个科学问题:(1)修订了中国情境下的工作环境量表;(2)探究了工作环境影响员工创新的双元作用机制的"净效应"模型;(3)探究了工作环境影响员工创新的双元作用机制的"组态效应"模型;(4)探究了工作环境影响员工创新的双元作用机制的边界条件。主要结论如下:

第一,子研究1发现中国情境下的客观工作环境和组织社会环境量表与西方版本存在一定差别,本研究通过半结构化访谈和资料编码等程序增加和调整了相关测量指标。围绕"修订中国情境下的工作环境量表"这一问题,子研究1修订了中国情境下的客观工作环境和组织社会环境量表。研究发现:在以往空间布局、办公设备等为主的物理空间视角的基础上,增加了工作时长这一因素,将客观工作环境由原来的物理空间视角扩展到空间加时间的立体视角，得到最终版13个测量指标。同时，本研究基于一手访谈信息，增加了组织社会环境中实际的业务授权等中国情境下的要素，得到最终版9个测量指标。

第二，子研究2通过对双元机制"净效应"模型的分析后发现，当员工感知到工作环境支持时，一方面会通过降低隐性缺勤来提升其创新行为；另一方面会经由工作任务冲突事件而引发的两类情感反应而促进其创新行为。围绕"探究工作环境影响员工创新的双元机制的'净效应'模型"这一问题，子研究2以刺激—有机体—反应理论为理论基础，借助应对理论中问题导向应对和情感导向应对的双元应对策略等相关内容，构建了客观工作环境与组织社会环境影响员工创新的双元作用机制的"净效应"模型。通过对员工创新有较高要求的IT互联网企业674份员工样本的问卷调研，本研究探究出了客观工作环境、组织社会环境影响员工创新的双元作用机制，具体而言，一是通过问题认知导向的应对机制，即降低员工的隐性缺勤而促进员工创新行为；二是通过情感导向应对机制，即经由有利于想法碰撞的工作任务冲突事件而引发员工的两类情感反应而促进员工的创新行为。

诚然，在组织管理机制研究中，通常正面的前因要素会通过促进正面的机制因素而对结果变量产生正面的影响，但不可否认的是，在组织实践中，会有正负面不同状况的存在。隐性缺勤作为"VUCA"时代组织中难以避免的反生产力行为，对员工个人的身心健康和工作绩效及组织整体生产力都具有不同程度的负面影响。因此本研究在探究良好的工作环境支持能通过正向促进相关情感反应而助力员工创新的同时，还探究出通过降低负面的隐性缺勤而促进员工创新的作用机制。该结论一定程度上，更贴近"VUCA"时代复杂竞争环境下的组织管理现实。

第三，子研究3通过模糊集定性比较分析，探究出有利于员工创新的同时包含问题和情感导向因素的6条的条件组态。围绕"探究工作环境影响员工创新的双元机制的'组态效应'模型"这一问题，承接于"净效应"分析，子研究3加入个体特质因素，基于模糊集定性比较分析，探究个体特质、两类机制因素、工作环境等内外部条件间的相互作用对员工创新的双元影响机制的"组态效应"。结果显示：第一，在必要条件分析环节，发现了个体特质因素是影响员工创新的必要条件。第二，在组态效应分析环节，呈现出同时包含问题导向和情感导向的6条"殊途同归"的有利于员工创新的条件组态，如"埋头行动"型、"乐天开朗"型、"精英实干"型、"命好但随意"型、"独立行动"型、"命好且努力"型等，进一步深化了双元机制的理论解释层次。

第四，子研究4探究出工作环境影响员工创新的想法产生、推广及落地的不同阶段的双元机制及个体特质方面的边界条件。围绕"探究工作环境影响员工创新的双元作用机制的边界条件"这一问题，子研究4进一步将员工创新分成三个阶段（想法产生、想法推广、想法落地），再次检验前文的双元机制路径及着重探究个体特质方面的边界条件。研究基于对员工创新有较高要求的IT互联网企业599份员工样本的问卷调研发现：（1）隐性缺勤（问题导向应对机制）均负向影响三阶段员工创新；（2）单方面良好祈愿（内向式情感导向应对机制）仅对想法推广有显著正向关系；（3）情感发泄（外向式情感导向应对机制）对想法推广、想法落地均有显著正向作用。此外，调节效应分析显示：（1）男子气概特质负向调节了隐性缺勤（问题导向应对机制）与想法落地之间的关系；（2）宜人性正向调节了单方面良好祈愿（内向式情感导向应对机制）与想法落地之间的关系；（3）暗黑人格三联征的自恋特质正向调节了情感发泄（外向式情感导向应对机制）对想法产生的作用，暗黑人格三联征的精神病态特质也正向调节了情感发泄（外向式情感导向应对机制）对想法推广的作用。此外，还讨论了上述人格特质在工作环境影响员工创新的想法产生、推广及落地的不同阶段的中介与链式中介关系的调节效应。

7.2 理论贡献

本研究将参照经典的 Whetten[390] 的理论贡献的标准展开探讨，主要涉及以下 4 个主要方面。

第一，本研究修订了客观工作环境和组织社会环境量表，较之于原有西方版本，增加和调整了中国情境下的相关指标，为后续的科学测量和更深入的实证研究提供了基础。

现有文献中，主流的工作环境量表是在西方情境下提出的[29]，其中客观工作环境多聚焦于如空间布局、办公设备等传统的客观物理空间因素，忽视了客观工时制度环境因素；其中组织社会环境中除了给予员工精神鼓励与互信，也缺乏如实际的业务授权等要素，这些均不能科学全面地测量中国情境下的工作环境。

鉴于此，子研究 1 参考已有文献，结合半结构化访谈，基于对员工创新有较高要求的我国 IT 互联网企业的员工样本，修订了中国情境下的工作环境量表，包括客观工作环境和组织社会环境量表。客观工作环境量表，在以往空间布局、视野、办公设备等内容为主的物理空间角度的基础上，加入了时间角度的客观工时制度环境因素，由西方原版的物理空间视角扩展到空间加时间的立体视角，并对原本量表相关条目的表述做了新情境下的调整。组织社会环境量表，基于一手访谈资料和编码，除了给予员工精神鼓励与互信，增加了给予实际的业务授权等中国情境下（如"隐性996"下，加班时间领导不在办公室了，员工遇到需自行参与决策的情形）的要素。结果表明，新情境下的两类工作环境量表与西方版本存在一定差异，且均通过了一系列指标的检验。两类工作环境量表的修订属于对事物或现象本身进行准确认识的"是什么"的贡献，为后续的科学测量及更深入的实证研究提供了基础。

第二，本研究探究出工作环境影响员工创新的"问题导向应对"和

第7章 研究结论、启示与展望

"情感导向应对"并存的双元作用机制,有别于已有文献中的单一机制,是对现有相关机制研究的系统性拓展和深化,一定程度上弥补了现有机制研究的不足。

现有工作环境对员工创新的影响机制研究中,多以判断认知面为主,如自我效能感[31]等,情感面相对不足,更缺少协同探究认知与情感双机制的系统性研究。子研究2以刺激—有机体—反应理论为理论基础,并借助应对理论[184]中问题导向应对和情感导向应对的双元应对策略等相关内容,构建了客观工作环境与组织社会环境影响员工创新的双元作用机制的"净效应"模型。研究结果显示当员工感知到两类工作环境支持时:一方面员工会通过降低隐性缺勤(问题认知导向的应对机制),进而提升其创新行为;另一方面则经由有利于想法碰撞的工作任务冲突事件而引发员工的两类情感反应,而促进其创新行为(情感导向应对机制),是机制类"怎么样"的贡献。这是对现有相关文献中的单一机制研究的突破,在机制剖析上弥补了现有研究的不足。

除了上述对于完整理论框架的贡献,在其中情感导向应对机制中又包括两小点具体的理论贡献,如下:

(1)本研究借鉴了信息管理领域的内外双向的情感导向应对的相关内容[52],对情感应对机制作了系统的内外导向的属性划分,是对情感事件理论本身的情感反应机制的丰富和拓展。本研究借鉴了信息管理领域学者在研究信息安全时提出的内外双向的情感导向应对机制[52],对其中的情感反应机制又做了内外双向的双路径的划分,即内向式情感导向应对和外向式情感导向应对。以往基于情感事件理论的研究中,情感反应大多为某个单极向的情感反应如愤怒[32]、快乐[391]、内疚与后悔[392],但本研究借鉴了信息管理[52]领域的相关理论知识,对传统的情感事件理论里的情感反应机制又做了系统的内外导向的属性划分,是对情感事件理论本身的进一步丰富和拓展,是机制类"怎么样"和跨学科知识借鉴的"为什么"的贡献。

(2)本研究还探究出工作事件即任务冲突影响员工创新的情感类作用机制,是对任务冲突的产出机制研究的拓展。以往任务冲突及其产出的研究多聚焦在归因机制、学习机制等[53]，鲜有涉及情感类中介机制的探究，本研究探究出内外双向的情感导向应对机制，也将是潜在的理论贡献，属于机制类"怎么样"的贡献。

第三，本研究在双元"净效应"模型基础上，加入个体特质因素，通过模糊集定性比较分析深入探究出同时包含问题和情感导向双元机制因素的有利于员工创新的多条组态，是对双元机制理论解释层次的丰富。

现有工作环境影响员工创新的实证分析研究，大多是基于"净效应[38]"展开的，鲜有基于内外部多种因素相互作用的整体式"组态效应"分析。然而随着"数字经济"进程的推进和信息科技深入发展，企业普遍面临"VUCA"时代的内外部问题愈发错综复杂，传统的少数前因变量已难以对特定结果做出全面合理的解释[38,40,41]，而旨在解决多变量间的复杂问题的组态研究则以一种全局观的视角很好地解决了该问题[42,43]。子研究3运用模糊集定性比较分析，协同剖析了个体特质、问题导向和情感导向应对反应、工作环境、工作事件等内外部因素的相互作用而形成的6个条件组态对结果变量的"殊途同归"的作用机制，丰富了双元作用机制的理论解释层次，属于"怎么样"和"谁或何时"的贡献。

同时，也拓展了刺激—有机体—反应理论、情感事件理论在解释"因果复杂性"上的应用，一定程度上破解了这些理论在当前所面临的困境，即长久以来，这些理论被广泛用于解释组织中的工作环境及其影响研究，然而，多数研究讨论的是各相关单一条件的"边际净效应"，鲜有文献系统考察过多种条件间的联动匹配在影响员工创新上的潜在可能，这也成为一个潜在的理论贡献。

第四，本研究厘清了工作环境影响员工创新的想法产生、推广及落地的不同阶段的双元机制及其个体特质方面的边界条件，进一步提升了研究问题的细粒度。

以往客观工作环境和组织社会环境对不同阶段员工创新的作用机制及边界条件的系统探讨相对不足。子研究4进一步对结果变量做三个阶段（想法产生、想法推广、想法落地）的划分处理，再次检验了双元机制路径，并深入探究了男子气概等个体特质因素在这一双元机制中的边界条件。研究结果显示了更有趣的研究发现，例如，问题导向应对机制均适用于所有阶段员工创新，而情感导向应对机制只适用于某个或某些阶段的创新，具体而言：（1）隐性缺勤（问题导向应对机制）均负向影响三类创新；（2）单方面良好祈愿（内向式情感导向应对机制）仅对想法推广有显著正向关系；（3）情感发泄（外向式情感导向应对机制）对想法推广、想法落地有显著正向作用。同时，边界条件分析结果显示：（1）男子气概特质负向调节了隐性缺勤（问题导向应对机制）与想法落地之间的关系；（2）宜人性正向调节了单方面良好祈愿（内向式情感导向应对机制）与想法落地之间的关系；（3）暗黑人格三联征的自恋特质正向调节了情感发泄（外向式情感导向应对机制）对想法产生的作用，暗黑人格三联征的精神病态特质也正向调节了情感发泄（外向式情感导向应对机制）对想法推广的作用。研究还发现了相关的被调节的中介与被调节的链式中介效应。

子研究 4 通过探究工作环境影响不同阶段员工创新的双元机制的不同人格特质方面的调节作用，进一步提升了研究问题的细粒度[44]，是对现有相关边界条件研究的丰富，属于"谁或何时"的边界条件的贡献。

7.3 实践启示

本研究除了与理论对话，也着重回应现实管理问题。随着"数字经济"进程的推进和"VUCA"时代的到来，面对个体价值的崛起，对于年轻化、高知识结构且注重工作体验的员工，企业以往通过优化一些如办公设备等常见的工作环境要素，并不能可持续地提升员工的创新产出。除了工作环境本身建设得不到位，还在于员工不希望被当作"工作机器"，他们希望理性激励之外的工作体验也受到重视。企业如何在全面优化客观工作环境和组织社会环境的过程中，全面洞悉员工的问题导向和情感导向应对机制状况，且从不同个体特质角度为员工提供针对性的服务管理，进而更好地助力员工创新以获得可持续的竞争优势，成为当前企业管理实践的一项关键课题。本章将基于四个子研究的研究结果，进一步呼应绪论中的现实管理问题，提出如下员工创新的改进策略。

第一，企业应全面夯实客观工作环境和组织社会环境建设，尤其在优化传统工作环境要素的同时，要加强对我国情境下工时等客观工作环境和业务授权、健康关怀等组织社会环境要素的关注。

本研究中员工创新的前因选择主要是基于人力资源管理实践的视角，也即从"工作环境"这一整体性概念出发，探究其对员工创新的影响。因此全面夯实各类工作环境要素对于助力员工创新、构建企业可持续竞争力具有重要现实意义。

（1）子研究1修订了客观工作环境量表，将客观工作环境由原来的物理空间视角扩展到空间加时间的立体视角，这要求企业在优化传统物理空间工作环境要素的同时，要加强对工时等客观环境要素的关注。企业在改善客观工作环境时，除了提供良好的视野、空间布局、办公设备等物理空间因素外，还应加入对客观工时制度环境的考量，从时空立体视角进行综合管理干预。位于美国西雅图的亚马逊公司Spheres新总部的森林式办公室的建设便是示例之一，数万棵自然植物置于其中，员工仿佛置身于"热带森林"，良好的自然和户外视野对于提升员工的身心健康和能量储备，进而提升创新产出具有重要意义；再如国内字节跳动等互联网企业从2021年逐渐开始取消"大小周（大周是加班周）"的工作制度也进一步印证了时间视角的客观工作环境的重要意义。

（2）子研究1也修订了组织社会环境量表，增加了给予员工健康关怀和实际的业务授权。这对于"VUCA"背景下面临"隐性996"的员工而言同样至关重要。由于"隐性996"下的加班，会不同程度对员工的健康带来不利的影响，因此适当的健康关怀有助于提升员工的身心健康水平，助力员工创新。此外，当下班时间上级领导离开办公地点时，员工会遇到需自行决策的工作业务或状况，实际的业务授权便显得尤为重要。因此，企业在不断优化任务特征、同事关系、奖励机制等传统组织社会环境时，也应加强对新情境下的组织社会环境要素的关注，全面助力员工创新。

不论员工感知到客观工作环境支持，还是组织社会环境的支持，都一定程度上有利于促进员工创新。因此，企业应该积极构建有益于员工身心健康的时空立体视角的客观工作环境和人事和谐的组织社会环境，尤其在优化传统工作环境要素的同时，要加强对工时等客观工作环境和业务授权等组织社会环境要素的关注。

第二，企业在全面优化工作环境的同时，还应不断于细微处关注员工的体验需求，应尊重并着力改善员工在工作业务和组织社交活动中的问题与情感导向双方面的工作体验。

子研究2系统探究出工作环境影响员工创新的双元作用机制，即员工创新是问题认知导向应对和情感导向应对双元作用机制的结果。因此企业要及时全面地关注员工的问题认知和情感导向，做好尊重、疏通和辅导工作。具体而言，对于在由注重职业价值追求和工作体验的年轻化员工构成的项目团队中，企业尤其要关注且尊重常被忽略的员工内向式（单方面良好祈愿）和外向式（情感发泄）导向的复杂情感体验，并及时做好疏通和辅导，力争通过改进和提升员工体验，全面助力员工创新。

2021年7月，员工体验研究院[393]发布的"2021员工体验中国指数"为73.4，这一数字直观地呈现出我国企业管理者对员工体验的认知度还不够高。美世咨询公司于2019年和2020年发布的《全球人才发展趋势》，将"员工体验"列为新时期人力资源管理的重要内容，有效的员工体验战略能够给企业带来决定性的优势。员工体验，即员工在工作过程中及与组织的各种互动性接触中产生的对企业的各种看法和主观感觉与情绪体验[394]，已成为当代企业人力资源管理头号工程。企业重视各类软硬件外部环境建设的同时，更应该从宏观战略规划到微观人力资源管理角度树立起提升员工体验的意识，切实关注与优化员工在问题认知和情感双方面的工作体验，尤其是常被组织忽略的内向式和外向式导向的复杂情感体验，力争做到改进和提升员工体验。

为更好提升员工创新，企业在持续推进客观工作环境与组织社会环境建设的同时，还应从组织战略管理层到人力资源部门，再到具体项目小组，全面建立行动指南，"双管齐下"，全过程、全方位着重辨识和关切员工在工作业务和组织社交关系中的问题认知角度和情感角度的双元工作体验，以助力员工创新。

第三，企业应基于组态思维，根据组织内外部实际状况，动态调整不同组织因素间的条件组合，通过灵活的联动化管理，以应对复杂的内外部环境。

子研究3基于模糊集定性比较分析，探究出6条内外部因素组合形成的促进员工创新的条件组态。随着"数字经济"进程的不断推进和"VUCA"时代的到来，企业外部市场和内部管理都更具有复杂动态性和不确定性，因而对组织内部相应的各项管理与服务也提出了新要求。子研究3基于模糊集定性比较分析，显示出促进员工创新的双元作用机制的6条不同组态，包括"埋头行动"型、"乐天开朗"型、"精英实干"型、"命好但随意"型、"独立行动"型、"命好且努力"型等不同类型。这些融合了工作环境、工作事件、认知导向的应对机制、情感导向应对反应机制、个体特质等不同条件相互组合形成的"殊途同归"的多条组态路径均可以提高员工创新。

企业在优化客观工作环境和组织社会环境的同时，除了要密切关注员工的问题认知和情感双方面的工作体验，在管理意识和具体管理实践过程时应避免"一刀切"的机械思维和策略。为了更好地提升员工创新，组织的管理者应基于整体论和组态思维，根据实际情况，适时调整不同条件的组合和迭代策略。

第四，企业应建立并实时更新员工档案，根据工作业务创新的不同阶段，针对不同岗位和特质倾向的员工，通过点对点心理谈话、座谈等方式，因人而异地提供个性化的创新服务管理工作。

子研究4探究出工作环境对员工创新的想法产生、推广及落地等不同阶段的双元机制及人格特质方面的边界条件。因此，在推进员工服务管理过程中，要实际针对员工不同特质倾向，在不同创新阶段施以不同的服务

第7章 研究结论、启示与展望

策略，具体参考建议如下：

（1）对于高男子气概特质的员工，在想法落地阶段应帮助其规避消极的问题认知导向的反应。

研究结果显示，男子气概特质负向调节了问题导向应对（即隐性缺勤）与想法落地之间的关系，也即当员工具备越高水平的男子气概特质时，隐性缺勤对想法落地的负向关系越强，但对于想法产生与想法推广均无显著作用。

IT行业长期以来的从业人员主要以男性为主，但随着教育的普及和社会的进步，越来越多的女性也加入IT科技类职场[350]。尽管性别多样化的趋势日渐明显，但从职场性别气质角度来看，不少研究已证实在IT类职场中，普遍存在着鲜明的"男子气概文化"[352]，即通常表现为个性鲜明且富有领导能力和进取心的职场形象或工作风格。因此，在这类行业文化氛围下，不论男性或女性员工，管理者都应予以密切关注，尤其在充满挑战的想法落地阶段，当面对高男子气概特质的员工时，团队直属领导和企业人力资源管理部门应着重留意员工的诸如隐性缺勤等问题认知导向的相关反应，及时通过改善各类环境帮助其减少或规避诸如隐性缺勤等问题导向的行为反应，以最大程度减少其对创新产出的负面作用。

（2）对于高宜人性特质的员工，在想法落地阶段应加强对其内向式情感反应的留意和支持。

研究结果显示，宜人性正向调节了内向式情感反应（即单方面良好祈愿）与想法落地之间的关系，也即较之于低水平的宜人性人格，当员工属于高宜人性人格时，其单方面良好祈愿更有利于想法的落地，但对于想法产生与想法推广均无调节作用。

高宜人性特质的员工通常不易与同事或相关工作任务发生正面抵触，遇到问题也会倾向于选择内向式情感反应，如反刍或自我消化。较之于想法产生或想法推广阶段需与同事有广泛的交流互动，想法落地阶段通常只是负责将想法与方案落地实施，虽然也会面临不同的交互和挑战，但总体而言，当员工属于高宜人性特质时，其诸如单方面良好祈愿等内向式情感反应会更有利于想法的落地。因此，对于组织中高宜人性特质的员工，团队直属领导或企业人力资源管理部门在工作想法落地阶段应加强对其诸如单方面良好祈愿等内向式情感反应的识别和支持，以更高效地助力其创新产出。

（3）对于高暗黑人格特质的员工，在想法产生和推广阶段应加强对其外向式情感反应的识别和包容。

在人格相关研究中，除了比较常见的如大五人格的人格特质和一些极端的病症性的人格，近年来，亦有学者们将研究视角逐渐转移到介于常见和极端二者之间的人格特质[367]，即包含自恋、精神病态及马基雅维利主义特质的暗黑人格三联征[370]。本研究结论表明，除了马基雅维利主义特质对外向式情感反应（情感发泄）与想法落地的关系无显著调节作用。剩下的自恋特质则正向调节了情感发泄对想法产生的作用，即当员工属于高自恋型人格属性时，其情感发泄更有利于想法的产生；精神病态特质也正向调节了情感发泄对想法推广的作用，即当员工拥有高精神病态特质时，其情感发泄也更有利于想法的推广。

企业应从以下三点予以重视并开展相关服务管理工作。首先，对于组织中高自恋特质的员工，团队直属领导或企业人力资源管理部门在工作想法产生阶段应加强对其诸如情感发泄等外向式情感反应的关注和尊重；其次，对于高精神病态特质的员工，直属领导和人力资源管理部门在员工工作想法推广阶段应着重加强对其诸如情感发泄等外向式情感反应的留意和包容；最后，除了在不同阶段对员工的外向式情感反应予以关注和包容，还可以适当通过创设有利于产生该类情绪反应的工作事件，以更好地通过诱发该类有益的情感导向应对反应进而更好地助力员工创新。

7.4 研究局限与展望

本研究虽丰富了现有的相关研究，但囿于客观条件等现实，也存在一

第7章 研究结论、启示与展望

些研究局限与不足，主要包括以下几个方面。第一，本研究为横截面研究设计，尽管相关结果显示共同方法偏差问题并不严重，但仍存在一定潜在风险。同时，本研究选择IT企业员工为样本，具有一定局限性，虽然本研究通过随机抽样等方法最大程度减少了样本选择等方面的偏误[304-306]，但仍可能存在一定的系统性偏误。第二，子研究1中工作环境量表的修订，尽管按国内外规范步骤展开，但在资料编码过程中不可避免地会受到研究者主观经验的影响。第三，子研究2的双元机制的"净效应"分析，发现了隐性缺勤这一问题导向及单方面良好祈愿和情感发泄这两个情感导向的应对机制。然而在不同的组织氛围和研究对象中仍有可能存在其他的传导机制。同时，对于模型中事件和情感导向应对变量的测量，尽管参考了已有文献中以单一时点的方法展开测量[97]，但并不能真正准确地测量事件及其引发的情感导向应对反应变量的属性。第四，子研究3中双元机制的"组态效应"分析，其条件组合数会随着所包含条件变量的数量呈指数增长，容易导致"有限的多样性（Limited Diversity）"[42]的问题。第五，子研究4仅探讨了男子气概等人格特质的边界作用。然而在不同的组织氛围和研究对象中仍有可能存在其他个体特质类边界条件，因而本研究结论也存在一定局限性。

未来研究可通过优化研究设计和方法，进一步提升研究结论的可靠性、丰富性。第一，未来研究可通过收集多轮纵向数据、使用配对样本或结合其他如实验研究等研究方法提升研究结论的可靠性。同时，样本对象的选择未来可拓展至科研等更多行业，进一步提升样本代表性和研究精细度。第二，未来研究可以对子研究1的量表进行修订，尤其资料编码环节，尝试引入大数据语义提取技术及跨学科团队的共同参与，以进一步提升量表的可靠性。流程步骤上，尽可能参考已有文献中成熟的流程，以保证科学性。同时，在中国情境基础上，未来研究可继续扎根中国本土文化背景，挖掘更深层次的内容，尝试展开不同维度的探索，进一步凸显研究特色和价值。第三，未来研究可对子研究2的机制研究做更多不同视角和对象的探究，可进一步聚焦管理实践问题，丰富其他因素或机制的探讨。同时，对于模型中事件和情感导向应对变量的测量，未来研究可尝试以经验抽样法收集相关数据，进一步提升研究的可靠性。第四，未来研究可通过规避同源数据、扩大高异质性数据样本进一步提升研究数据的质量，以应对子研究3中组态分析中"有限的多样性"的问题。第五，未来研究可对子研究4中的边界条件做更多不同视角或其他类型样本的探究，通过进一步聚焦管理实践问题，纳入实践中其他方面个体特质因素以提升研究的丰富度。

参考文献

[1] Scott S G, Bruce R A. Determinants of innovative behavior: a path model of individual innovation in the workplace [J]. Academy of Management Journal, 1994, 37 (3): 580-607.

[2] 韩翼, 杨百寅. 真实型领导、心理资本与员工创新行为: 领导成员交换的调节作用 [J]. 管理世界, 2011 (12): 78-86.

[3] 何光远, 赵曙明, 施杨, 等. VUCA 环境下人力资源管理"四要素"理论模型分析 [J]. 财贸研究, 2020, 31 (11): 65-76.

[4] Huang J, Henfridsson O, Liu M J, et al. Growing on steroids: rapidly scaling the user base of digital ventures through digital innovation [J]. MIS Quarterly, 2017, 41 (1): 301-314.

[5] Kude T, Mithas S, Schmidt C T, et al. How pair programming influences team performance: the role of backup behavior, shared mental models, and task novelty [J]. Information Systems Research, 2019, 30 (4): 1145-1163.

[6] 聂伟, 风笑天. 996 在职青年的超时工作及社会心理后果研究——基于 CLDS 数据的实证分析 [J]. 中国青年研究, 2020 (05): 76-84.

[7] 孙道银, 王卿云. 组织物理环境对员工创造力影响的研究现状及展望——基于一个多维度理论框架 [J]. 技术经济, 2021, 40 (06): 93-101.

[8] 常铭超. 玩兴氛围如何影响员工创新行为? [D]. 贵州财经大学, 2020.

[9] 福卡智库. 稳居全球第二但"偏科"明显! 中国数字经济五大短板 [EB/OL]. [2022-06-06]. https://m.thepaper.cn/newsDetail_forward_17954833.

[10] 吴画斌, 许庆瑞, 陈政融. 数字经济背景下创新人才培养模式及对策研究 [J]. 科技管理研究, 2019, 39 (08): 116-121.

[11] 李进生, 赵曙明. VUCA 时代人力资源管理模式创新的取向与路径——以"三支

柱"模式为主线［J］. 江海学刊, 2021（05）: 90-96.

［12］Amabile T M. A model of creativity and innovation in organizations［J］. Research in Organizational Behavior, 1988, 10: 123-167.

［13］朱飞. VUCA 时代雇佣关系"法则"的变革［J］. 清华管理评论, 2015（10）: 43-49.

［14］Huettermann H, Bruch H. Mutual gains? health-related HRM, collective well-being and organizational performance［J］. Journal of Management Studies, 2019, 56（6）: 1045-1072.

［15］Ho H, Kuvaas B. Human resource management systems, employee well-being, and firm performance from the mutual gains and critical perspectives: the well-being paradox［J］. Human Resource Management, 2020, 59（3）: 235-253.

［16］李琰, 葛新权. 服务型领导对新生代员工工作激情的影响研究［J］. 管理评论, 2020, 32（11）: 220-232.

［17］McCoy J M. Linking the physical work environment to creative context［J］. Journal of Creative Behavior, 2005, 39（3）: 167-189.

［18］Dougherty D, Bertels H, Chung K, et al. Whose time is it? understanding clock-time pacing and event-time pacing in complex innovations［J］. Management & Organization Review, 2013, 9（2）: 233-263.

［19］Venkataramani S. Make way for a more human-centric employee value proposition ［EB/OL］.［2022-06-07］. https://www.gartner.com/smarterwithgartner/make-way-for-a-more-human-centric-employee-value-proposition.

［20］Bos-Nehles A, Renkema M, Janssen M. HRM and innovative work behaviour: a systematic literature review［J］. Personnel review, 2017, 46（7）: 1228-1253.

［21］Akhtar S, Ding D Z, Ge G L. Strategic HRM practices and their impact on company performance in Chinese enterprises［J］. Human Resource Management, 2008, 47（1）: 15-32.

［22］Bello-Pintado A. Bundles of HRM practices and performance: empirical evidence from a Latin American context［J］. Human Resource Management Journal, 2015, 25（3）: 311-330.

［23］Kellner A, Townsend K, Loudoun R, et al. High reliability human resource management (HRM): a system for high risk workplaces [J]. Human Resource Management Journal, 2021: 1-17.

[24] Brockbank W. If HR were really strategically proactive: Present and future directions in HR's contribution to competitive advantage [J]. Human Resource Management, 1999, 38 (4): 337-352.

[25] Gould-Williamsa J, Mohamed R B. A comparative study of the effects of 'best practice' HRM on worker outcomes in Malaysia and England local government [J]. International Journal of Human Resource Management, 2010, 21 (5): 653-675.

[26] Delery J E. Issues of fit in strategic human resource management: Implications for research [J]. Human Resource Management Review, 1998, 8 (3): 289-309.

[27] Alfes K, Shantz A, Truss C. The link between perceived HRM practices, performance and well-being: the moderating effect of trust in the employer [J]. Human Resource Management Journal, 2012, 22 (4): 409-427.

[28] Yang L R, Chen J H, Wu K S, et al. A framework for evaluating relationship among HRM practices, project success and organizational benefit [J]. Quality & Quantity, 2015, 49 (3): 1039-1061.

[29] Dul J, Ceylan C, Jaspers F. Knowledge workers' creativity and the role of the physical work environment [J]. Human Resource Management, 2011, 50 (6): 715-734.

[30] Klotz A C, Bolino M C. Bringing the great outdoors into the workplace: the energizing effect of biophilic work design [J]. Academy of Management Review, 2021, 2 (46): 231-251.

[31] 王艳平, 赵文丽. 人格特质对员工创造力的影响研究 [J]. 软科学, 2018, 32 (03): 93-96.

[32] van Kleef G A, Anastasopoulou C, Nijstad B A. Can expressions of anger enhance creativity? a test of the emotions as social information (EASI) model [J]. Journal of Experimental Social Psychology, 2010, 46 (6): 1042-1048.

[33] 孟昭兰. 情绪心理学 [G]. 北京: 北京大学出版社, 2005.

[34] George J M, Zhou J. Dual tuning in a supportive context: joint contributions of positive mood, negative mood, and supervisory behaviors to employee creativity [J]. Academy of Management Journal, 2007, 50 (3): 605-622.

[35] 刘小禹, 刘军. 团队情绪氛围对团队创新绩效的影响机制 [J]. 心理学报, 2012, 44 (04): 546-557.

[36] Barsade S G, Brief A P, Spataro S E. The affective revolution in organizational behavior: the emergence of a paradigm [M] //Organizational behavior: the state of the science. Mahwah, NJ: Erlbaum, 2003: 3-52.

[37] Amabile T M, Pratt M G. The dynamic componential model of creativity and innovation in organizations: making progress, making meaning [J]. Research in Organizational Behavior, 2016, 36: 157-183.

[38] 杜运周, 贾良定. 组态视角与定性比较分析 (QCA): 管理学研究的一条新道路 [J]. 管理世界, 2017, 37 (6): 155-167.

[39] Furnari S, Crilly D, Misangyi V F, et al. Capturing causal complexity: heuristics for configurational theorizing [J]. Academy of Management Review, 2021, 46 (4): 778-799.

[40] 张驰, 郑晓杰, 王凤彬. 定性比较分析法在管理学构型研究中的应用: 述评与展望 [J]. 外国经济与管理, 2017, 39 (4): 68-83.

[41] 杜运周, 李佳馨, 刘秋辰, 等. 复杂动态视角下的组态理论与QCA方法: 研究进展与未来方向 [J]. 管理世界, 2021, 37 (03): 180-197.

[42] Ragin C C. Redesigning social inquiry: fuzzy sets and beyond [M]. Chicago: University of Chicago Press, 2008.

[43] 龚丽敏, 江诗松, 魏江. 架构理论与方法回顾及其对战略管理的启示 [J]. 科研管理, 2014, 35 (5): 44-53.

[44] Woods S A, Mustafa M J, Anderson N, et al. Innovative work behavior and personality traits: examining the moderating effects of organizational tenure [J]. Journal of Managerial Psychology, 2018, 33 (1): 29-42.

[45] Ng T W H, Lucianetti L. Within-individual increases in innovative behavior and creative, persuasion, and change self-efficacy over time: a social-cognitive theory perspective [J]. Journal of Applied Psychology, 2016, 101 (1): 14-34.

[46] Ragin C C. Fuzzy-Set Social Science [M]. Chicago: University of Chicago Press, 2000.

[47] Crilly D, Zollo M, Hansen M T. Faking it or muddling through? understanding decoupling in response to stakeholder pressures [J]. Academy of Management Journal,

2012, 55 (6): 1429-1448.

[48] Misangyi V F, Greckhamer T, Furnari S, et al. Embracing causal complexity: the emergence of a neo-configurational perspective [J]. Journal of Management, 2017, 43 (1): 255-282.

[49] Douglas E J, Shepherd D A, Prentice C. Using fuzzy-set qualitative comparative analysis for a finer-grained understanding of entrepreneurship [J]. Journal of Business Venturing, 2020, 35: 105970.

[50] Fiss P C. A set-theoretic approach to organizational configurations [J]. Academy of Management Review, 2007, 32 (4): 1180-1198.

[51] Fiss P C. Building better causal theories: a fuzzy set approach to typologies in organization research [J]. Academy of Management Journal, 2011, 54 (2): 393-420.

[52] Liang H, Xue Y, Pinsonneault A, et al. What users do besides problem-focused coping when facing IT security threats: an emotion-focused coping perspective [J]. MIS Quarterly, 2019, 43 (2): 373-394.

[53] 陈振娇. 探索团队冲突与团队产出之间中介机制的实证研究 [D]. 中国科学技术大学, 2009.

[54] Mehrabian A, Russell J A. An Approach to Environment Psychology [M]. Cambridge, MA: MIT Press, 1974.

[55] 梁阜, 李树文, 孙锐. SOR视角下组织学习对组织创新绩效的影响 [J]. 管理科学, 2017, 30 (03): 63-74.

[56] 王俭. 基于SOR理论的消费者感知在线评论有用性形成机理与评价研究 [D]. 哈尔滨理工大学, 2020.

[57] Xiao B, Benbasat I. Product-related deception in e-commerce: a theoretical perspective [J]. MIS Quarterly, 2011, 35 (1): 169-195.

[58] Tang Z, Warkentin M, Wu L. Understanding employees' energy saving behavior from the perspective of stimulus-organism-responses [J]. Resources Conservation and Recycling, 2019, 140: 216-223.

[59] Wang W, Chen R R, Ou C X, et al. Media or message, which is the king in social commerce? an empirical study of participants' intention to repost marketing messages on social media [J]. Computers in Human Behavior, 2019, 93: 176-191.

[60] Luo P, Wang C, Guo F, et al. Factors affecting individual online rumor sharing behavior in the COVID-19 pandemic [J]. Computers in Human Behavior, 2021, 125: 106968.

[61] Arora S, Parida R R, Sahney S. Understanding consumer's showrooming behaviour: a stimulus-organism-response (S-O-R) perspective [J]. International Journal of Retail & Distribution Management, 2020, 48 (11): 1157-1176.

[62] Eroglu S A, Machleit K A, Davis L M. Atmospheric qualities of online retailing: a conceptual model and implications [J]. Journal of Business Research, 2001, 54 (2): 177-184.

[63] Ferdous A S, Polonsky M, Bednall D H B. Internal communication and the development of customer-oriented behavior among frontline employees [J]. European Journal of Marketing, 2021, 55 (8): 2344-2366.

[64] Wu S, Wang I A, Lin Z. Understanding the role of atmospheric cues of travel apps: a synthesis between media richness and stimulus-organism-response theory [J]. Journal of Hospitality and Tourism Management, 2021, 49: 226-234.

[65] Hew J J, Leong L Y, Tan G W H, et al. Mobile social tourism shopping: a dual-stage analysis of a multi-mediation model [J]. Tourism Management, 2018, 66 (6.): 121-139.

[66] Chang K C. Effect of servicescape on customer behavioral intentions: moderating roles of service climate and employee engagement [J]. International Journal of Hospitality Management, 2016, 53: 116-128.

[67] Zhang X, Tang J, Wei X, et al. How does mobile social media affect knowledge sharing under the "Guanxi" system? [J]. Journal of Knowledge Management, 2020, 24 (6): 1343-1367.

[68] Xu J, Benbasat I, Cenfetelli R T. The nature and consequences of trade-off transparency in the context of recommendation agents [J]. MIS Quarterly, 2014, 38 (2): 379-406.

[69] Cui X, Lai V S, Lowry P B. How do bidders' organism reactions mediate auction stimuli and bidder loyalty in online auctions? the case of Taobao in China [J]. Information & Management, 2016, 53 (5): 609-624.

[70] Tang Z, Warkentin M, Le W. Understanding employees' energy saving behavior from the perspective of stimulus-organism-responses [J]. Resources Conservation and Recycling, 2019, 140: 216-223.

[71] Liu H, Gao S, Xing H, et al. Shared leadership and innovative behavior in scientific research teams: a dual psychological perspective [J]. Chinese Management Studies, 2022, 16 (2): 466-492.

[72] 谢玉华, 李路瑶, 覃亚洲, 等. 基于SOR理论框架的员工抱怨研究述评与展望 [J]. 管理学报, 2019, 16 (05): 783-790.

[73] Wu W, Yu L, Li H, et al. Perceived environmental corporate social responsibility and employees' innovative behavior: a stimulus-organism-response perspective [J]. Frontiers in Psychology, 2022, 12: 777657.

[74] Chan T K H, Cheung C M K, Lee Z W Y. The state of online impulse-buying research: a literature analysis [J]. Information & Management, 2017, 54: 204-217.

[75] Arvey R D, Carter G W, Buerkley D K. Job Satisfaction: dispositional and situational influences [M] //International review of industrial and organizational psychology. New York: Wiley, 1991: 359-383.

[76] Weiss H M, Cropanzano R. Affective events theory: a theoretical discussion of the structure, causes and consequences of affective experiences at work [J]. Research in Organizational Behavior, 1996, 18 (3): 1-74.

[77] Zalesny M D, Ford J K. Extending the social information processing perspective: new links to attitudes, behaviors, and perceptions [J]. Organizational Behavior & Human Decision Processes, 1990, 47 (2): 205-246.

[78] Adler S, Skov R B, Salvemini N J. Job characteristics and job satisfaction: when cause becomes consequence [J]. Organizational Behavior & Human Decision Processes, 1985, 35 (2): 266-278.

[79] Weiss H M, Shaw J B. Social influences on judgments about tasks [J]. Organizational Behavior & Human Performance, 1979, 24 (1): 126-140.

[80] Weiss H M. Subordinate imitation of supervisor behavior: the role of modeling in organizational socialization [J]. Organizational Behavior & Human Performance, 1977, 19 (1): 89-105.

［81］ George J M. Mood and absence ［J］. Journal of Applied Psychology, 1989, 74（2）: 317-324.

［82］ 段锦云, 傅强, 田晓明, 等. 情感事件理论的内容、应用及研究展望［J］. 心理科学进展, 2011, 19（04）: 599-607.

［83］ 施俊琦. 情感事件理论［M］//李超平, 徐世勇. 管理与组织研究常用的60个理论. 北京: 北京大学出版社, 2019: 1-10.

［84］ Rodell J B, Judge T A. Can "good" stressors spark "bad" behaviors? the mediating role of emotions in links of challenge and hindrance stressors with citizenship and counterproductive behaviors ［J］. Journal of Applied Psychology, 2009, 94（6）: 1438-1451.

［85］ Pirola-Merlo A, Härtel C, Mann L, et al. How leaders influence the impact of affective events on team climate and performance in R&D teams ［J］. The Leadership Quarterly, 2002, 13（5）: 561-581.

［86］ Zhao H, Wayne S J, Glibkowski B C, et al. The impact of psychological contract breach on work-related outcomes: a meta-analysis ［J］. Personnel Psychology, 2007, 60（3）: 647-680.

［87］ Robinson S L, Morrison E W. The development of psychological contract breach and violation: a longitudinal study ［J］. Journal of Organizational Behavior, 2000, 21（5）: 525-546.

［88］ Babalola M T, Ren S, Kobinah T, et al. Negative workplace gossip: its impact on customer service performance and moderating roles of trait mindfulness and forgiveness ［J］. International Journal of Hospitality Management, 2019, 80: 136-143.

［89］ Glasø L, Vie T L, Holmdal G R, et al. An application of affective events theory to workplace bullying: the role of emotions, trait anxiety, and trait anger ［J］. European Psychologist, 2011, 16（3）: 198-208.

［90］ Einarsen S, Raknes B I. Harassment in the workplace and the victimization of men ［J］. Violence and Victims, 1997, 12（3）: 247-263.

［91］ Judge T A, Scott B A, Ilies R. Hostility, job attitudes, and workplace deviance: test of a multilevel model ［J］. Journal of Applied Psychology, 2006, 91（1）: 126-138.

［92］ Colquitt J A. On the dimensionality of organizational justice: a construct validation of a measure. [J]. Journal of applied psychology, 2001, 86 (3): 386-400.

[93] Rupp D E, Sharmin S. When customers lash out: the effects of customer interactional injustice on emotional labor and the mediating role of discrete emotions [J]. Journal of Applied Psychology, 2006, 91 (4): 971-978.

[94] Spencer S, Rupp D E. Angry, guilty, and conflicted: injustice toward coworkers heightens emotional labor through cognitive and emotional mechanisms [J]. Journal of Applied Psychology, 2009, 94 (2): 429-444.

[95] Gabriel A S, Diefendorff J M, Erickson R J. The relations of daily task accomplishment satisfaction with changes in affect: a multilevel study in nurses. [J]. Journal of Applied Psychology, 2011, 96 (5): 1095-1104.

[96] Aiken L H, Clarke S P, Sloane D M, et al. Nurses' reports on hospital care in five countries [J]. Health Affairs, 2001, 20 (3): 43-53.

[97] Carlson D, Kacmar K M, Zivnuska S, et al. Work-family enrichment and job performance: a constructive replication of affective events theory. [J]. Journal of Occupational Health Psychology, 2011, 16 (3): 297-312.

[98] Carlson D S, Kacmar K M, Wayne J H, et al. Measuring the positive side of the work-family interface: development and validation of a work-family enrichment scale [J]. Journal of Vocational Behavior, 2006, 68 (1): 131-164.

[99] Lanaj K, Johnson R E, Lee S M. Benefits of transformational behaviors for leaders: a daily investigation of leader behaviors and need fulfillment [J]. Journal of Applied Psychology, 2016, 101 (2): 237-251.

[100] Podsakoff P M, Mackenzie S B, Moorman R H, et al. Transformational leader behaviors and their effects on followers' trust in leader, satisfaction, and organizational citizenship behaviors [J]. Leadership Quarterly, 1990, 1 (2): 107-142.

[101] Lazarus R S. Cognition and motivation in emotion [J]. The American psychologist, 1991, 46 (4): 352-367.

[102] Butts M M, Becker W J, Boswell W R. Hot buttons and time sinks: the effects of electronic communication during nonwork time on emotions and work-nonwork conflict [J]. Academy of Management Journal, 2015, 58 (3): 763-788.

[103] Todorova G, Bear J B, Weingart L R. Can conflict be energizing? a study of task

conflict, positive emotions, and job satisfaction [J]. Journal of applied psychology, 2014, 99 (3): 451-467.

[104] Bledow R, Schmitt A, Frese M, et al. The affective shift model of work engagement [J]. Journal of Applied Psychology, 2011, 96 (6): 1246-1257.

[105] Basch J, Fisher C D. Affective events – emotions matrix: a classification of work events and associated emotions [M] //Ashkanasy N M, Härtel C E J, Zerbe W J. Emotions in the workplace: research, theory and practice. Westport: Greenwood Publishing Group, 2000.

[106] Kanner A D, Coyne J C, Schaefer C, et al. Comparison of two modes of stress measurement: daily hassles and uplifts versus major life events [J]. Journal of Behavioral Medicine, 1981, 4 (1): 1-39.

[107] Li Y, Ahlstrom D, Ashkanasy N M. A multilevel model of affect and organizational commitment [J]. Asia Pacific Journal of Management, 2010, 27 (2): 193-213.

[108] Kirton M. Adaptors and innovators: a description and measure [J]. Journal of Applied Psychology, 1976, 61 (5): 622-629.

[109] Hurt H T, Joseph K, Cook C D. Scales for the measurement of innovativeness [J]. Human Communication Research, 1977, 4 (1): 58-65.

[110] West M A, Farr J L. Innovation and creativity at work: psychological and organizational strategies [M]. John Wiley & Sons, 1991.

[111] Kleysen R F, Street C T. Toward a multi-dimensional measure of individual innovative behavior [J]. Journal of Intellectual Capital, 2001, 2 (3): 284-296.

[112] 卢小君, 张国梁. 工作动机对个人创新行为的影响研究 [J]. 软科学, 2007 (06): 124-127.

[113] Amabile T M, Conti R, Coon H, et al. Assessing the work environment for creativity [J]. Academy of Management Journal, 1996, 39 (5): 1154-1184.

[114] 顾远东, 彭纪生. 组织创新氛围对员工创新行为的影响: 创新自我效能感的中介作用 [J]. 南开管理评论, 2010, 13 (1): 30-41.

[115] 赵斌, 赵艳梅. 印象管理动机对员工创新行为的影响机制 [J]. 科技进步与对策, 2019, 36 (5): 145-153.

[116] 黄炯. 权力距离、组织承诺对员工创新行为的影响研究 [D]. 浙江大学, 2019.

[117] Janssen O. Job demands, perceptions of effort-reward fairness and innovative work behaviour [J]. Journal of Occupational & Organizational Psychology, 2000, 73: 287-302.

[118] 张国梁, 卢小君. 组织的学习型文化对个体创新行为的影响——动机的中介作用分析 [J]. 研究与发展管理, 2010, 22 (2): 16-23.

[119] Shalley C E, Gilson L L. What leaders need to know: A review of social and contextual factors that can foster or hinder creativity [J]. Leadership Quarterly, 2004, 15 (1): 33-53.

[120] 张振刚, 李云健, 余传鹏. 员工的主动性人格与创新行为关系研究——心理安全感与知识分享能力的调节作用 [J]. 科学学与科学技术管理, 2014, 35 (7): 171-180.

[121] 王忠, 齐涛, 邵金虎. IT企业知识员工玩趣人格对其创新行为的影响——工作沉浸的中介作用与职业承诺的调节作用 [J]. 软科学, 2017, 31 (5): 90-93.

[122] 仇泸毅, 张梦桃, 王勔追, 等. 可干预的人格特质: 自我分化对员工创新的影响 [J]. 科研管理, 2022, 43 (2): 202-208.

[123] Amabile T M. The social psychology of creativity: a componential conceptualization [J]. Journal of Personality and Social Psychology, 1983, 45 (2): 357-376.

[124] 朱苏丽, 龙立荣. 工作要求对研发人员创新行为影响的实证研究——以工作情感为中介变量 [J]. 武汉理工大学学报 (社会科学版), 2010, 23 (4): 507-511.

[125] George J M, Zhou J. Understanding when bad moods foster creativity and good ones don't: the role of context and clarity of feelings [J]. Journal of Applied Psychology, 2002, 87 (4): 687-697.

[126] 刘耀中. 心理授权的结构维度及其与员工创新行为的关系研究 [J]. 西北师大学报 (社会科学版), 2008 (6): 90-94.

[127] 许爽, 杨征, 刘平青, 等. 真心换真新: 真实型领导风格对新员工创新行为的激发机制研究 [J]. 科技进步与对策, 2022, (19): 1-8.

[128] 秦伟平, 李晋, 周路路, 等. 团队真实型领导对创造力的影响: LMX的跨层作用 [J]. 管理工程学报, 2016, 30 (3): 36-43.

[129] Gumusluoglu L, Ilsev A. Transformational leadership, creativity, and organizational

innovation [J]. Journal of Business Research, 2009, 62 (4): 461-473.

[130] Gong Y, Huang J C, Farh J L. Employee learning orientation, transformational leadership, and employee creativity: the mediating role of employee creative self-efficacy [J]. Academy of Management Journal, 2009, 52 (4): 765-778.

[131] 冯彩玲. 差异化变革型领导对员工创新行为的跨层次影响 [J]. 管理评论, 2017, 29 (5): 120-130.

[132] 汤超颖, 朱月利, 商继美. 变革型领导、团队文化与科研团队创造力的关系 [J]. 科学学研究, 2011, 29 (2): 275-282.

[133] 朱永跃, 欧阳晨慧, 过旻钰. 教练型领导对员工创造力的影响: 来自制造企业的实证分析 [J]. 科技进步与对策, 2020, 37 (16): 144-150.

[134] 魏华飞. 授权型领导对知识型员工创新行为和创新绩效的影响机制研究 [D]. 中国科学技术大学, 2018.

[135] 魏华飞, 古继宝, 张淑林. 授权型领导影响知识型员工创新的信任机制 [J]. 科研管理, 2020, 41 (4): 103-111.

[136] 魏峰, 袁欣, 邸杨. 交易型领导、团队授权氛围和心理授权影响下属创新绩效的跨层次研究 [J]. 管理世界, 2009 (4): 135-142.

[137] 彭正龙, 赵红丹. 研发团队领导成员交换、心理感知与员工创新 [J]. 科学学研究, 2011, 29 (2): 283-290.

[138] Gu Q, Tang T L P, Wan J. Does moral leadership enhance employee creativity? employee Identification with leader and leader-member exchange (LMX) in the Chinese context [J]. Journal of Business Ethics, 2015, 126 (3): 513-529.

[139] Shin S J, Kim T Y, Lee J Y, et al. Cognitive team diversity and individual team member creativity: a cross-level interaction [J]. Academy of Management Journal, 2012, 55 (1): 197-212.

[140] 杨付, 张丽华. 团队沟通、工作不安全氛围对创新行为的影响: 创造力自我效能感的调节作用 [J]. 心理学报, 2012, 44 (10): 1383-1401.

[141] Magni M, Palmi P, Salvemini S. Under pressure! team innovative climate and individual attitudes in shaping individual improvisation [J]. European Management Journal, 2017, 36 (4): 474-484.

[142] Van Der Vegt G S, Van De Vliert E, Huang X. Location-level links between

diversity and innovative climate depend on national power distance [J]. Academy of Management Journal, 2005, 48 (6): 1171-1182.

[143] 顾远东, 周文莉, 彭纪生. 组织创新支持感与员工创新行为: 多重认同的中介作用 [J]. 科技管理研究, 2016, 36 (16): 129-136.

[144] 陈倩倩, 樊耘, 李春晓. 组织支持感对员工创新行为的影响研究——目标导向与权力动机的作用 [J]. 华东经济管理, 2018, 32 (2): 43-50.

[145] Shanker R, Bhanugopan R, van der Heijden B I J M, et al. Organizational climate for innovation and organizational performance: the mediating effect of innovative work behavior [J]. Journal of Vocational Behavior, 2017, 100: 67-77.

[146] 阎亮, 张治河. 组织创新氛围对员工创新行为的混合影响机制 [J]. 科研管理, 2017, 38 (9): 97-105.

[147] Lau C M, Ngo H Y. The HR system, organizational culture, and product innovation [J]. International Business Review, 2004, 13 (6): 685-703.

[148] 杨晶照, 陈勇星, 马洪旗. 组织结构对员工创新行为的影响: 基于角色认同理论的视角 [J]. 科技进步与对策, 2012, 29 (9): 129-134.

[149] 杜鹏程, 李敏, 倪清, 等. 差错反感文化对员工创新行为的影响机制研究 [J]. 管理学报, 2015, 12 (4): 538-545.

[150] Chae S, Seo Y, Lee K C. Effects of task complexity on individual creativity through knowledge interaction: a comparison of temporary and permanent teams [J]. Computers in Human Behavior, 2015, 42: 138-148.

[151] 梁阜, 李树文, 罗瑾琏. 差异化变革型领导对员工创新行为的影响: 资源转化视角 [J]. 管理科学, 2018, 31 (3): 62-74.

[152] 吴金南, 王楠楠, 刘林, 等. 技术入侵生活对员工创新行为的影响: 以工作满意和工作焦虑为中介变量 [J]. 中国管理科学, 2016, 24 (S1): 860-867.

[153] 王国猛, 孙吴信宜, 郑全全, 等. 情绪创造力对员工创新行为的影响: 情绪社会建构理论的视角 [J]. 心理科学, 2016, 39 (1): 124-130.

[154] Yuan F, Woodman R W. Innovative behavior in the workplace: the role of performance and image outcome expectations [J]. Academy of Management Journal, 2010, 53 (2): 323-342.

[155] Chen X, Liu J, Zhang H, et al. Cognitive diversity and innovative work behaviour:

the mediating roles of task reflexivity and relationship conflict and the moderating role of perceived support [J]. Journal of Occupational and Organizational Psychology, 2019, 92 (3): 671-694.

[156] Amabile T M, Gryskiewicz N D. The creative environment scales: work environment inventory [J]. Creativity Research Journal, 1989, 2 (4): 231-253.

[157] Newman J E. Development of a measure of perceived work environment (PWE) [J]. Academy of Management Journal, 1977, 20 (4): 520-534.

[158] Amabile T M, Conti R. Changes in the work environment for creativity during downsizing [J]. Academy of Management Journal, 1999, 42 (6): 630-640.

[159] Tsai C Y, Horng J S, Liu C H, et al. Work environment and atmosphere: the role of organizational support in the creativity performance of tourism and hospitality organizations [J]. International Journal of Hospitality Management, 2015, 46: 26-35.

[160] Jehn K A, Mannix E A. The dynamic nature of conflict: a longitudinal study of intragroup conflict and group performance [J]. Academy of Management Journal, 2001, 44 (2): 238-251.

[161] 陈振娇, 赵定涛. 关系冲突影响团队产出的中介机制研究 [J]. 北京理工大学学报 (社会科学版), 2011, 13 (03): 5-10.

[162] 陈振娇, 赵定涛, 魏昕. 团队关系冲突对知识共享影响机制的实证研究 [J]. 科技进步与对策, 2012, 29 (7): 122-127.

[163] Chen Z, Zhao D. When and how employees learn: the effect of task conflict on learning behavior [J]. Social Behavior & Personality, 2012, 40 (1): 47-53.

[164] Jaskyte K, Byerly C, Bryant A, et al. Transforming a nonprofit work environment for creativity [J]. Nonprofit Management and Leadership, 2010, 21 (1): 77-92.

[165] Byron K, Laurence G A. Diplomas, photos, and tchotchkes as symbolic self-representations: understanding employees' individual use of symbols [J]. Academy of Management Journal, 2015, 58 (1): 298-323.

[166] Hoff E V, Öberg N K. The role of the physical work environment for creative employees – a case study of digital artists [J]. International Journal of Human Resource Management, 2015, 26 (14): 1889-1906.

[167] Thoring K, Gonçalves M, Mueller R M, et al. Architecture of creativity: toward a

causal theory of creative workspace design [J]. International Journal of Design, 2021, 15 (2): 17-36.

[168] Knight A P, Baer M. Get up, stand up: the effects of a non-sedentary workspace on information elaboration and group performance [J]. Social Psychological & Personality Science, 2014, 5 (8): 910-917.

[169] Wu Y, Lu C, Yan J, et al. Rounded or angular? how the physical work environment in makerspaces influences makers' creativity [J]. Journal of Environmental Psychology, 2021, 73: 101546.

[170] Cheung M F Y, Zhang I D. The triggering effect of office design on employee creative performance: an exploratory investigation based on Duffy's conceptualization [J]. Asia Pacific Journal of Management, 2021, 38: 1283-1304.

[171] Chi N W, Liao H H, Chien W L. Having a creative day: a daily diary study of the interplay between daily activating moods and physical work environment on daily creativity [J]. Journal of Creative Behavior 2021, 55 (3): 752-768.

[172] Emiralioğlu R, Sönmez B. The relationship of nursing work environment and innovation support with nurses' innovative behaviours and outputs [J]. Journal of Nursing Management, 2021, 29: 2132-2141.

[173] Yang G. Workplace fun and employee creativity: the mediating role of psychological safety [J]. Social Behavior and Personality, 2020, 48 (11): e9510.

[174] Awang A H, Sapie N M, Hussain M Y, et al. Nurturing innovative employees: effects of organisational learning and work environment [J]. Economic Research-Ekonomska Istraživanja, 2019, 32 (1): 1152-1168.

[175] Lukersmith S, Burgess-Limerick R. The perceived importance and the presence of creative potential in the health professional's work environment [J]. Ergonomics, 2013, 56 (6): 922-934.

[176] Choi J N, Anderson T A, Veillette A. Contextual inhibitors of employee creativity in organizations [J]. Group & Organization Management, 2008, 34 (3): 330-357.

[177] Schepers P, van den Berg P T. Social factors of work-environment creativity [J]. Journal of Business & Psychology, 2007, 21 (3): 407-428.

[178] Horng J S, Lee Y C. What environmental factors influence creative culinary studies?

[J]. International Journal of Contemporary Hospitality Management, 2009, 21 (1): 100-117.

[179] Ceylan C, Dul J, Aytac S. Can the office environment stimulate a manager's creativity? [J]. Human Factors and Ergonomics in Manufacturing & Service Industries, 2008, 18 (6): 589-602.

[180] Horng J S, Tsai C Y, Yang T C, et al. Exploring the relationship between proactive personality, work environment and employee creativity among tourism and hospitality employees [J]. International Journal of Hospitality Management, 2016, 54: 25-34.

[181] Schepers P, van den Berg P T. Social factors of work-environment creativity [J]. Journal of Business & Psychology, 2007, 21 (3): 407-428.

[182] Folkman S, Lazarus R S. If it changes it must be a process: study of emotion and coping during three stages of a college examination. [J]. Journal of Personality & Social Psychology, 1985, 48 (1): 150-170.

[183] Lazarus R S, Folkman S. Stress, appraisal, and coping [M]. New York: Springer, 1984.

[184] Folkman S, Lazarus R S, Dunkel-Schetter C, et al. Dynamics of a stressful encounter: cognitive appraisal, coping, and encounter outcomes. [J]. Journal of Personality & Social Psychology, 1986, 50 (5): 992-1003.

[185] D'Arcy J, Herath T, Shoss M K. Understanding employee responses to stressful information security requirements: a coping perspective [J]. Journal of Management Information Systems, 2014, 31 (2): 285-318.

[186] Hong J, Ahn S Y, Camp K M, et al. The role of consumer mindsets to reduce health-related stress [J]. Journal of Consumer Behaviour, 2022: 1-13.

[187] Chen D Q, Liang H. Wishful thinking and IT threat avoidance: an extension to the technology threat avoidance theory [J]. IEEE Transactions on Engineering Management, 2019, 66 (4): 552-567.

[188] Beaudry A, Pinsonneault A. Understanding user responses to information technology: a coping model of user adaptation [J]. MIS Quarterly, 2005, 29 (3): 493-524.

[189] Carver C S, Scheier M F, Weintraub J K. Assessing coping strategies: a theoretically based approach [J]. Journal of Personality and Social Psychology, 1989, 56 (2):

267-283.

[190] Baker J P, Berenbaum H. Emotional approach and problem-focused coping: a comparison of potentially adaptive strategies [J]. Cognition & Emotion, 2007, 21 (1): 95-118.

[191] Xin T, Siponen M, Chen S. Understanding the inward emotion-focused coping strategies of individual users in response to mobile malware threats [J]. Behaviour & Information Technology, 2021 (8): 1-25.

[192] Siu O L, Lo B C Y, Ng T K, et al. Social support and student outcomes: the mediating roles of psychological capital, study engagement, and problem-focused coping [J]. Current Psychology, 2021 (1): 1-10.

[193] Vassillière C T, Holahan C J, Holahan C K. Race, perceived discrimination, and emotion-focused coping [J]. Journal of Community Psychology, 2016, 44 (4): 524-530.

[194] Stacey P, Taylor R, Olowosule O, et al. Emotional reactions and coping responses of employees to a cyber-attack: a case study [J]. International Journal of Information Management, 2021, 58 (6): 102298.

[195] Chen Y, Galletta D F, Lowry P B, et al. Understanding inconsistent employee compliance with information security policies through the lens of the extended parallel process model [J]. Information Systems Research, 2021, 32 (3): 1043-1065.

[196] Hertel G, Rauschenbach C, Thielgen M M, et al. Are older workers more active copers? longitudinal effects of age-contingent coping on strain at work [J]. Journal of Organizational Behavior, 2015, 36 (4): 514-537.

[197] Chen C. The role of resilience and coping styles in subjective well-being among Chinese university students [J]. The Asia-Pacific Education Researcher, 2016, 25 (3): 377-387.

[198] Meneghel I, Martínez I M, Salanova M, et al. Promoting academic satisfaction and performance: building academic resilience through coping strategies [J]. Psychology in the Schools, 2019, 56 (6): 875-890.

[199] Ciuhan G C, Nicolau R G, Iliescu D. Perceived stress and wellbeing in Romanian teachers during the COVID-19 pandemic: the intervening effects of job crafting and

problem-focused coping [J]. Psychology in the Schools, 2022: 1-12.

[200] Chao R C L. Managing stress and maintaining well-being: social support, problem-focused coping, and avoidant coping [J]. Journal of Counseling & Development, 2011, 89: 338-348.

[201] Roth S, Cohen L J. Approach, avoidance, and coping with stress [J]. American Psychologist, 1986, 41 (7): 813-819.

[202] Ruhle S A, Breitsohl H, Aboagye E, et al. "To work, or not to work, that is the question" - recent trends and avenues for research on presenteeism [J]. European Journal of Work and Organizational Psychology, 2020, 29 (3): 344-363.

[203] Johns G. Presenteeism in the workplace: a review and research agenda [J]. Journal of Organizational Behavior, 2010, 31 (4): 519-542.

[204] Luksyte A, Avery D R, Yeo G. It Is worse when You do it: examining the interactive effects of coworker presenteeism and demographic similarity [J]. Journal of Applied Psychology, 2015, 100 (4): 1107-1123.

[205] Hemp P. Presenteeism: at work--but out of it. [J]. Harvard Business Review, 2004, 82 (10): 49-58.

[206] Lohaus D, Habermann W. Presenteeism: a review and research directions [J]. Human Resource Management Review, 2019, 29 (1): 43-58.

[207] 刘贝妮, 杨河清. 工作场所隐性缺勤行为研究述评 [J]. 经济与管理研究, 2016, 37 (4): 66-73.

[208] Wan H C, Downey L A, Stough C. Understanding non-work presenteeism: relationships between emotional intelligence, boredom, procrastination and job stress [J]. Personality and Individual Differences, 2014, 65: 86-90.

[209] Yang T, Zhu M, Xie X. The determinants of presenteeism: a comprehensive investigation of stress-related factors at work, health, and individual factors among the aging workforce [J]. Journal of Occupational Health, 2016, 58: 25-35.

[210] Demerouti E, Blanc P M L, Bakker A B, et al. Present but sick: a three-wave study on job demands, presenteeism and burnout [J]. Career Development International, 2009, 14 (1): 50-68.

[211] Aronsson G, Gustafsson K. Sickness presenteeism: prevalence, attendance-pressure

factors, and an outline of a model for research. [J]. Journal of Occupational and Environmental Medicine, 2005, 47 (9): 958-966.

[212] Lu L, Lin H Y, Cooper C L. Unhealthy and present: motives and consequences of the act of presenteeism among Taiwanese employees [J]. Journal of Occupational Health Psychology, 2013, 18 (4): 406-416.

[213] Koopman C, Pelletier K R, Murray J F, et al. Stanford presenteeism scale: health status and employee productivity [J]. Journal of Occupational and Environmental Medicine, 2002, 44 (1): 14-20.

[214] Lerner D, Adler D A, Chang H, et al. Unemployment, job retention, and productivity loss among employees with depression [J]. Psychiatric Services, 2004, 55 (12): 1371-1378.

[215] Vänni K, Virtanen P, Luukkaala T, et al. Relationship between perceived work ability and productivity loss [J]. International Journal of Occupational Safety and Ergonomics, 2012, 18 (3): 299-309.

[216] Yang T, Ma M, Zhu M, et al. Challenge or hindrance: does job stress affect presenteeism among Chinese healthcare workers? [J]. Journal of Occupational Health, 2018, 60 (2): 163-171.

[217] Martinez L F, Ferreira A I. Sick at work: Presenteeism among nurses in a Portuguese public hospital [J]. Stress & Health, 2012, 28 (4): 297-304.

[218] Hansen C D, Andersen J H. Going ill to work – – what personal circumstances, attitudes and work-related factors are associated with sickness presenteeism? [J]. Social Science & Medicine, 2008, 67: 956-964.

[219] Cooper C L, Lu L. Presenteeism as a global phenomenon: unraveling the psychosocial mechanisms from the perspective of social cognitive theory [J]. Cross Cultural & Strategic Management, 2016, 23 (2): 216-231.

[220] Miraglia M, Johns G. Going to work ill: a meta-analysis of the correlates of presenteeism and a dual-path model [J]. Journal of Occupational Health Psychology, 2016, 21 (3): 261-283.

[221] Yang T, Shen Y M, Zhu M, et al. Effects of co-worker and supervisor support on job stress and presenteeism in an aging workforce: a structural equation modelling ap-

proach [J]. International Journal of Environmental Research and Public Health, 2016, 13: 72.

[222] BaKer-McClearn D, Greasley K, Dale J, et al. Absence management and presenteeism: the pressures on employees to attend work and the impact of attendance on performance [J]. Human Resource Management Journal, 2010, 20 (3): 311-328.

[223] Böckerman P, Laukkanen E. What makes you work while you are sick? evidence from a survey of workers [J]. European Journal of Public Health, 2010, 20 (1): 43-46.

[224] Lu L, Lin H Y, Cooper C L. Unhealthy and present: motives and consequences of the act of presenteeism among Taiwanese employees [J]. Journal of Occupational Health Psychology, 2013, 18 (4): 406-416.

[225] Skagen K, Collins A M. The consequences of sickness presenteeism on health and wellbeing over time: a systematic review [J]. Social Science & Medicine, 2016, 161: 169-177.

[226] Gustafsson K, Marklund S. Consequences of sickness presence and sickness absence on health and work ability: a Swedish prospective cohort study [J]. International Journal of Occupational Medicine and Environmental Health, 2011, 24 (2): 153-165.

[227] Krizan Z, Windschitl P D. The influence of outcome desirability on optimism [J]. Psychological Bulletin, 2007, 133 (1): 95-121.

[228] Connor-Smith J K, Flachsbart C. Relations between personality and coping: a meta-analysis. [J]. Journal of Personality and Social Psychology, 2007, 93 (6): 1080-1107.

[229] Beaudry A, Pinsonneault A. The other side of acceptance: studying the direct and indirect effects of emotions on information technology use [J]. MIS Quarterly, 2010, 34 (4): 689-710.

[230] Krattenmacher T, Kühne F, Führer D, et al. Coping skills and mental health status in adolescents when a parent has cancer: a multicenter and multi-perspective study [J]. Journal of Psychosomatic Research, 2013, 74 (3): 252-259.

[231] Devereux J M, Hastings R P, Noone S J, et al. Social support and coping as media-

tors or moderators of the impact of work stressors on burnout in intellectual disability support staff [J]. Research in Developmental Disabilities, 2009, 30 (2): 367-377.

[232] Wendorf J E, Yang F. Benefits of a negative post: effects of computer-mediated venting on relationship maintenance [J]. Computers in Human Behavior, 2015, 52: 271-277.

[233] Stickney L T, Geddes D. Positive, proactive, and committed: the surprising connection between good citizens and expressed (vs. suppressed) anger at work [J]. Negotiation & Conflict Management Research, 2014, 7 (4): 243-264.

[234] Jin Y, Hong S Y. Explicating crisis coping in crisis communication [J]. Public Relations Review, 2010, 36 (4): 352-360.

[235] Morgeson F P, Mitchell T R, Liu D. Event system theory: an event-oriented approach to the organizational sciences [J]. Academy of Management Review, 2015, 40 (4): 515-537.

[236] Ramasubbu N, Bharadwaj A, Tayi G K. Software process diversity: conceptualization, measurement, and analysis of impact on project performance [J]. MIS Quarterly, 2015, 39 (4): 787-807.

[237] Liu H, Rubenstein A L, Li G, et al. A time to consider, a time to deliver: the independent and interactive effects of regulatory mode on innovative work behavior [J]. Journal of Product Innovation Management, 2022, 39 (2): 202-221.

[238] Diamantopoulos A, Winklhofer H M. Index construction with formative indicators: an alternative to scale development [J]. Journal of Marketing Research, 2001, 38 (2): 269-277.

[239] Armstrong D J, Brooks N G, Riemenschneider C K. Exhaustion from information system career experience: implications for turn-away intention [J]. MIS Quarterly, 2015, 39 (3): 713-727.

[240] 邓春平, 刘小娟, 毛基业. 挑战与阻断性压力源对边界跨越结果的影响——IT员工压力学习的有调节中介效应 [J]. 管理评论, 2018, 30 (7): 148-161.

[241] Demerouti E, Le Blanc P M, Bakker A B, et al. Present but sick: a three-wave study on job demands, presenteeism and burnout [J]. Career Development Interna-

tional, 2009, 14 (1): 50-68.

[242] 俞国良, 张伟达. 创造力与心理健康: 争议、证据及其研究展望 [J]. 河北学刊, 2020, 40 (5): 168-177.

[243] 柏纳. 字节跳动在取消大小周后薪资普遍下降17% [EB/OL]. [2021-09-06]. https://www.dsb.cn/158409.html.

[244] 王弘钰, 李云剑. 中国本土情境下内隐追随的维度与量表开发——基于形成性指标的维度构建方法 [J]. 厦门大学学报 (哲学社会科学版), 2018 (01): 78-85.

[245] Xiao C, Silva E A, Zhang C. Nine-nine-six work system and people's movement patterns: using big data sets to analyse overtime working in Shanghai [J]. Land Use Policy, 2020, 90: 104340.

[246] Wang J J. How managers use culture and controls to impose a '996' work regime in China that constitutes modern slavery [J]. Accounting & Finance, 2020, 60 (4): 4331-4359.

[247] Guo L, Mao J Y, Chiang T J, et al. Working hard or hardly working? How supervisor's liking of employee affects interpretations of employee working overtime and performance ratings [J]. Asia Pacific Journal of Management, 2020: 1-26.

[248] 罗胜强, 姜嬿. 单维构念与多维构念的测量 [M] //陈晓萍, 徐淑英, 樊景立. 组织与管理研究的实证方法. 北京: 北京大学出版社, 2012: 356-394.

[249] Dickinger A, Stangl B. Website performance and behavioral consequences: a formative measurement approach [J]. Journal of Business Research, 2013, 66 (6): 771-777.

[250] 赵慧军, 王娟娟. 中国情境的工作强化研究: 结构探索与量表开发 [J]. 经济管理, 2019, 41 (5): 192-208.

[251] Hair J F, Howard M C, Nitzl C. Assessing measurement model quality in PLS-SEM using confirmatory composite analysis [J]. Journal of Business Research, 2020, 109: 101-110.

[252] Pohling R, Buruck G, Jungbauer K L, et al. Work-related factors of presenteeism: the mediating role of mental and physical health [J]. Journal of Occupational Health Psychology, 2016, 21 (2): 220-234.

［253］McGregor A, Magee C A, Caputi P, et al. A job demands-resources approach to presenteeism［J］. Career Development International, 2016, 21（4）: 402-418.

［254］Kombeiz O, Steidle A, Died E. View it in a different light: mediated and moderated effects of dim warm light on collaborative conflict resolution［J］. Journal of Environmental Psychology, 2017, 51: 270-283.

［255］Mooney A C, Holahan P J, Amason A C. Don't take it personally: exploring cognitive conflict as a mediator of affective conflict［J］. Journal of Management Studies, 2007, 44（5）: 733-758.

［256］Hempel P S, Zhang Z, Tjosvold D. Conflict management between and within teams for trusting relationships and performance in China［J］. Journal of Organizational Behavior, 2009, 30（1）: 41-65.

［257］Jehn K A, Greer L, Levine S, et al. The effects of conflict types, dimensions, and emergent states on group outcomes［J］. Group Decision & Negotiation, 2008, 17（6）: 465-495.

［258］De Dreu C K W, Weingart L R. Task versus relationship conflict, team performance, and team member satisfaction: a meta-analysis.［J］. Journal of Applied Psychology, 2003, 88（4）: 741-749.

［259］Farh J, Lee C, Farh C I C. Task conflict and team creativity: a question of how much and when.［J］. Journal of Applied Psychology, 2010, 95（6）: 1173-1180.

［260］Kaplan R. The role of nature in the context of the workplace［J］. Landscape & Urban Planning, 1993, 26: 193-201.

［261］Ryan R M, Weinstein N, Bernstein J, et al. Vitalizing effects of being outdoors and in nature［J］. Journal of Environmental Psychology, 2010, 30（2）: 159-168.

［262］Mooney A C, Holahan P J, Amason A C. Don't take it personally: exploring cognitive conflict as a mediator of affective conflict［J］. Journal of Management Studies, 2007, 44（5）: 733-758.

［263］Wageman R. Interdependence and group effectiveness［J］. Administrative Science Quarterly, 1995, 40（1）: 145-180.

［264］Du W, Pan S L. Boundary spanning by design: toward aligning boundary-spanning capacity and strategy in IT outsourcing［J］. IEEE Transactions on Engineering Management, 2013, 60 (1): 59-76.

[265] Caverley N, Cunningham J B, Macgregor J N. Sickness presenteeism, sickness absenteeism, and health following restructuring in a public service organization [J]. Journal of Management Studies, 2007, 44 (2): 304-319.

[266] Jehn K A. A multimethod examination of the benefits and detriments of intragroup conflict [J]. Administrative Science Quarterly, 1995, 40 (2): 256-282.

[267] Corbin J, Strauss A. Basics of qualitative research: techniques and procedures for developing grounded theory (fourth edition) [M]. Thousand Oaks, California: SAGE, 2015.

[268] Liang Y, Qi G, Wei K, et al. Exploring the determinant and influence mechanism of e-Government cloud adoption in government agencies in China [J]. Government Information Quarterly, 2017, 34 (3): 481-495.

[269] 肖薇, 罗瑾琏. 女性职业成功的结构模型与量表开发 [J]. 经济管理, 2015, 037 (03): 79-88.

[270] Cheung M F Y, Zhang I D. The triggering effect of office design on employee creative performance: an exploratory investigation based on Duffy's conceptualization [J]. Asia Pacific Journal of Management, 2021, 38: 1283-1304.

[271] Yang T, Liu R, Deng J. Does co-worker presenteeism increase innovative behavior? evidence from IT professionals under the 996 work regime in China. [J]. Frontiers in Psychology, 2021, 12: 681505.

[272] Cropanzano R, Mitchell M S. Social exchange theory: an interdisciplinary review [J]. Journal of Management, 2005, 31 (6): 874-900.

[273] 邹文篪, 田青, 刘佳. "投桃报李"——互惠理论的组织行为学研究述评 [J]. 心理科学进展, 2012, 20 (11): 1879-1888.

[274] Kaplan S. The restorative benefits of nature: toward an integrative framework [J]. Journal of Environmental Psychology, 1995, 15 (3): 169-182.

[275] Shibata S, Suzuki N. Effects of the foliage plant on task performance and mood [J]. Journal of Environmental Psychology, 2002, 22 (3): 265-272.

[276] Mcgregor A, Iverson D, Caputi P, et al. Relationships between work environment factors and presenteeism mediated by employees' health: a preliminary study [J].

Journal of Occupational & Environmental Medicine, 2014, 56 (12): 1319-1324.

[277] Hobfoll S E. The influence of culture, community, and the nested-self in the stress process: advancing conservation of resources theory [J]. Applied Psychology-An International Review, 2001, 50 (3): 337-421.

[278] Hobfoll S E, Halbesleben J, Neveu J P, et al. Conservation of resources in the organizational context: the reality of resources and their consequences [J]. Annual Review of Organizational Psychology and Organizational Behavior, 2018, 5: 103-128.

[279] Anderson N, Potočnik K, Zhou J. Innovation and creativity in organizations: a state-of-the-science review, prospective commentary, and guiding framework [J]. Journal of Management, 2014, 40 (5): 1297-1333.

[280] Chen J W, Lu L, Cooper C L. The compensatory protective effects of social support at work in presenteeism during the coronavirus disease pandemic [J]. Frontiers in Psychology, 2021, 12: 689.

[281] Bai Y, Lin L, Li P P. How to enable employee creativity in a team context: a cross-level mediating process of transformational leadership [J]. Journal of Business Research, 2016, 69: 3240-3250.

[282] Simons T L, Peterson R S. Task conflict and relationship conflict in top management teams: the pivotal role of intragroup trust. [J]. Journal of Applied Psychology, 2000, 85 (1): 102-111.

[283] Jehn K A, Bendersky C. Intragroup conflict in organizations: a contingency perspective on the conflict-outcome relationship [J]. Research in Organizational Behavior, 2003, 25: 187-242.

[284] De Dreu C K W, West M A. Minority dissent and team innovation: the importance of participation in decision making [J]. Journal of Applied Psychology, 2001, 86 (6): 1191-1201.

[285] Liu S, Wei H, Xin H, et al. Task conflict and team creativity: the role of team mindfulness, experiencing tensions, and information elaboration [J]. Asia Pacific Journal of Management, 2021, 38: 1-32.

[286] Ryan R M, Deci E L. On happiness and human potentials: a review of research on hedonic and eudaimonic well-being [J]. Annual Review of Psychology, 2001, 52:

141-166.

[287] Leather P, Pyrgas M, Beale D, et al. Windows in the workplace sunlight, view, and occupational stress [J]. Environment & Behavior, 1998, 30 (6): 739-762.

[288] Basu A, Duvall J, Kaplan R. Attention restoration theory: exploring the role of soft fascination and mental bandwidth [J]. Environment and Behavior, 2019, 51 (9-10): 1055-1081.

[289] Bratman G N, Hamilton J P, Daily G C. The impacts of nature experience on human cognitive function and mental health [J]. Annals of the New York Academy of Sciences, 2012, 1249 (1). 118-136.

[290] Ryan R M, Deci E L. From ego depletion to vitality: theory and findings concerning the facilitation of energy available to the self [J]. Social & Personality Psychology Compass, 2008, 2 (2): 702-717.

[291] Lovelace K, Shapiro D L, Weingart L R. Maximiztng cross-functional new product teams' innovativeness and constraint adherence: a conflict communications perspectiiv [J]. Academy of Management Journal, 2001, 44 (4): 779-793.

[292] Pelled L H, Eisenhardt K M, Xin K R. Exploring the black box: an analysis of work group diversity, conflict, and performance [J]. Administrative Science Quarterly, 1999, 44 (1): 1-28.

[293] Guillemette M G, Paré G. Toward a new theory of the contribution of the IT function in organizations [J]. MIS Quarterly, 2012, 36 (2): 529-551.

[294] Folkman S, Lazarus R S, Gruen R J, et al. Appraisal, coping, health status, and psychological symptoms [J]. Journal of Personality and Social Psychology, 1986, 50 (3): 571-579.

[295] 汤超颖, 辛蕾. IT 企业员工工作压力与离职意向关系的实证研究 [J]. 管理评论, 2007 (9): 30-34.

[296] Gross J J. The emerging field of emotion regulation: an integrative review [J]. Review of General Psychology, 1998, 2 (3). 271-299.

[297] Folkman S, Moskowitz J T. Coping: pitfalls and promise [J]. Annual Review of Psychology, 2004, 55: 745-774.

[298] Parke M R, Seo M G, Sherf E N. Regulating and facilitating: the role of emotional

intelligence in maintaining and using positive affect for creativity．［J］．Journal of Applied Psychology，2015，100（3）：917-934．

［299］Villegas-Gold R，Yoo H C．Coping with discrimination among Mexican American college students［J］．Journal of counseling psychology，2014，61（3）：404-413．

［300］田传胜，孙菲，景心宇．职业应激应对方式与工作满意度及精神健康关系的探讨［J］．中国自然医学杂志，2004，6（3）：131-133．

［301］Nils F，Rimé B．Beyond the myth of venting：social sharing modes determine the benefits of emotional disclosure［J］．European Journal of Social Psychology，2012，42（6）：672-681．

［302］Rodriguez-Hidalgo C，Tan E S H，Verlegh P W J．Expressing emotions in blogs：the role of textual paralinguistic cues in online venting and social sharing posts［J］．Computers in Human Behavior，2017，73：638-649．

［303］Austenfeld J L，Stanton A L．Coping through emotional approach：a new look at emotion，coping，and health-related outcomes［J］．Journal of Personality，2004，72（6）：1335-1364．

［304］王华民．网络调查中的统计误差及控制措施［J］．统计与决策，2014（23）：72-74．

［305］张力，刘新梅．在孵企业基于孵化器"内网络"的成长依赖［J］．管理评论，2012，24（9）：103-110．

［306］朱明洋，张玉利，曾国军．网络自主权、企业双元创新战略与商业模式创新关系研究：内部协调柔性的调节作用［J］．管理工程学报，2020，34（6）：66-78．

［307］Vänni K，Virtanen P，Luukkaala T，et al．Relationship between perceived work ability and productivity loss［J］．International Journal of Occupational Safety and Ergonomics，2012，18（3）：299-309．

［308］Yang T，Shen Y M，Zhu M，et al．Effects of co-worker and supervisor support on job stress and presenteeism in an aging workforce：a structural equation modelling approach［J］．International Journal of Environmental Research and Public Health，2016，13（1）：72．

［309］杨付，张丽华．团队成员认知风格对创新行为的影响：团队心理安全感和工作

单位结构的调节作用 [J]. 南开管理评论, 2012, 15 (5): 13-25.

[310] Chang S J, van Witteloostuijn A, Eden L. From the editors: common method variance in international business research [J]. Journal of International Business Studies, 2010, 41 (2): 178-184.

[311] Podsakoff P M, MacKenzie S B, Lee J Y, et al. Common method biases in behavioral research: a critical review of the literature and recommended remedies [J]. Journal of Applied Psychology, 2003, 88 (5): 879-903.

[312] 梁彦清. 领导——成员交换对工作幸福感的影响机制研究——职场精神力的中介作用 [J]. 经济问题, 2018 (9): 91-96.

[313] 周天舒, 马钦海, 杨勇, 等. 顾客服务己化量表开发与验证 [J]. 管理学报, 2021, 18 (1): 118-126.

[314] Chin W W. The partial least squares approach for structural equation modeling [M] //Marcoulides G A. Modern Methods for Business Research. Mahwah, NJ: Lawrence Erlbaum Associates, 1998: 295-336.

[315] Ringle C M, Sarstedt M, Straub D W. Editor's comments: a critical look at the use of PLS-SEM in MIS quarterly [J]. MIS Quarterly, 2012, 36 (1): Ⅲ-ⅩⅣ.

[316] Hair J F, Ringle C M, Sarstedt M. Editorial-partial least squares structural equation modeling: rigorous applications, better results and higher acceptance [J]. Long Range Planning, 2013, 46: 1-12.

[317] Ringle C M, Sarstedt M, Mitchell R, et al. Partial least squares structural equation modeling in HRM research [J]. International Journal of Human Resource Management, 2020, 31 (12): 1617-1643.

[318] Fornell C, Larcker D F. Evaluating structural equation models with unobservable variables and measurement error [J]. Journal of Marketing Research, 1981, 18 (1): 39-50.

[319] Henseler J, Ringle C M, Sarstedt M. A new criterion for assessing discriminant validity in variance-based structural equation modeling [J]. Journal of the Academy of Marketing Science, 2015, 43 (1): 115-135.

[320] Mikalef P, Boura M, Lekakos G, et al. The role of information governance in big data analytics driven innovation [J]. Information & Management, 2020: 103361.

[321] 张洪, 江运君, 鲁耀斌, 等. 社会化媒体赋能的顾客共创体验价值: 多维度结构与多层次影响效应 [J]. 管理世界, 2022, 38 (2): 150-168.

[322] Petter S, Straub D, Rai A. Specifying formative constructs in information systems research [J]. MIS Quarterly, 2007, 31 (4): 623-656.

[323] Hair J F, Howard M C, Nitzl C. Assessing measurement model quality in PLS-SEM using confirmatory composite analysis [J]. Journal of Business Research, 2020, 109: 101-110.

[324] 张建卫, 周愉凡, 张红川, 等. 时间压力对研发人员创新行为的双刃剑效应: 一个双链式中介模型 [J]. 预测, 2020, 39 (4): 45-52.

[325] 张振刚, 余传鹏, 李云健. 主动性人格、知识分享与员工创新行为关系研究 [J]. 管理评论, 2016, 28 (4): 123-133.

[326] Higgins E T, Kruglanski A W, Pierro A. Regulatory mode: locomotion and assessment as distinct orientations [J]. Advances in Experimental Social Psychology, 2003, 35: 293-344.

[327] Kruglanski A W, Thompson E P, Higgins E T, et al. To "do the right thing" or to "just do it": locomotion and assessment as distinct self-regulatory imperatives. [J]. Journal of Personality and Social Psychology, 2000, 79 (5): 793-815.

[328] Li G, Liu H, Luo Y. Directive versus participative leadership: dispositional antecedents and team consequences [J]. Journal of Occupational and Organizational Psychology, 2018, 91 (3): 645-664.

[329] De Carlo N A, Falco A, Pierro A, et al. Regulatory mode orientations and well-being in an organizational setting: the differential mediating roles of workaholism and work engagement [J]. Journal of Applied Social Psychology, 2014, 44 (11): 725-738.

[330] Bélanger J J, Pierro A, Kruglanski A W, et al. On feeling good at work: the role of regulatory mode and passion in psychological adjustment [J]. Journal of Applied Social Psychology, 2015, 45 (6): 319-329.

[331] 张驰, 郑晓杰, 王凤彬. 定性比较分析法在管理学构型研究中的应用: 述评与展望 [J]. 外国经济与管理, 2017, 39 (4): 68-83.

[332] Ragin C C. The comparative method: Moving beyond qualitative and quantitative strat-

egies [M]. Berkeley: University of California Press, 1987.

[333] Fiss P C, Sharapov D, Cronqvist L. Opposites attract? opportunities and challenges for integrating large-N QCA and econometric analysis [J]. Political Research Quarterly, 2013, 66 (1): 191-235.

[334] Tho N D, Trang N T M. Can knowledge be transferred from business schools to business organizations through in-service training students? SEM and fsQCA findings [J]. Journal of Business Research, 2015, 68 (6): 1332-1340.

[335] Pappas I O, Papavlasopoulou S, Mikalef P, et al. Identifying the combinations of motivations and emotions for creating satisfied users in SNSs: an fsQCA approach [J]. International Journal of Information Management, 2020, 53: 102128.

[336] Tan C W, Benbasat I, Cenfetelli R T. An exploratory study of the formation and impact of electronic service failures [J]. MIS Quarterly, 2016, 40 (1): 1-29.

[337] Woodside A G. Moving beyond multiple regression analysis to algorithms: calling for adoption of a paradigm shift from symmetric to asymmetric thinking in data analysis and crafting theory [J]. Journal of Business Research, 2013, 66 (4): 463-472.

[338] Meijerink J, Bondarouk T. Uncovering configurations of HRM service provider intellectual capital and worker human capital for creating high HRM service value using fsQCA [J]. Journal of Business Research, 2018, 82: 31-45.

[339] Kaya B, Abubakar A M, Behravesh E, et al. Antecedents of innovative performance: Findings from PLS-SEM and fuzzy sets (fsQCA) [J]. Journal of Business Research, 2020, 114: 278-289.

[340] 张明, 杜运周. 组织与管理研究中QCA方法的应用: 定位, 策略和方向 [J]. 管理学报, 2019, 16 (9): 1312-1323.

[341] Mahoney J, Barrenechea R. The logic of counterfactual analysis in case-study explanation [J]. British Journal of Sociology, 2019, 70 (1): 306-338.

[342] Sok K M, Sok P, De Luca L M. The effect of 'can do' and 'reason to' motivations on service-sales ambidexterity [J]. Industrial Marketing Management, 2016, 55: 144-155.

[343] 谭海波, 范梓腾, 杜运周. 技术管理能力、注意力分配与地方政府网站建设——一项基于TOE框架的组态分析 [J]. 管理世界, 2019, 35 (9): 81-94.

［344］张明,陈伟宏,蓝海林.中国企业"凭什么"完全并购境外高新技术企业——基于94个案例的模糊集定性比较分析（fsQCA）［J］.中国工业经济,2019（4）：117-135.

［345］程聪,贾良定.我国企业跨国并购驱动机制研究——基于清晰集的定性比较分析［J］.南开管理评论,2016,19（6）：113-121.

［346］Greckhamer T. CEO compensation in relation to worker compensation across countries：the configurational impact of country–level institutions［J］. Strategic Management Journal,2016,37（4）：793-815.

［347］Mikalef P, Pateli A. Information technology–enabled dynamic capabilities and their indirect effect on competitive performance：findings from PLS-SEM and fsQCA［J］. Journal of Business Research,2017,70：1-16.

［348］Jacobs S, Cambré B. Designers' road（s）to success：balancing exploration and exploitation［J］. Journal of Business Research,2020,115：241-249.

［349］程序员客栈.2021年中国程序员薪资和生活现状调查报告［EB/OL］.［2022-06-16］. https：//www. 51cto. com/article/648895. html.

［350］蔡玲.科技职场中女性的职业处境与性别管理——以IT女性程序员为例的质性分析［J］.青年探索,2020（5）：70-83.

［351］Comeau T D, Kemp C L. Intersections of age and masculinities in the information technology industry［J］. Ageing & Society,2007,27（2）：215-232.

［352］Faulkner W. The technology question in feminism：a view from feminist technology studies［J］. Women's Studies International Forum,2001,24（1）：79-95.

［353］Ahmed T, Vafaei A, Belanger E, et al. Bem sex role inventory validation in the international mobility in aging study［J］. 2016,35（3）：348-360.

［354］孙萍.技术、性别与身份认同——IT女性程序员的性别边界协商［J］.社会学评论,2019,7（2）：71-83.

［355］Bonsaksen T, Thørrisen M M, Skogen J C, et al. Are demanding job situations associated with alcohol-related presenteeism? the WIRUS-screening study［J］. International Journal of Environmental Research and Public Health,2021,18（11）：6169.

［356］Löve J, Grimby-Ekman A, Eklöf M, et al. "Pushing oneself too hard"：performance-based self-esteem as a predictor of sickness presenteeism among young adult women and men—a cohort study [J]. Journal of Occupational & Environmental Medicine, 2010, 52 (6): 603-609.

[357] Albertsen K, Rugulies R, Garde A H, et al. The effect of the work environment and performance-based self-esteem on cognitive stress symptoms among Danish knowledge workers [J]. Scandinavian Journal of Public Health, 2010, 38: 81-89.

[358] van den Bos K, Brockner J, Stein J H, et al. The psychology of voice and performance capabilities in masculine and feminine cultures and contexts [J]. Journal of Personality & Social Psychology, 2010, 99 (4): 638-648.

[359] de Mooij M. The future is predictable for international marketers [J]. International Marketing Review, 2000, 17 (2): 103-113.

[360] Judge T A, Bono J E, Ilies R, et al. Personality and leadership: a qualitative and quantitative review. [J]. Journal of Applied Psychology, 2002, 87 (4): 765-780.

[361] 姚艳虹, 韩树强. 组织公平与人格特质对员工创新行为的交互影响研究 [J]. 管理学报, 2013, 10 (5): 700-707.

[362] Lee S T H, Park G. Does diversity in team members' agreeableness benefit creative teams? [J]. Journal of Research in Personality, 2020, 85: 103932.

[363] Kong D T, Konczak L J, Bottom W P. Team performance as a joint function of team member satisfaction and agreeableness [J]. Small Group Research, 2015, 46 (2): 160-178.

[364] Kao C C, Chiou W B. The moderating role of agreeableness in the relationship between experiencing anger and creative performance [J]. Journal of Creative Behavior, 2020, 54 (4): 964-974.

[365] 王圣慧, 易明. 复杂的人性: 大五人格对员工创新行为影响的定性比较分析 [J]. 研究与发展管理, 2022, 34 (3): 134-146.

[366] 李召敏, 赵曙明. "老好人" 能当好团队领导吗?——团队领导宜人性与团队创造力的关系 [J]. 外国经济与管理, 2018, 40 (12): 109-124.

[367] 朱亚琳, 金灿灿. 黑暗三联征与攻击行为关系的元分析 [J]. 心理科学进展, 2021, 29 (7): 1195-1209.

[368] Harms P D, Patel P C, Carnevale J B. Self-centered and self-employed: gender and the relationship between narcissism and self-employment [J]. Journal of Business

Research, 2020, 121: 170-179.

[369] Barlett C P. Exploring the correlations between emerging adulthood, Dark Triad traits, and aggressive behavior [J]. Personality and Individual Differences, 2016, 101: 293-298.

[370] Paulhus D L, Williams K M. The Dark Triad of personality: narcissism, machiavellianism, and psychopathy [J]. Journal of Research in Personality, 2002, 36 (6): 556-563.

[371] Kapoor H. The creative side of the dark triad [J]. Creativity Research Journal, 2015, 27 (1): 58-67.

[372] Zhou J. When the presence of creative coworkers is related to creativity: role of supervisor close monitoring, developmental feedback, and creative personality [J]. Journal of Applied Psychology, 2003, 88 (3): 413-422.

[373] Wisse B, Barelds D P H, Rietzschel E F. How innovative is your employee? the role of employee and supervisor Dark Triad personality traits in supervisor perceptions of employee innovative behavior [J]. Personality and Individual Differences, 2015, 82: 158-162.

[374] Lebuda I, Figura B, Karwowski M. Creativity and the Dark Triad: a meta-analysis [J]. Journal of Research in Personality, 2021, 92: 104088.

[375] Southard A C, Zeigler-Hill V. The Dark Triad traits and fame interest: do dark personalities desire stardom? [J]. Current Psychology, 2016, 35: 255-267.

[376] Babiak P, Neumann C S, Hare R D. Corporate psychopathy: talking the walk [J]. Behavioral Sciences & the Law, 2010, 28: 174-193.

[377] Akhtar R, Ahmetoglu G, Chamorro-Premuzic T. Greed is good? assessing the relationship between entrepreneurship and subclinical psychopathy [J]. Personality and Individual Differences, 2013, 54: 420-425.

[378] Jonason P K, Wee S, Li N P, et al. Occupational niches and the Dark Triad traits [J]. Personality and Individual Differences, 2014, 69: 119-123.

[379] Rauthmann J F, Will T. Proposing a multidimensional machiavellianism conceptualization [J]. Social Behavior and Personality: An international journal, 2011, 39 (3): 391-404.

[380] Sordia N, Jauk E, Martskvishvili K. Beyond the big personality dimensions: consistency and specificity of associations between the Dark Triad traits and creativity [J]. Psychology of Aesthetics Creativity and the Arts, 2020.

[381] Dahmen-Wassenberg P, Kämmerle M, Unterrainer H F, et al. The relation between different facets of creativity and the dark side of personality [J]. Creativity Research Journal, 2016, 28 (1): 60-66.

[382] Jonason P K, Abboud R, Tomé J, et al. The Dark Triad traits and individual differences in self-reported and other-rated creativity [J]. Personality and Individual Differences, 2017, 117: 150-154.

[383] Galang A J R, Castelo V L C, III L C S, et al. Investigating the prosocial psychopath model of the creative personality: evidence from traits and psychophysiology [J]. Personality and Individual Differences, 2016, 100: 28-36.

[384] Janssen O. Fairness perceptions as a moderator in the curvilinear relationships between job demands, and job performance and job satisfaction [J]. Academy of Management Journal, 2001, 44 (5): 1039-1050.

[385] Kanter R M. When a thousand flowers bloom: structural, collective, and social conditions for innovation in organizations [J]. Research in Organizational Behavior, 1988, 10: 169-211.

[386] Pathki C S, Kluemper D H, Meuser J D, et al. The Org-B5: development of a short work frame-of-reference measure of the Big Five [J]. Journal of Management, 2021: OnlineFirst.

[387] Aiken L S, West S G. Multiple regression: testing and interpreting interactions [M]. CA: Sage, 1991.

[388] 魏华, 高劲松, 代芳. 虚拟健康社区社会支持对用户知识分享意愿的影响: 一个有调节的链式中介模型 [J]. 情报科学, 2021, 39 (12): 146-154.

[389] 何良兴, 苗莉, 宋正刚. 创业特质研究: 基于黑暗人格和情绪特质的述评 [J]. 科技进步与对策, 2017, 34 (24): 125-130.

[390] Whetten D A. What constitutes a theoretical contribution? [J]. Academy of Management Review, 1989, 14 (4): 490-495.

[391] Van Kleef G A, De Dreu C K W, Manstead A S R. The interpersonal effects of emo-

tions in negotiations: a motivated information processing approach [J]. Journal of Personality & Social Psychology, 2004, 87 (4): 510-528.

[392] Van Kleef G A, De Dreu C K W, Manstead A S R. Supplication and appeasement in conflict and negotiation: the interpersonal effects of disappointment, worry, guilt, and regret [J]. Journal of Personality and Social Psychology, 2006, 91 (1): 124-142.

[393] 员工体验研究院. 2021 中国员工体验指数揭晓: 73.4 [EB/OL]. [2022-06-19]. https://www.hrtechchina.com/45736.html.

[394] 贾昌荣. 巅峰管理: 极致员工体验创佳绩 [J]. 清华管理评论, 2021 (10): 14-23.

附录1：补充案例

案例1：客观工作环境——非正式空间的场域赋能

摘要：民非机构温州中津先进科技研究院通过打造"院落式"非正式工作空间，激发了员工创新行为。其办公地点从政府众创空间迁至1500平的商业办公大厦，并由专业设计团队设计，获设计大奖。新办公区分为正式公共办公区层和非正式互动社区体验层。通过营造轻松的空间氛围，促进了员工间的知识共享与灵感碰撞，为提升员工创新行为和企业创新发展提供了有力的支撑。

（一）组织概况

温州中津先进科技研究院（以下简称研究院）成立于2014年10月，是一家由英国海归博士创办的专注于大数据和智能计算在商业、教育、交通、医疗等领域的应用研究与成果转化服务的民办非企业单位性质（民非）的研发机构。该研究院位于浙江省温州市，目前已在温州、杭州、上海和西南地区建立了四个研发中心，并拥有"智能教育实验室""医疗数据实验室"和"城市计算实验室"等研究部门。此外，研究院还拥有"浙江省电子商务大数据基地""浙江省教育信息化研究院"以及"浙江省重点博士后流动站"等多个省级研发平台。近年来研究院的核心团队和项目荣获了多项荣誉，包括2017年度教育部年度优秀案例、2018年温州市重大科技创新攻关项目、2020年度温州市高水平创新团队（高校科研组）等。至今，研究院已获得数十项发明专利、实用新型专利和软件著作权，为科研创新提供了坚实的支持。2023年该研究院被正式认定为温州市大数据与人工智能领域的新型研发机构。

研究院团队规模目前有百余人，其中温州总部的全职研发人员有80多位，拥有硕士及以上学位的人才10余位。该研究团队汇集了具有多样化技能的专家，致力于跨学科的研究和商业落地工作。团队构成主要分为三个部分：首先是数据研发组，由来自牛津大学、新加坡国立大学、华东师范大学等国内外顶尖学府的多位博士组成。其次是数据开发组，由从正泰、SAP等知名企业引进的具有5年以上工作经验的高级技术经理组成，他们负责技术的转化和应用。最后是具备领域知识的管理及商务拓展团队，他们主要负责数据的协调和商务对接工作。

（二）工作办公环境变迁

工作环境对于研发人员的工作效率和创新行为至关重要，研究院成立之初的办公地点位于鹿城区昆仑路的政府主导的众创空间——科技与文化融合示范基地（梦创汇），是由鹿城区科技局负责运营实施，政府免费提供一定期限的场所和硬件设备服务，旨在集聚和培育发展电子信息、工业设计、文化创意以及大数据等新兴产业企业及相关技术服务机构。由于办公场地期限到期，六年之后，研究院于2020年3月乔迁至仁信大厦20层与21层，新的办公场地大幅扩增到1500平方米，由当地知名设计公司Nine Pick Design团队设计，研究院设计成果并获2021年度中国人文设计大厦芒果奖。

（三）"院落式"布局，空间与色彩齐鸣

设计师试图将记忆中的院落和街巷体验带给在此工作的年轻朋友，在公共区域置入组合体块、功能形态，呈现错落有致的工作和生活空间。第20层为主要公共办公区，讨论区图片墙与接待台功能组合体块向中心进行

围合，自然落成门厅，不规则的局部吊顶将区域感进一步抒写，让空间对话生活。21 层为主要互动社区性体验空间，较 20 层而言，整体色调更灵动具有张力，叙述着不同风格的空间故事。"院落式"布局提供了一种与自然相伴、轻松生活状态的设想。

顶面规则排列的片板，星星林落的灯光，赋予空间轻松闲适的氛围，让办公也能成为一种生活的享受。在空间中，参照传统民居做半围合穿插、扭转，由于功能需求和尺度关系，呈现不同体块形态，同时生长出"灰空间"，自然落成各个错落有致的生活空间，至此被赋予新的功能定义。

用空间的形式表征工作方式，以功能需求分割体态，落块成组。将水吧台置入木框盒子中，洽谈间、中型会议室、白板讨论区，不同功能区各自成组成块。互动区从环境中生长出来，线条自由延展、旋转、扭曲，流淌的自然光影，给人无限的遐想，空间魅力由此生出。公共区域置入大型电子屏阶梯，满足于科创企业的新型社交、学术交流等互动行为，功能空间上更具独立性和流通性。

除了半开放式空间，能满足即时可交流的互动功能需求，同时在色调上，红、蓝、橙三色相结合的实木元素也为空间增添了更多活力与记忆点，营造出灵动和舒适感兼具的创新导向型工作氛围，更有利于员工之间的知识分享。在会议室的桌椅等办公设备配置上，月白蓝、雅白色系椅子结合木色以及浅灰地毯让会议室氛围尽可能轻松，削弱传统的沉闷，激发更多的工作灵感和思维火花的碰撞。同时，落地窗带来的明亮光线也增加了员工的愉悦体验。研究院此次乔迁不仅给员工创造了更好的办公环境，同时也见证了研究院近年来的高速发展。

（四）小结：非正式空间中的灵感交换与场域赋能

研究院通过精心打造的非正式工作空间，成功激发了员工的创新行为。无论是从建筑心理学的视角分析，还是从空间社会的角度探索，或是借助教育学的见解，都能为非正式空间的设计提供充足的理论和实践支撑①。本研究的非正式空间源自教育学中的非正式学习空间②,是指学校内除了正式教室等教学空间以外的用于激发学生个体自主学习和自主组织学习行为的环境空间③。在企业工作情境中,除了正常的办公室,研究院的水吧台、洽谈间、会议室、白板讨论区各模块错落有致的"院落式"非正式场域,既增加了空间的趣味性,也能随时满足企业员工的"闲聊"需求。一方面,立体且富有趣味性的空间有利于缓解员工的工作疲劳,提升员工的身心健康,缓解隐性缺勤的状况,进而促进员工的创新行为。另一方面,良好的非正式空间氛围能随时满足企业员工的"闲聊"需求,为员工们提供了"知识共享"和"观点交锋"的机会,这种"闲聊"也会引起员工外向式情感宣泄和内向式反刍等不同的情感反应,而不同的情感体验又是促进员工创造力的重要因素。正是这种非正式空间的场域赋能,更好地助力员工们在空间互动中交换灵感,以践行更多的创新性工作行为。其他企业可以借鉴温州中津先进科技研究院的经验,通过优化客观物理工作环境,打造具有创新导向型的非正式空间,不断促进员工创新行为和提升企业创新活力。

案例2:组织社会环境——"小河有水大河满"的文化赋能

摘要:浙江 S 电子商务有限公司以"小河有水大河满"的文化理念为指引,通过多维度优化组织社会环境来激发员工创新。公司通过营造和谐的职场氛围、开展管理层沟通、优化工作任务安排及推行多层次的激励政

---

① 闫建璋,孙姗姗. 论大学非正式学习空间的创设[J]. 高等教育研究,2019,40(1):81-85.
② 杨俊锋,黄荣怀,刘斌. 国外学习空间研究述评[J]. 中国电化教育,2013,(6):15-20.
③ 邵兴江,张佳. 中小学新型学习空间:非正式学习空间的建设维度与方法[J]. 教育发展研究,2020,40(10):66-72.

策等措施，有效缓解了员工的工作压力，提升了员工的身心健康水平，促进了员工创新行为。这些举措也为其他企业组织社会环境建设与员工创新管理提供了有益的借鉴。

（一）组织概况

浙江 S 电子商务有限公司（以下简称 S 电商）成立于 2012 年，是 S 股份有限公司的全资子公司，是 S 集团的重要引擎业务单元。经过几年的飞速发展，S 旗下的多个服饰品牌逐步成为行业标杆，新品牌及新品类（鞋品、箱包、内衣、家纺）和国际品牌也不断取得良好的发展态势。2016 年 4 月，总投资达 13.91 亿元的物流仓储基地投入建设，意味着 S 电商进入到实质发展阶段，本着"为客户和员工创造美好生活"的初心，持续完善 S 电商的产业价值链和人才供应链。自 2019 年底开始，S 电商已突破全年百亿销售目标，近年来不断呈现出持续增长的发展态势。

"小河有水大河满"这一文化理念，蕴含着 S 集团对内部生态与整体发展的深刻理解。其中，"小河"象征着企业中的每一个个体、每一个小团队、每一个子公司，而"大河"则代表着整个 S 集团。这一理念强调个体与整体的共生共荣关系，即只有当每一个小单元都充满活力、蓬勃发展时，整体才能实现创新发展和持续增长。S 电商秉承 S 集团"小河有水大河满"的文化理念，致力于营造一个温馨和谐、富有凝聚力与创新活力的组织社会工作环境，不断优化同事关系、领导行为、工作任务安排及激励措施等多维度因素，以促进员工与企业的共同创新发展。

（二）S 电商的组织社会环境建设

1. 职场氛围营造

"小河有水大河满"，强调的就是员工个体得到了好的发展，企业才可能会好。S 电商努力将公司打造成一个有温度、有目标、有凝聚力的大家庭，通过"敬业度调研"项目倾听员工声音，全面分析员工敬业度和满意度情况，并依据调研结果在组织内开展改善和优化。同时，S 电商组织"Sen"日会、主题团建、节日慰问等活动，丰富员工的文化生活，激发工作活力。多维度关爱员工还体现在 S 电商为员工提供图书馆、运动场馆和健康体检等设施与服务以及为没有房产的员工提供宿舍，确保员工的身心健康。这些措施不仅提高了员工的生活质量，还增强了员工的幸福感和忠诚度，使他们更愿意为公司的发展贡献自己的力量。例如，公司的一名普通员工在"Sen"日会上提出了一个创新的营销方案，得到了同事的认可和支持。再经过与上级领导的进一步讨论和完善，最终成功应用于市场推广中。这个例子表明，这种良好的同事关系与职场氛围有助于员工之间的信息交流和知识共享，为员工提供了表达创新想法的平台，增强了员工的心理安全感，促进了创新行为的发生。

2. 管理层示范与沟通

S 电商注重定期开展工作会议，管理层向员工传递公司战略、业务布局与管理思路，并对在业务、管理等方面取得卓越成绩的团队进行表彰。这种透明的沟通方式，使员工能够清晰地了解公司的目标和方向，增强了员工的使命感和责任感。管理层通过表彰优秀团队和个人，树立了榜样，激励其他员工积极进取，努力创新。这种正面的激励作用，不仅提升了员工的自信心，还激发了他们的创新积极性。同时，公司还注重民主管理与监督工作，S 电商积极推进和完善厂务公开制度，及时向员工通报公司经营管理信息，并向全体职工收集建议，这种民主管理方式，使员工能够参与到公司的决策过程中，增强了员工的主人翁意识和参与感，也为员工的创新行为创造了更好的条件。

3. 工作任务安排

S 电商为员工提供弹性工作时间和带薪假期，让员工更好地应对工作之外的一切。这种灵活的工作安排，使员工能够在工作和生活之间找到平衡，减少了工作压力，提高了工作效率和创新能力。弹性工作制度不仅提高了员工的工作满意度，还增强了员工的自主性和责任感，使他们更愿意主动承担工作任务，积极寻找创新解决方案。

4. 激励措施推行

S电商推行多项激励政策吸引人才、用好人才、留住人才。如推出线上的积分激励平台，及时地激励员工，管理人员可以将积分奖励给他们认为优秀的个人、团队或跨组织小组，打造公开、透明、及时的激励文化和体系。这种激励方式不仅及时认可了员工的贡献，还增强了员工的荣誉感和归属感，激发了他们的创新积极性。积分激励平台的公开透明性，使员工能够清晰地看到自己的努力和成果，进一步增强了他们的自信心和动力。同时，推行全员营销激励，S电商通过"打擂台""阿米巴"等方式来推动全员营销，虽然过程中会出现不同的任务冲突，但本质上也是创新观点的碰撞，用这样的激励措施，使企业在面对危机时，不再守株待兔，而是全员主动参与，增强了员工的团队合作精神和创新意识。这些举措不仅提高了员工的经济待遇，还解决了员工的后顾之忧，使他们能够安心工作，全身心地投入到创新活动中。

（三）小结："小河有水大河满"的企业文化引领

S电商秉承S集团"小河有水大河满"文化理念，通过优化组织社会环境中的同事关系、领导行为、工作任务安排及激励措施等多维度因素，有效激发员工创新行为，进而优化促进企业创新发展与竞争力提升的实践路径与内在机制。一方面，良好的组织社会环境有利于缓解员工的工作疲劳，提升员工的身心健康，减少隐性缺勤，进而促进员工的创新行为。另一方面，与员工适配的组织社会环境能促进员工之间有益的任务冲突等，这种"观点碰撞"也会满足员工不同的情感需求，而不同的情感体验又是促进员工创造力的重要因素。本案例旨在为其他企业的组织社会环境建设与员工创新管理提供有益借鉴，同时也需明确，对于不同企业而言，应充分重视深入挖掘与自身发展战略相契合的文化内涵，通过优化组织社会环境中的关键因素，激发员工的创新潜能，为企业在激烈的市场竞争中赢得先机，以保持企业的创新活力与可持续发展的能力。

案例3：客观物理环境与组织社会环境——高新技术企业的双重赋能

摘要：浙江怡联网络科技股份有限公司自 2001 年成立以来，凭借"浙大系"人才优势，从推广企业 ERP 软件起步，逐步发展成为集软件研发、大数据技术应用、人工智能技术应用、网络与安全融合为一体的国家高新技术企业。公司以持续创新为理念，不断优化客观物理办公环境和构建开放、包容、激励的组织氛围。同时，怡联通过打造特色党建品牌，实现党建活动与创新人才培育、企业创新发展的深度融合。

（一）组织概况

浙江怡联网络科技股份有限公司（以下简称怡联）创建于 2001 年，是一家从事软件研发、大数据技术应用、人工智能技术应用、网络与安全融合的国家高新技术企业。怡联现有员工 100 余人，技术精湛、敬业奋进的人才队伍是怡联创新前行的基石，怡联研发与技术人员数量占员工总数的七成。"浙大系"堪称怡联的鲜明标识，众多高管及核心技术人员均出自浙江大学。怡联曾陆续入选 2015 年温州市网络经济重点企业名录、2016 年温州市信息经济重点企业名单，获得 2017 年浙江省大数据示范企业、2018 年温州市数字经济重点企业、2022 年浙江省专精特新中小企业及长三角百强品牌软件企业、2023 年鹿城区服务业 20 强企业、2024 年温州市产业数字化服务商等荣誉称号。

怡联以推广企业 ERP 软件为起点，借助与"用友""神码"等知名大型软件企业的合作契机，深度助力企业打造个性化信息应用，实现迅猛发展。2012 年，公司凭借在财务金融软件领域的丰富经验，紧抓温州金融综合改革试验区获批的有利时机，将民间金融领域的"明星产品"推向全国 30 个地市。2017 年 10 月 25 日，怡联科技成功在新三板挂牌上市。一直以来，怡联秉持着持续创新的理念，通过持续优化客观物理办公环境和组织社会环境，不断激发员工创新，持续专注于智慧政务、数字企业、智慧教育、可信网络集成等领域的技术研发与运营，努力打造成为更具创新性、更高效、更有价值的 IT 服务企业。

（二）客观物理办公环境优化

怡联坐落于温州市车站大道金鳞花苑二幢七楼，公司高度重视办公环境的打造，既注重舒适度又兼顾实用性，为员工打造了宽敞且明亮的办公场所，并配备了高端的办公设备，保障员工高效工作。此外，公司还精心规划了多个功能分区，包括休息区、茶水间、会议室等，全方位满足员工在工作和生活中的多样化需求。休息区设有柔软的沙发及休闲设施，供员工在忙碌之余放松身心；茶水间备有免费的茶水、咖啡等饮品，方便员工随时补充能量；会议室则装配了先进的多媒体设备，便于团队开展沟通协作及项目研讨。公司还巧妙地在办公区域摆放了各类绿植，营造出绿意清新、生机盎然的"亲自然"工作氛围，这不仅有助于缓解员工的工作压力，还能激发员工的创新思维。值得一提的是，公司高度重视办公环境的健康与安全。会定时开展环境监测与保养工作，保障空气品质、光照强度以及温度等要素均达到健康要求，从而营造出一个舒适且有益于健康的办公场所。

（三）组织社会环境建设

怡联在优化物理办公环境的同时，也致力于良好的组织社会环境的构建，以激发员工的创新活力。公司采取诸多举措，打造了开放包容且激励创新的组织氛围。其一，在营造创新文化氛围方面，怡联秉持开放包容的创新理念，鼓励员工畅所欲言，表达观点与想法。管理层积极聆听员工意见，对创新思路给予大力支持与鼓励。公司还定期举办创新研讨会，邀请全体员工参与，分享创新经验与成功案例。比如，公司开展"创新达人"评选活动，对在创新项目中表现优异的员工进行表彰并给予丰厚奖励。

2021年，公司创始人胡亮荣获省级企业"创新达人"称号，并担任"创新达人宣讲代表"，进一步点燃了员工的创新热情。其二，在助力员工培训与发展方面，怡联为员工提供了丰富的培训及发展机会，助力员工提升创新与专业技能。公司定期组织内部培训课程，邀请行业专家授课，涵盖前沿技术趋势、创新方法及项目管理等内容。例如，公司与在温高校及培训机构合作，为员工量身定制培训课程，鼓励员工参加外部研讨会与学术交流活动，拓宽视野，增强创新能力。其三，完善激励机制方面，怡联建立了完善的激励体系，通过多种方式激发员工创新动力。公司设有创新奖金，对提出并成功实施创新想法的员工给予丰厚奖励。此外，创新能力也被纳入员工晋升的重要考量标准之一。其四，在促进团队合作交流方面，怡联注重团队合作与交流，通过跨部门项目及团队建设活动，增强员工协作能力。例如，公司成立了多个跨部门敏捷创新项目小组，定期召开项目进度会议，分享项目经验与创新成果。跨部门合作不仅提高了项目执行效率，还促进了不同部门间的知识共享与创新思维碰撞。

最后，值得强调的是，怡联通过打造"红色互联、红芯聚能"党建品牌，实现了党建活动与人才培育、企业发展的深度融合，对员工创新和企业的可持续发展产生了重要的影响。通过党员"领路人"机制和人才梯度培养，助力员工职业发展。这不仅增强了员工的归属感和凝聚力，还为企业培养了高素质的人才队伍，为创新发展提供了人才支撑；党员技术人才牵头攻克难题，推动企业技术升级，提升企业竞争力。如公司开发的怡云SAAS平台等，为中小企业提供了优质的信息化服务，提升了企业的运行效率；"红色担当"工程展现了企业的社会责任，通过关心关爱员工、参与公益事业和护航行业成长，提升了企业的社会形象，营造了良好的发展环境，也为企业的创新发展赢得了社会支持。总体而言，怡联党建品牌通过一系列创新举措，实现了党建活动与企业发展的良性互动，既促进了员工的成长，又推动了企业的技术创新和社会责任的践行，为企业的高质量发展注入了强劲的动力。

(四) 小结

怡联通过协同优化客观物理办公环境和组织社会环境实现了员工创新和企业发展的双重赋能。在客观物理办公环境方面，怡联打造了宽敞明亮的办公场所，规划了休息区、茶水间、会议室等功能分区，摆放绿植营造"亲自然"氛围，并注重环境健康安全监测，为员工提供了舒适、安全、高效的工作空间。在组织社会环境建设上，怡联营造开放包容的创新文化，举办创新研讨会、提供丰富的培训机会、完善激励机制、成立跨部门项目小组促进知识共享等等。此外，怡联还通过打造特色党建品牌，实现党建与创新人才培育及企业创新发展的深度融合。

附录2：调查问卷一

工作环境与工作行为调查问卷知情同意书

您好！

感谢参与我们的研究！此次问卷旨在调研 IT 互联网企业的工作环境以及与员工相关的工作行为。

您的参与将会帮助我们更好地梳理当前 IT 互联网企业工作环境现状，为未来企业优化工作环境提供参考。同时，您也可以借此问卷更进一步"了解自己"与"认识工作"。如您有兴趣，后期也可与您分享相关的研究结果（可长按问卷末页的微信二维码联系）！

本问卷匿名，答案无对错之分，无商业目的，只用于学术研究，请放心作答。

以上即本研究的知情同意书，如您已知晓上述内容并自愿参与研究，就可以点击"下一页"开始作答啦。

再次感谢您对本研究的支持，谢谢您！

第一部分：基本信息（1—5题）

1. 您目前的岗位类别属于哪一类：
   A. 偏产品　　　B. 偏技术研发　　C. 偏运营　　　　D. 偏市场

E. 偏设计　　　F. 偏职能管理

2. 您的性别：

A. 男　　　　　B. 女

3. 您的学历：

A. 高中及以下　B. 专科　　　C. 本科　　　D. 研究生及以上

4. 您的年龄：

A. 18~20 岁　　B. 21~25 岁　C. 26~30 岁　D. 31~35 岁

E. 36~40 岁　　F. 41~45 岁　G. 46 岁及以上

5. 您的工作经验时长：

A. 1 年以下　　B. 1~3 年　　C. 4~6 年　　D. 7-9 年

E. 10 年及以上

第二部分：主体问卷（1—8 题）

1. 针对以下客观工作环境，请选择与您感知的真实情况最接近的选项。

（1）我的工作时长是标准的，很少加班。

A. 十分不同意　B. 不同意　　C. 有点不同意　D. 一般

E. 有点同意　　F. 同意　　　G. 十分同意

（2）在我办公的地方，有一些办公设备（如显示器等信息化设备）。

A. 十分不同意　B. 不同意　　C. 有点不同意　D. 一般

E. 有点同意　　F. 同意　　　G. 十分同意

（3）在我办公的地方，摆放了鲜花等天然植物。

A. 十分不同意　B. 不同意　　C. 有点不同意　D. 一般

E. 有点同意　　F. 同意　　　G. 十分同意

（4）在我办公的地方，有可以让人放松、平静的颜色（如绿色、蓝色、紫色等冷色系颜色）。

附录 2：调查问卷一

A. 十分不同意　　B. 不同意　　　C. 有点不同意　　D. 一般

E. 有点同意　　　F. 同意　　　　G. 十分同意

（5）在我办公的地方，有让人感觉受到鼓舞的颜色（如黄色、橙色、粉色、红色等暖色系颜色）。

　　A. 十分不同意　　B. 不同意　　　C. 有点不同意　　D. 一般

　　E. 有点同意　　　F. 同意　　　　G. 十分同意

（6）在我的办公场所，有隐私空间，能远离同事的视线范围。

　　A. 十分不同意　　B. 不同意　　　C. 有点不同意　　D. 一般

　　E. 有点同意　　　F. 同意　　　　G. 十分同意

（7）在我办公的工位，能看到外部的自然环境（如树木等植物）。

　　A. 十分不同意　　B. 不同意　　　C. 有点不同意　　D. 一般

　　E. 有点同意　　　F. 同意　　　　G. 十分同意

（8）在我办公的工位，视野能看到户外。

　　A. 十分不同意　　B. 不同意　　　C. 有点不同意　　D. 一般

　　E. 有点同意　　　F. 同意　　　　G. 十分同意

（9）在我的办公场所，灯光光线是充足的。

　　A. 十分不同意　　B. 不同意　　　C. 有点不同意　　D. 一般

　　E. 有点同意　　　F. 同意　　　　G. 十分同意

（10）在我的办公场所，来自自然界的日光是足够的。

　　A. 十分不同意　　B. 不同意　　　C. 有点不同意　　D. 一般

　　E. 有点同意　　　F. 同意　　　　G. 十分同意

（11）我工作场所的温度、空气湿度和成分都很好。

　　A. 十分不同意　　B. 不同意　　　C. 有点不同意　　D. 一般

　　E. 有点同意　　　F. 同意　　　　G. 十分同意

（12）在我办公的地方，很安静，没有噪声。

　　A. 十分不同意　　B. 不同意　　　C. 有点不同意　　D. 一般

　　E. 有点同意　　　F. 同意　　　　G. 十分同意

（13）在我办公的地方，空气清新，没有不好的气味。

A. 十分不同意　　B. 不同意　　　C. 有点不同意　　D. 一般
E. 有点同意　　　F. 同意　　　　G. 十分同意

2. 针对以下组织社会环境，请选择与您感知的真实情况最接近的选项。

（1）我的工作有复杂性、挑战性。

A. 十分不同意　　B. 不同意　　　C. 有点不同意　　D. 一般
E. 有点同意　　　F. 同意　　　　G. 十分同意

（2）我们团队同事间能通过互动交流，为一个共同的目标而工作。

A. 十分不同意　　B. 不同意　　　C. 有点不同意　　D. 一般
E. 有点同意　　　F. 同意　　　　G. 十分同意

（3）我会同一时间执行多个不同任务。

A. 十分不同意　　B. 不同意　　　C. 有点不同意　　D. 一般
E. 有点同意　　　F. 同意　　　　G. 十分同意

（4）我有工作决策的自由度，能决定工作任务的顺序。

A. 十分不同意　　B. 不同意　　　C. 有点不同意　　D. 一般
E. 有点同意　　　F. 同意　　　　G. 十分同意

（5）我有个能与员工互信、关心员工健康、会给员工精神鼓励和业务授权，并能提供积极反馈的领导。

A. 十分不同意　　B. 不同意　　　C. 有点不同意　　D. 一般
E. 有点同意　　　F. 同意　　　　G. 十分同意

（6）在日常工作中，我有时间去产生新想法。

A. 十分不同意　　B. 不同意　　　C. 有点不同意　　D. 一般
E. 有点同意　　　F. 同意　　　　G. 十分同意

（7）我们会根据目标和对相应评价的期望，产生新想法。

A. 十分不同意　　B. 不同意　　　C. 有点不同意　　D. 一般
E. 有点同意　　　F. 同意　　　　G. 十分同意

（8）组织会对员工的新想法予以精神上的认可（如赞扬等）。

附录2：调查问卷一

    A. 十分不同意　　B. 不同意　　　C. 有点不同意　　D. 一般

    E. 有点同意　　　F. 同意　　　　G. 十分同意

（9）在取得创造性成果后会获得奖励（如加薪、分红、津贴、晋升等）。

    A. 十分不同意　　B. 不同意　　　C. 有点不同意　　D. 一般

    E. 有点同意　　　F. 同意　　　　G. 十分同意

3. 请根据您感知的真实情况，选择最接近的选项。

（1）团队成员对如何开展工作有时会持不一致的意见。

    A. 十分不同意　　B. 有点不同意　　C. 一般　　　　D. 有点同意

    E. 十分同意

（2）团队成员间的工作想法可能会有一些冲突。

    A. 十分不同意　　B. 有点不同意　　C. 一般　　　　D. 有点同意

    E. 十分同意

（3）团队成员间在工作上有时会存在意见分歧。

    A. 十分不同意　　B. 有点不同意　　C. 一般　　　　D. 有点同意

    E. 十分同意

（4）团队成员间可能会有不同的工作观点。

    A. 十分不同意　　B. 有点不同意　　C. 一般　　　　D. 有点同意

    E. 十分同意

4. 请根据您感知的真实情况，选择最接近的选项（满分10分）。

（1）假如您工作能力的最佳状态是10分，您会给您现在的工作能力打多少分？

0	1	2	3	4	5	6	7	8	9	10

（2）在满足工作的身体需求方面，您会给您目前的工作能力打多少分？

| 0 | 1 | 2 | 3 | 4 | 5 | 6 | 7 | 8 | 9 | 10 |

（3）在满足工作的心理需求方面，您会给您现在的工作能力打多少分？

| 0 | 1 | 2 | 3 | 4 | 5 | 6 | 7 | 8 | 9 | 10 |

（4）在满足工作的人际需求方面，您会给您目前的工作能力打多少分？

| 0 | 1 | 2 | 3 | 4 | 5 | 6 | 7 | 8 | 9 | 10 |

5. 请根据您在工作中经历的一些工作内容等方面"意见不一"的状况，回答以下问题。

（1）我希望它会以某种方式结束。

A. 十分不同意　　B. 不同意　　　C. 有点不同意　　D. 一般

E. 有点同意　　　F. 同意　　　　G. 十分同意

（2）我希望它会以某种方式遇到一个好的解决方案。

A. 十分不同意　　B. 不同意　　　C. 有点不同意　　D. 一般

E. 有点同意　　　F. 同意　　　　G. 十分同意

（3）我希望它能快一点结束。

A. 十分不同意　　B. 不同意　　　C. 有点不同意　　D. 一般

E. 有点同意　　　F. 同意　　　　G. 十分同意

（4）我希望一切都会好起来。

A. 十分不同意　　B. 不同意　　　C. 有点不同意　　D. 一般

E. 有点同意　　　F. 同意　　　　G. 十分同意

6. 请根据您在工作中经历的一些工作内容等方面"意见不一"的状况，回答以下问题。

（1）我会感到心烦，想把情感发泄出来。

附录 2：调查问卷一

A. 十分不同意　　B. 不同意　　　　C. 有点不同意　　D. 一般
E. 有点同意　　　F. 同意　　　　　G. 十分同意

（2）我会把自己的感受抒发出来。
A. 十分不同意　　B. 不同意　　　　C. 有点不同意　　D. 一般
E. 有点同意　　　F. 同意　　　　　G. 十分同意

（3）我会表达一些压抑的感受。
A. 十分不同意　　B. 不同意　　　　C. 有点不同意　　D. 一般
E. 有点同意　　　F. 同意　　　　　G. 十分同意

（4）我会感到心烦，而且也会意识到我有了这种心烦的情绪。
A. 十分不同意　　B. 不同意　　　　C. 有点不同意　　D. 一般
E. 有点同意　　　F. 同意　　　　　G. 十分同意

7. 请根据您感知的真实情况，选择最接近的选项。

（1）工作中我会寻求应用新的流程、技术与方法。
A. 十分不同意　　B. 有点不同意　　C. 一般　　　　　D. 有点同意
E. 十分同意

（2）在工作中我会提出有创意的点子或想法。
A. 十分不同意　　B. 有点不同意　　C. 一般　　　　　D. 有点同意
E. 十分同意

（3）我会与别人沟通并推销自己的新想法。
A. 十分不同意　　B. 有点不同意　　C. 一般　　　　　D. 有点同意
E. 十分同意

（4）为了实现新想法，我应该想办法争取所需要的资源。
A. 十分不同意　　B. 有点不同意　　C. 一般　　　　　D. 有点同意
E. 十分同意

（5）为了实现新想法，我应该制订合适的计划和规划。
A. 十分不同意　　B. 有点不同意　　C. 一般　　　　　D. 有点同意
E. 十分同意

(6) 整体而言,我是一个具有创新精神的人。

A. 十分不同意　　B. 有点不同意　　C. 一般　　　　D. 有点同意

E. 十分同意

8. 请根据您感知的真实情况,选择最接近的选项。

(1) 在即将要实现一个目标时,我可能会感到兴奋。

A. 十分不同意　　B. 有点不同意　　C. 一般　　　　D. 有点同意

E. 十分同意

(2) 当我完成一项任务时,可能脑海已经有下一个任务在考虑了。

A. 十分不同意　　B. 有点不同意　　C. 一般　　　　D. 有点同意

E. 十分同意

(3) 有时我是个"工作狂"。

A. 十分不同意　　B. 有点不同意　　C. 一般　　　　D. 有点同意

E. 十分同意

(4) 当我决定做某事时,通常不会拖拖拉拉。

A. 十分不同意　　B. 有点不同意　　C. 一般　　　　D. 有点同意

E. 十分同意

(5) 大多时候,我的想法都集中在我当前要完成的任务上。

A. 十分不同意　　B. 有点不同意　　C. 一般　　　　D. 有点同意

E. 十分同意

(6) 我喜欢积极地做事情,而不仅仅是观望和观察。

A. 十分不同意　　B. 有点不同意　　C. 一般　　　　D. 有点同意

E. 十分同意

(7) 总的来说,我是一个行动者。

A. 十分不同意　　B. 有点不同意　　C. 一般　　　　D. 有点同意

E. 十分同意

(8) 当我开始做某事时,我通常会坚持不懈,直到完成为止。

A. 十分不同意　　B. 有点不同意　　C. 一般　　　　D. 有点同意

E. 十分同意

（9）我不介意做一些事情，即使它们需要额外的努力。

A. 十分不同意　　B. 有点不同意　　C. 一般　　　　D. 有点同意

E. 十分同意

附录3：调查问卷二

工作环境与工作行为调查问卷知情同意书

您好！

感谢参与我们的研究！此次问卷旨在调研IT互联网企业的工作环境与员工工作行为。

您的参与将会帮助我们更好地梳理当前IT互联网企业工作环境现状，为未来企业优化工作环境提供参考。同时，您也可以借此问卷更进一步"了解自己"与"认识工作"。如您有兴趣，后期也可与您分享相关的研究结果！

本问卷匿名，答案无对错之分，无商业目的，只用于学术研究，请放心作答。

以上即本研究的知情同意书，如您已知晓上述内容并自愿参与研究，就可以点击"下一页"开始作答啦。

再次感谢您对于本研究的支持，谢谢您！

第一部分：基本信息（1—5题）

1. 您目前的岗位类别属于哪一类：
   A. 偏产品　　　B. 偏技术研发　　　C. 偏运营　　　D. 偏市场

E. 偏设计　　　　F. 偏职能管理

2. 您的性别：

A. 男　　　　　　B. 女

3. 您的学历：

A. 高中及以下　B. 专科　　　　C. 本科　　　　　D. 研究生及以上

4. 您的年龄：

A. 18—20 岁　　B. 21—25 岁　　C. 26—30 岁　　D. 31—35 岁

E. 36—40 岁　　F. 41—45 岁　　G. 46 岁及以上

5. 您的工作经验时长：

A. 1 年以下　　B. 1—3 年　　　C. 4—6 年　　　D. 7—9 年

E. 10 年及以上

第二部分：主体问卷（1—14 题）

1. 针对以下客观工作环境，请选择与您感知的真实情况最接近的选项。

（1）我的工作时长是标准的，很少加班。

A. 十分不同意　B. 不同意　　　C. 有点不同意　D. 一般

E. 有点同意　　F. 同意　　　　G. 十分同意

（2）在我办公的地方，有一些办公设备（如显示器等信息化设备）。

A. 十分不同意　B. 不同意　　　C. 有点不同意　D. 一般

E. 有点同意　　F. 同意　　　　G. 十分同意

（3）在我办公的地方，摆放了鲜花等天然植物。

A. 十分不同意　B. 不同意　　　C. 有点不同意　D. 一般

E. 有点同意　　F. 同意　　　　G. 十分同意

（4）在我办公的地方，有可以让人放松、平静的颜色（如绿色、蓝色、紫色等冷色系颜色）。

A. 十分不同意　　B. 不同意　　C. 有点不同意　　D. 一般
E. 有点同意　　F. 同意　　G. 十分同意

（5）在我办公的地方，有让人感觉受到鼓舞的颜色（如黄色、橙色、粉色、红色等暖色系颜色）。

A. 十分不同意　　B. 不同意　　C. 有点不同意　　D. 一般
E. 有点同意　　F. 同意　　G. 十分同意

（6）在我的办公场所，有隐私空间，能远离同事的视线范围。

A. 十分不同意　　B. 不同意　　C. 有点不同意　　D. 一般
E. 有点同意　　F. 同意　　G. 十分同意

（7）在我办公的工位，能看到外部的自然环境（如树木等植物）。

A. 十分不同意　　B. 不同意　　C. 有点不同意　　D. 一般
E. 有点同意　　F. 同意　　G. 十分同意

（8）在我办公的工位，视野能看到户外。

A. 十分不同意　　B. 不同意　　C. 有点不同意　　D. 一般
E. 有点同意　　F. 同意　　G. 十分同意

（9）在我的办公场所，灯光光线是充足的。

A. 十分不同意　　B. 不同意　　C. 有点不同意　　D. 一般
E. 有点同意　　F. 同意　　G. 十分同意

（10）在我的办公场所，来自自然界的日光是够的。

A. 十分不同意　　B. 不同意　　C. 有点不同意　　D. 一般
E. 有点同意　　F. 同意　　G. 十分同意

（11）我工作场所的温度、空气湿度和成分都很好。

A. 十分不同意　　B. 不同意　　C. 有点不同意　　D. 一般
E. 有点同意　　F. 同意　　G. 十分同意

（12）在我办公的地方，很安静，没有噪声。

A. 十分不同意　　B. 不同意　　C. 有点不同意　　D. 一般
E. 有点同意　　F. 同意　　G. 十分同意

（13）在我办公的地方，空气清新，没有不好的气味。

附录3：调查问卷二

A. 十分不同意　　B. 不同意　　　　C. 有点不同意　　D. 一般
E. 有点同意　　　F. 同意　　　　　G. 十分同意

2. 针对以下组织社会环境，请选择与您感知的真实情况最接近的选项。

（1）我的工作有复杂性、挑战性。
A. 十分不同意　　B. 不同意　　　　C. 有点不同意　　D. 一般
E. 有点同意　　　F. 同意　　　　　G. 十分同意

（2）我们团队同事间能通过互动交流，为一个共同的目标而工作。
A. 十分不同意　　B. 不同意　　　　C. 有点不同意　　D. 一般
E. 有点同意　　　F. 同意　　　　　G. 十分同意

（3）我会同一时间执行多个不同任务。
A. 十分不同意　　B. 不同意　　　　C. 有点不同意　　D. 一般
E. 有点同意　　　F. 同意　　　　　G. 十分同意

（4）我有工作决策的自由度，能决定工作任务的顺序。
A. 十分不同意　　B. 不同意　　　　C. 有点不同意　　D. 一般
E. 有点同意　　　F. 同意　　　　　G. 十分同意

（5）我有个能与员工互信、关心员工健康、会给员工精神鼓励和业务授权，并能提供积极反馈的领导。
A. 十分不同意　　B. 不同意　　　　C. 有点不同意　　D. 一般
E. 有点同意　　　F. 同意　　　　　G. 十分同意

（6）在日常工作中，我有时间去产生新想法。
A. 十分不同意　　B. 不同意　　　　C. 有点不同意　　D. 一般
E. 有点同意　　　F. 同意　　　　　G. 十分同意

（7）我们会根据目标和对相应评价的期望，产生新想法。
A. 十分不同意　　B. 不同意　　　　C. 有点不同意　　D. 一般
E. 有点同意　　　F. 同意　　　　　G. 十分同意

（8）组织会对员工的新想法予以精神上的认可（如赞扬等）。

A. 十分不同意　　B. 不同意　　C. 有点不同意　　D. 一般

E. 有点同意　　F. 同意　　G. 十分同意

(9) 在取得创造性成果后会获得奖励（如加薪、分红、津贴、晋升等）。

A. 十分不同意　　B. 不同意　　C. 有点不同意　　D. 一般

E. 有点同意　　F. 同意　　G. 十分同意

3. 请根据您感知的真实情况，选择最接近的选项。

(1) 团队成员对如何开展工作有时会持不一致的意见。

A. 十分不同意　　B. 有点不同意　　C. 一般　　D. 有点同意

E. 十分同意

(2) 团队成员间的工作想法可能会有一些冲突。

A. 十分不同意　　B. 有点不同意　　C. 一般　　D. 有点同意

E. 十分同意

(3) 团队成员间在工作上有时会存在意见分歧。

A. 十分不同意　　B. 有点不同意　　C. 一般　　D. 有点同意

E. 十分同意

(4) 团队成员间可能会有不同的工作观点。

A. 十分不同意　　B. 有点不同意　　C. 一般　　D. 有点同意

E. 十分同意

4. 请根据您感知的真实情况，选择最接近的选项（满分 10 分）。

(1) 假如您工作能力的最佳状态是 10 分，您会给您现在的工作能力打多少分？

0	1	2	3	4	5	6	7	8	9	10

(2) 在满足工作的身体需求方面，您会给您目前的工作能力打多少分？

附录3：调查问卷二

| 0 | 1 | 2 | 3 | 4 | 5 | 6 | 7 | 8 | 9 | 10 |

（3）在满足工作的心理需求方面，您会给您现在的工作能力打多少分？

| 0 | 1 | 2 | 3 | 4 | 5 | 6 | 7 | 8 | 9 | 10 |

（4）在满足工作的人际需求方面，您会给您目前的工作能力打多少分？

| 0 | 1 | 2 | 3 | 4 | 5 | 6 | 7 | 8 | 9 | 10 |

5. 请根据您在工作中经历的一些工作内容等方面"意见不一"的状况，回答以下问题。

（1）我希望它会以某种方式结束。

A. 十分不同意　　B. 不同意　　　C. 有点不同意　　D. 一般

E. 有点同意　　　F. 同意　　　　G. 十分同意

（2）我希望它会以某种方式遇到一个好的解决方案。

A. 十分不同意　　B. 不同意　　　C. 有点不同意　　D. 一般

E. 有点同意　　　F. 同意　　　　G. 十分同意

（3）我希望它能快一点结束。

A. 十分不同意　　B. 不同意　　　C. 有点不同意　　D. 一般

E. 有点同意　　　F. 同意　　　　G. 十分同意

（4）我希望一切都会好起来。

A. 十分不同意　　B. 不同意　　　C. 有点不同意　　D. 一般

E. 有点同意　　　F. 同意　　　　G. 十分同意

6. 请根据您在工作中经历的一些工作内容等方面"意见不一"的状况，回答以下问题。

（1）我会感到心烦，想把情感发泄出来。

A. 十分不同意　　B. 不同意　　C. 有点不同意　　D. 一般
E. 有点同意　　F. 同意　　G. 十分同意

(2) 我会把自己的感受抒发出来。
A. 十分不同意　　B. 不同意　　C. 有点不同意　　D. 一般
E. 有点同意　　F. 同意　　G. 十分同意

(3) 我会表达一些压抑的感受。
A. 十分不同意　　B. 不同意　　C. 有点不同意　　D. 一般
E. 有点同意　　F. 同意　　G. 十分同意

(4) 我会感到心烦，而且也会意识到我有了这种心烦的情绪。
A. 十分不同意　　B. 不同意　　C. 有点不同意　　D. 一般
E. 有点同意　　F. 同意　　G. 十分同意

7. 请根据您感知的真实情况，选择最接近的选项。

(1) 工作中我会为了改进工作，提出一些新想法。
A. 十分不同意　　B. 不同意　　C. 有点不同意　　D. 一般
E. 有点同意　　F. 同意　　G. 十分同意

(2) 工作中我会寻求应用新的工作方法、技术或工具。
A. 十分不同意　　B. 不同意　　C. 有点不同意　　D. 一般
E. 有点同意　　F. 同意　　G. 十分同意

(3) 工作中我会对问题提出独到的解决方案。
A. 十分不同意　　B. 不同意　　C. 有点不同意　　D. 一般
E. 有点同意　　F. 同意　　G. 十分同意

8. 请根据您感知的真实情况，选择最接近的选项。

(1) 工作中我会动员大家支持我的创新想法。
A. 十分不同意　　B. 不同意　　C. 有点不同意　　D. 一般
E. 有点同意　　F. 同意　　G. 十分同意

(2) 我会获得大家对创新想法的认可。

A. 十分不同意　　B. 不同意　　　C. 有点不同意　　D. 一般
E. 有点同意　　　F. 同意　　　　G. 十分同意

（3）我会使重要的组织成员对创新想法充满热情。

A. 十分不同意　　B. 不同意　　　C. 有点不同意　　D. 一般
E. 有点同意　　　F. 同意　　　　G. 十分同意

9. 请根据您感知的真实情况，选择最接近的选项。

（1）工作中我会把创新的想法转化为有用的应用。

A. 十分不同意　　B. 不同意　　　C. 有点不同意　　D. 一般
E. 有点同意　　　F. 同意　　　　G. 十分同意

（2）工作中我会系统地将创新理念引入到工作环境中。

A. 十分不同意　　B. 不同意　　　C. 有点不同意　　D. 一般
E. 有点同意　　　F. 同意　　　　G. 十分同意

（3）工作中我会评估创新想法的效用。

A. 十分不同意　　B. 不同意　　　C. 有点不同意　　D. 一般
E. 有点同意　　　F. 同意　　　　G. 十分同意

10. 请根据您感知的真实情况，选择最接近的选项。

（1）我是一个有领导能力的人。

A. 十分不同意　　B. 不同意　　　C. 有点不同意　　D. 一般
E. 有点同意　　　F. 同意　　　　G. 十分同意

（2）我有时候像是领导。

A. 十分不同意　　B. 不同意　　　C. 有点不同意　　D. 一般
E. 有点同意　　　F. 同意　　　　G. 十分同意

（3）我通常对一些事情有主导性。

A. 十分不同意　　B. 不同意　　　C. 有点不同意　　D. 一般
E. 有点同意　　　F. 同意　　　　G. 十分同意

（4）我有比较强的个性。

A. 十分不同意　　B. 不同意　　C. 有点不同意　　D. 一般
E. 有点同意　　F. 同意　　G. 十分同意

（5）我能捍卫自己的信念。
A. 十分不同意　　B. 不同意　　C. 有点不同意　　D. 一般
E. 有点同意　　F. 同意　　G. 十分同意

（6）我做一些决定很容易。
A. 十分不同意　　B. 不同意　　C. 有点不同意　　D. 一般
E. 有点同意　　F. 同意　　G. 十分同意

11. 请根据您感知的真实情况，选择最接近的选项。

（1）在工作中，我能体会别人的感受。
A. 十分不同意　　B. 不同意　　C. 有点不同意　　D. 一般
E. 有点同意　　F. 同意　　G. 十分同意

（2）在工作中，当别人遇到问题时，我会表现出关心。
A. 十分不同意　　B. 不同意　　C. 有点不同意　　D. 一般
E. 有点同意　　F. 同意　　G. 十分同意

（3）在工作中，我对别人的情绪有敏锐的观察。
A. 十分不同意　　B. 不同意　　C. 有点不同意　　D. 一般
E. 有点同意　　F. 同意　　G. 十分同意

（4）在工作中，我会主动关心身边的同事。
A. 十分不同意　　B. 不同意　　C. 有点不同意　　D. 一般
E. 有点同意　　F. 同意　　G. 十分同意

12. 请根据您感知的真实情况，选择最接近的选项。

（1）我倾向于希望别人钦佩我。
A. 十分不同意　　B. 不同意　　C. 有点不同意　　D. 一般
E. 有点同意　　F. 同意　　G. 十分同意

（2）我希望别人能注意到我。

附录 3：调查问卷二

A. 十分不同意　　B. 不同意　　　　C. 有点不同意　　D. 一般
E. 有点同意　　　F. 同意　　　　　G. 十分同意

（3）我希望得到别人的特殊照顾。
A. 十分不同意　　B. 不同意　　　　C. 有点不同意　　D. 一般
E. 有点同意　　　F. 同意　　　　　G. 十分同意

（4）我倾向于追求声望或地位。
A. 十分不同意　　B. 不同意　　　　C. 有点不同意　　D. 一般
E. 有点同意　　　F. 同意　　　　　G. 十分同意

13. 请根据您感知的真实情况，选择最接近的选项。

（1）我往往缺乏悔意。
A. 十分不同意　　B. 不同意　　　　C. 有点不同意　　D. 一般
E. 有点同意　　　F. 同意　　　　　G. 十分同意

（2）我倾向于冷酷或对事情不敏感。
A. 十分不同意　　B. 不同意　　　　C. 有点不同意　　D. 一般
E. 有点同意　　　F. 同意　　　　　G. 十分同意

（3）我倾向于不太关心道德或者我的行为是否道德。
A. 十分不同意　　B. 不同意　　　　C. 有点不同意　　D. 一般
E. 有点同意　　　F. 同意　　　　　G. 十分同意

（4）我倾向于抨击一些事情或表达不满。
A. 十分不同意　　B. 不同意　　　　C. 有点不同意　　D. 一般
E. 有点同意　　　F. 同意　　　　　G. 十分同意

14. 请根据您感知的真实情况，选择最接近的选项。

（1）我会用谎言来达到我的目的。
A. 十分不同意　　B. 不同意　　　　C. 有点不同意　　D. 一般
E. 有点同意　　　F. 同意　　　　　G. 十分同意

（2）我倾向于利用别人以达到我的目的。

A. 十分不同意　　B. 不同意　　　C. 有点不同意　　D. 一般
E. 有点同意　　　F. 同意　　　　G. 十分同意

(3) 我会用奉承来达到我的目的。

A. 十分不同意　　B. 不同意　　　C. 有点不同意　　D. 一般
E. 有点同意　　　F. 同意　　　　G. 十分同意

(4) 我会为了自己的目的而利用别人。

A. 十分不同意　　B. 不同意　　　C. 有点不同意　　D. 一般
E. 有点同意　　　F. 同意　　　　G. 十分同意

后　　记

岁次乙巳，孟春之月。当目光落在后记两个字时，思绪乘着时光的列车由近及远，带我回到了博士入学那年的初春，那时乍暖还寒，我第一次踏进北理校门，参加博士研究生招生面试。夏天收到录取通知书的那一刻，心里有个声音告诉自己——面对即将到来的新的成长机会和考验，要脚踏实地、尽最大努力让自己蜕变一次。回望这些年的读博之路到初入高校的工作之旅，感慨万千，因为这份信念和坚持，才切实体会到从初临学术难题时的迷茫，到迷茫后的继续迷茫，再到继续迷茫后的一点点领悟和不断实现突破的喜悦，感谢自己"不忘初心"。

在博士论文完成后，我并未停下探索的脚步。我深知学术研究不应仅仅局限于论文的撰写，而应通过更广泛的形式将研究成果传播出去，为学科的发展贡献一份自己的力量。从博士论文的构思、撰写，到如今将其修改完善成一部专著，这一过程并非简单的文字调整，而是一次对研究内容的深度梳理与升华。在修改完善专著的过程中，我结合近年来该领域的最新进展，对部分内容进行了补充和更新，使其更具时代性和学术价值。我重新审视了论文中的每一个观点、每一个论据，力求使其更加严谨、更加系统。

此刻，站在专著完成的节点上，回忆往昔，在那段快乐又辛苦的时光中，对一直给予自己关心和帮助的师长们、同学们、朋友们及家人们心怀感激，是他们的勉励与支持让我始终保持着这份学术热情、也让我的思想变得更加成熟。这一切已然成为我人生中最宝贵的财富和未来继续前行的动力。

首先，我要感谢的是学位论文的指导老师们，分别是我的导师杨添安老师、课题组的邓剑伟老师、原导师陈振娇老师。我的情况略微特殊，开完题后因陈老师工作调动的缘故，我转来杨老师的师门。不过有趣的是，在博士入学申请实验室工位的时候，由于当时陈老师在国外，就委托杨老师替她帮我签字，这或许就是最初埋下的我和杨老师的学术缘分。

杨老师是一个远看威严、近看实则亲切可爱，学术上又非常细致认真和极富洞察力的人。在我学术之旅"升级打怪"的过程中，每次的心路转折和学术更新都离不开杨老师悉心的指点和耐心的帮助。其一，在课题项目方面，感谢杨老师给我提供了参与国家自科基金项目、北京市社科基金项目等纵向课题以及北京朝阳双桥医院、首都高校"双百行动计划"调研等横向课题，让我得到了充分的历练。其二，在论文指导方面，感谢杨老师每次从选题到撰写，从投稿到返稿修改全过程的指导，每个版本的文档都留下了杨老师精心修正的痕迹，并针对问题给予详细的修改建议。没有杨老师的雕琢，我不会像现在这样能让一篇论文可以恰到好处地表达出它该传递的信息和价值。从逻辑到措辞，杨老师的每一处修订都是我进步的源泉，不断夯实了我的学术素养。其三，除了学术，杨老师对我影响最大的莫过于向我传递了一种态度，即在任何艰难的时刻，都要尽量保持愉悦的心情和杜绝紧绷的心理状态，以及适当学会休息。每当项目推进受阻或论文投稿被拒时，他似乎总能保持积极乐观的状态，理性处理完关键问题后，下一秒就能轻松地和我们进入另一篇论文的热烈讨论。我想，导师对一个博士生的影响是终身的。每每想起杨老师的教诲和付出的辛劳，常常自责未能达到老师的期望，唯有在以后的道路上更加勤勉，望能不负师恩。

课题组的邓剑伟老师也在我期刊论文和学位论文撰写的关键环节给了我非常多的指导和帮助。两位老师各有所长，每次组会邓老师总能"锦上添花"地在杨老师的内容上补充其他关键性、建设性的内容。我为能遇到这样两位合作默契、温暖有爱的老师感到幸运，这也为我自己在以后学术团队的组建和维持上带来很多启发。衷心希望两位老师能在今后的生活里

后　记

研究顺利、身体健康、阖家幸福！另外，要特别感谢的就是原导师陈振娇老师，我在陈老师身上也学到了太多东西，陈老师严谨的治学态度和一入学就给到我高标准的要求，为我后续研究工作的推进奠定了关键的基础，在此也祝陈老师诸事顺心、健康快乐！

其次，我要感谢在博资考、开题、中期、预答辩等环节给我提出了宝贵意见的老师们。他们分别是刘平青老师、张建卫老师、赵洱崇老师、何海燕老师、李艳老师、高昂老师、余碧莹老师、刘文玲老师、赵伟刚老师、周婧老师，以及邓英欣老师、毕圣老师和周游老师。各位老师的意见和建议使我的论文脉络更加清晰，逻辑更加合理。

再次，我还要感谢给过我无私帮助的学长学姐们、同学们和朋友们。清楚地记得石秀学姐在我博资考前给我提了很多建设性的意见和帮助，平日里有什么问题找她，她也总会耐心地帮我分析和给出建议。也谢谢王鸿师兄、景睿师姐帮我润色论文初稿。感谢2017级博士班的同学们，包括张志远、匡迪、李娜姐、高鹏、陈景明、郭阳阳、许爽、邢丹丹等同学，大家一起吐槽、约饭，使得艰辛的读博时光中依然有许多快乐幸福的回忆。感谢师门的小伙伴们，包括刘美玲、陈若天、刘心雨、刘雅晴、邓文浩、刘业欣、金璇、高永闯、刘涛铭、彭勃、李博文等，他们在组会时总能给我很多有益的建议，大家的优秀也不停地激励着我。实验室的王新、崔遵康、赵莉姐在我受挫时也给予了我莫大的安慰和帮助。还有实验室的好哥们朱力，我们一起打球运动的日子，甚是美好。感谢朱晓奇的一路支持！感谢周萌、袁良龙等朋友的情谊常伴，与你们在一起的我拥有无限的快乐！

接着，我要感谢经济日报出版社的领导和编辑们。在本书的出版过程中，她们以严谨的态度对待每一个细节，从内容的审核到文字的校对，从结构的调整到观点的提炼，从版式的设计到封面的创意，每个环节都倾注了她们的心血。她们的专业素养和敬业精神让我深受启发，也让我对学术写作有了更深刻的理解。

同时，我要感谢浙江怡联网络科技股份有限公司、温州中津先进科技研究院等单位为书中的案例调研提供的帮助。我也感谢浙江省哲学社会科学重点研究基地"温州人经济研究中心"的课题支持。

最后,我要感谢我的父母和家人!感谢父母的包容和给我充分的尊重,并且鼓励我要不断突破和提升自我,让我可以毫无负担地持续学习。父母亲1996年开始外出打工,现已近耳顺,仍在外打工,求学多年的我,至今尚未能反哺他们的养育之恩,倍感愧疚!读博期间学习之余,每周2次傍晚时分与爷爷奶奶的通话,是我最解压的时刻,虽然他们每次问的都是同样的话——"吃了什么",不过,自从有段时间知道我睡眠不太好,他们又多了固定的一句"睡得好不好"。从一开始的不耐烦,到后来每次我会耐心地跟他们介绍我吃了啥,我睡得还不错,我改变了。爷爷在去年9月安然离去,我很想念爷爷!希望奶奶身体健康。

在专著付梓之际,我要再次感谢所有支持与帮助过我的人,没有你们,就没有这部专著的诞生。我将铭记你们的鼓励与帮助,继续在学术的道路上砥砺前行。

研究虽停在后记,但前行的人生仍在继续书写。加油!

刘 冉

2025年2月于茶山大学城